스타트 스페인어

Comenzar Español

Español

개정판

지은이 | **김선웅**

- 스페인 Universidad Complutense de Madrid(마드리드 국립 대학교) 스페인어문학부를 졸업한 뒤 동대학원에서 문학석사 및 문학박사 학위를 받았다.
- '외국인을 위한 스페인어 과정'을 수료하였으며, 'DELE' 회화 시험관 자격을 취득하였다.
- 한국에 돌아온 후 서울대, 덕성여대 및 선문대 통역대학원에서 스페인어 강의를 진행하였다. 현재는 경북대, 계명대, 대구가톨릭대 등에서 스페인어 및 DELE 관련 강의를 진행하고 있다.

Comenzar
Español

스타트 **스페인어** 개정판

초판 1쇄 2016년 8월 9일 · **개정 1쇄** 2024년 3월 5일
지은이 김선웅 · **펴낸이** 홍원화 · **펴낸 곳** 경북대학교출판부
출판등록 1973년 10월 10일 ㉣97호 · **주소** 대구광역시 북구 대학로 80
전화 053-950-3830 · **팩스** 053-953-4692 · **이메일** press@knu.ac.kr
홈페이지 http://knupress.com
ISBN 978-89-7180-633-3 93770

정가는 뒤표지에 있습니다. 파본은 바꾸어 드립니다.

개정판

스타트 스페인어

스페인어 기초 문법

발음, 기초 문법, 예문, 연습문제, 대화문, 어휘

김선웅 지음

경북대학교출판부

머리말

Nota preliminar

점점 국제화되어 가는 현대 사회에서 언어의 중요성은 날로 증대되고 있습니다. 이러한 추세에 따라 한국에서도 스페인어를 포함한 제2외국어에 대한 관심이 점점 높아지고 있습니다. 스페인어는 현재 4억 5천만 명이 국어로 사용하고 있는 언어입니다. 스페인을 비롯해서 브라질을 제외한 중남미 28개국에서 사용되고 있으며, 미국 내에도 5천만 명의 인구가 영어가 아닌 스페인어를 모국어로 사용합니다. 게다가 스페인어 사용자는 해마다 증가하는 추세입니다.

우리나라는 최근 몇 년 사이 페루·멕시코 등과 FTA를 체결했고, 이러한 유대는 앞으로 점점 확대될 것입니다. 따라서 물적·인적 자원의 교류도 함께 증대될 것입니다. 수많은 회사들이 적극적으로 중남미 진출을 계획하고 있고, 이에 따라 스페인어의 중요성을 깨닫는 사람들이 많아졌습니다. 스페인어를 배우려는 사람이 해마다 증가하는 것은 당연지사라 하겠습니다.

전국적으로 10개 대학에서 스페인어 전공 학과를 두고 있지만, 많은 대학에서는 여전히 교양이나 제2외국어로서 스페인어 강의가 이루어지고 있습니다. 따라서 강의 교재 또한 각 대학이나 개인 저자들이 저마다의 목적에 따라 편찬하고 있는 실정입니다.

본 교재는 두 학기에 걸쳐 스페인어를 배우려는 학생들에게 적합하도록 구성되어 있습니다. 처음 접하는 언어인 만큼 초반부에서는 발음과 기초적인 문법을 설명하고, 점차 대화문이나 연습문제의 수준을 높여서 후반부에는 모든 문법을 아우르는 예문, 대화문, 연습문제, 어휘 및 표현으로 교재를 구성했습니다. 그래도 아쉬운 점은 회화(대화문) 부분이 적다는 것입니다. 하지만 본 교재의 목표는 기초적인 스페인어 문법을 설명하는 것이므로, 회화는 문법을 배운 후에 다른 교재로 연습할 것을 권합니다. 본인의 경험으로 미루어 볼 때 문법적인 바탕 없이는 응용하여 대화하기가 어렵다고 생각합니다. 스페인어권 국가에서 살고 있다면 매일매일 스페인어를 사용하며 실력을 향상시킬 수 있으나, 국내에서 익힌다면 문법적 지식을 먼저 습득하고 회화를 훈련하는 것이 옳다고 봅니다.

본 교재의 출판을 결정한 경북대학교출판부에 깊은 감사의 말을 전합니다. 전공 학과가 없는 상황에 출판을 결정하기가 쉽지 않은데도 선뜻 출판을 결정해 준 출판부와 편집진 여러분들에게 다시 한 번 고마움의 뜻을 드립니다. 그리고 교재 준비 초기부터 도움을 준 이일주 선생님과 검토 및 교정을 해 주신 Roberto Vega 선생님에게 감사한 마음을 전해 드립니다.

2016년 7월

저자 김 선 웅

목차
Índice

머리말 5

발음, 악센트 알아보기 / 10

1. 알파벳(Alfabeto) 10
2. 모음 11
3. 자음 11
4. 이중모음 17
5. 삼중모음 18
6. 이중자음 18
7. 음절 분해 19
8. 악센트 20
9. 각종 부호 21
10. 여러 인사 표현 22

연습문제 : 24

LECCIÓN 1 / 26

1. 관사[I] 26
2. 명사의 성 27
3. 명사의 수 29

연습문제 : 31
어휘 및 표현 : 32

LECCIÓN 2 / 34

1. 형용사 34
2. 형용사의 종류 37
3. 부사 38
4. 수사[I] 40

연습문제 : 43
어휘 및 표현 : 45

LECCIÓN 3 / 46

1. 주격 인칭대명사 46
2. ser 동사 46
3. estar 동사 48
4. ser 동사와 estar 동사의 대조 49
5. hay 동사 50
6. 부정문·의문문 51
7. 의문사 52

연습문제 : 54
대화문 : 58
어휘 및 표현 : 60

LECCIÓN 4 / 62

1. 지시사 62
2. 소유사 64
3. 전치사 68

연습문제 : 71
대화문 : 75
어휘 및 표현 : 77

LECCIÓN 5 / 78

1. 직설법 현재 규칙동사 78
2. 기타 유용한 동사 80
3. 감탄문 87

연습문제 : 89
대화문 : 93
어휘 및 표현 : 95

LECCIÓN 6 / 96

1. 전치격 인칭대명사 96
2. 목적대명사 97
3. 부정어와 부정어 100

연습문제 : 103
대화문 : 107
어휘 및 표현 : 109

LECCIÓN 7 / 110

1. 시간 표현 110
2. 날짜 표현 112
3. 요일 표현 113
4. 계절 표현 113
5. 날씨 표현 114
6. 장소와 방위 표현 115

연습문제 : 116
대화문 : 117
어휘 및 표현 : 121

LECCIÓN 8 /122

1. 직설법 현재 불규칙 동사 [I] 122
2. gustar 동사 127
3. saber와 conocer 동사 128
4. 지각동사 130

연습문제 : 131
대화문 : 134
어휘 및 표현 : 136

LECCIÓN 9 / 138

1. 비교급 138
2. 직설법 현재 불규칙 동사 [II] 143

연습문제 : 148
대화문 : 151
어휘 및 표현 : 153

LECCIÓN 10 / 154

1. 부정과거 154
2. 불완료과거 158
3. 부정과거와 불완료과거의 비교 160

연습문제 : 162
대화문 : 164
어휘 및 표현 : 166

LECCIÓN 11 / 168

1. 재귀대명사 168
2. 재귀동사 168
3. 무인칭의 se와 재귀수동의 se 173
4. 무의지의 se 174
5. 상호의 se 175

연습문제 : 176
대화문 : 179
어휘 및 표현 : 181

LECCIÓN 12 / 182

1. 현재분사 182
2. 과거분사 185
3. 부정사 188
4. 기간 표현 189

연습문제 : 192
대화문 : 195
어휘 및 표현 : 197

LECCIÓN 13 / 198

1. 현재완료 198
2. 과거완료(대과거) 200
3. 접속사 201
4. 관사[II] 204

연습문제 : 208
대화문 : 211
어휘 및 표현 : 213

LECCIÓN 14 / 214

1. 관계사 214
2. 수사[II] 221

연습문제 : 223
대화문 : 227
어휘 및 표현 : 229

LECCIÓN 15 / 230

1. 접속법 230
2. 접속법 현재 변화형 232
3. 접속법의 다양한 용법 234
4. 단문에서의 접속법 240

연습문제 : 241
대화문 : 243
어휘 및 표현 : 245

LECCIÓN 16 / 246

1. 직설법 미래 246
2. 미래완료 248
3. 직설법 가능(조건) 249
4. 가능완료 252
5. 명령법 253

연습문제 : 256
대화문 : 259
어휘 및 표현 : 261

LECCIÓN 17 / 262

1. 접속법 불완료과거 262
2. si 가정문 264

연습문제 : 266
대화문 : 268
어휘 및 표현 : 270

부록

1. 동사+전치사 272
2. 전치사구 274
3. 축소사와 증대사 277

>> 대화문 해석 278
>> 정답 290

ELEMENTOS DE LA GRAMÁTICA ESPAÑOLA

발음, 악센트 알아보기

1 알파벳 Alfabeto

Pista 1

대문자	소문자	명칭	발음	국제 발음기호
A	a	a [아]	ㅏ	[a]
B	b	be [베]	ㅂ	[b,β]
C	c	ce [쎄]	ㄲ/ㅆ	[k,θ,s]
*Ch	ch	che [체]	ㅊ	[ʧ]
D	d	de [데]	ㄷ	[d]
E	e	e [에]	ㅔ	[e]
F	f	efe [에페]	[f]	[f]
G	g	ge [헤]	ㄱ/ㅎ	[g,x]
H	h	hache [아체]	묵음	[∅]
I	i	i [이]	ㅣ	[i]
J	j	jota [호따]	ㅎ	[x]
K	k	ka [까]	ㄲ	[k]
L	l	ele [엘레]	ㄹ	[l]
*Ll	ll	elle [엘예]	~	[ʝ,ʎ]
M	m	eme [에메]	ㅁ	[m]
N	n	ene [에네]	ㄴ	[n]
Ñ	ñ	eñe [에녜]	~	[ɲ]
O	o	o [오]	ㅗ	[o]
P	p	pe [뻬]	ㅃ	[p]
Q	q	cu [꾸]	ㄲ	[k]
R	r	erre [에레]	ㄹ/ㄹ3	[r,rr]
*-rr-	rr	erre doble [에레 도블레]	ㄹ3	[rr]
S	s	ese [에세]	ㅅ/ㅆ	[s]
T	t	te [떼]	ㄸ	[t]
U	u	u [우]	ㅜ	[u]
V	v	uve [우베]	ㅂ	[b]
W	w	uve doble [우베 도블레]	ㅂ/ㅜ	[w]
X	x	equis [에끼스]	ㄳ/ㅅ/ㅎ	[ks,x,s]
Y	y	ye [예]	ㅣ/*ㅐ	[ʝ,i,ʎ]
Z	z	zeta [세따]	ㅆ	[s,θ]

- ch, ll, rr은 개정된 철자법에 의하여 알파벳에 포함되지 않으나 고유한 발음을 지닌다.
- -rr-는 모음 사이에서만 사용된다.
- y는 i griega[이 그리에가]로 부르기도 한다.
- f의 발음과 유사한 한국어 발음은 없고, 영어의 [f]와 유사하게 발음된다.
- ll와 ñ의 발음은 모음과 함께 알아볼 것이다.

2 모음 Vocales

스페인어의 모음은 모두 다섯 개로, a, e, i, o, u이며 발음은 일반적인 로마자와 같고 강모음과 약모음으로 구분된다.

모음	
강모음	약모음
a e o í ú	i u

casa[까사] mes[메스] bonita[보니따] idea[이데아] luna[루나]
país[빠이스] baúl[바울]

3 자음 Consonantes

3.1. B/b는 우리말의 [ㅂ]과 같이 발음한다.

boda[보다] Barcelona[바르셀로나]
beso[베소] bueno[부에노]

3.2. C/c는 어떤 모음과 음절을 이루는가에 따라 발음이 달라진다.

① a, o, u와 만나면 [ㄲ]으로 발음한다.

cara[까라] coche[꼬체] cuna[꾸나]

② e, i와 만나면 [ㅆ], [θ]로 발음한다.

cena[쎄나] cine[씨네] Cecilia[쎄씰리아]

③ -cc-인 경우 앞의 c는 [g]로, 뒤의 c는 [θ]로 발음한다.

acción[악씨온] lección[렉씨온]

④ c 다음에 자음이 와도 [g]로 발음하며, 우리말의 받침 [ㄱ]처럼 발음된다.

actor[악또르] nocturno[녹뚜르노] técnico[떽니꼬]

3.3. Ch/ch는 [ㅊ]으로 발음한다.

muchacha[무차차] mucho[무초]

leche[레체] churro[추로[3]]

3.4. D/d는 [ㄷ]으로 발음한다. 단어의 끝음절에서는 우리말의 받침 [ㅅ] 혹은 [ㄷ]처럼 발음된다.

dedo[데도] duro[두로]

pared[빠렛] ciudad[씨우닷]

3.5. F/f는 주로 [ㅍ]으로 표기하지만 영어의 [f]와 동일하게 발음한다.

fiesta[피에스타] flor[플로르] fecha[페차]

3.6. G/g의 발음은 경우에 따라 달라지므로 주의해서 발음해야 한다.

① a, o, u와 만나면 [ㄱ]으로 발음한다.

gato[가또] manga[망가]

gota[고따] largo[라르고]

gusano[구사노] guapa[구아빠]

② e, i를 만나면 [ㅎ]으로 발음한다.

gente[헨떼]　　genial[헤니알]　　giro[히로]　　gimnasio[힘나시오]

③ gue, gui일 때는 [u]를 발음하지 않는다. 따라서 [구에], [구이]로 읽지 않고 [게], [기]로 읽어야 한다.

Miguel[미겔]　　guerra[게라[3]]　　guiño[기뇨]　　alguien[알기엔]

④ güe와 güi는 [u]를 발음해서 읽어야 한다. 곧 gue와 gui에서는 음가가 없었던 [u]에 음가 회복(diéresis) 기호가 있으면 [ü]를 발음해야 한다.

vergüenza[베르구엔사]　　lingüística[링구이스띠까]

bilingüe[빌링구에]　　pingüíno[삥구이노]

3.7. H/h는 묵음이므로, 어떤 경우에도 발음하지 않는다.

hola[올라]　　hora[오라]　　hoy[오이]

3.8. J/j는 [ㅎ]으로 발음한다. [ge], [gi]와 동일하게 발음하면 된다.

jardín[하르딘]　　jefe[헤페]　　joya[호야]

3.9. K/k는 스페인어 표기에는 사용되지 않고, 외래어를 표기할 때만 사용된다.

kilo[낄로]　　kiwi[끼위]

3.10. L/l은 [ㄹ]처럼 발음한다. 모음 사이에 오는 경우에는 양쪽 모음에 모두 영향을 준다. 단어의 마지막에 오는 경우에는 우리말의 받침 [ㄹ]처럼 발음된다.

libro[리브로]　　lento[렌또]

Cecilia[쎄씰리아]　　Valencia[발렌시아]

igual[이구알]　　original[오리히날]

3.11. Ll/ll는 [ʝ,ʎ]로 발음된다. L이 중복된 형태라 [ㄹ] 발음이 있을 것 같지만, 실제로는 [ʝ]로 발음된다. 또한 아르헨티나와 우루과이에서는 [ʒ]로 발음한다.

llave[야베/쟈베] calle[까예/까졔]

lluvia[유비아/쥬비아] gallo[가요/가죠]

3.12. M/m는 [ㅁ]과 같이 발음한다.

mano[마노] amor[아모ᄅ]

3.13. N/n는 [ㄴ]과 같이 발음한다. 그리고 c, g, j, q 앞에 올 때는 [ㅇ]으로 발음한다.

noche[노체] nación[나씨온]

banco[방꼬] monja[몽하]

ángel[앙헬] tanque[땅께]

3.14. Ñ/ñ의 발음은 우리말의 [나(na)] 발음이 [냐]로 변하는 것과 유사하다.

niña[니냐] año[아뇨]

pañuelo[빠뉴엘로] añejo[아녜호]

3.15. P/p는 [ㅃ]으로 발음한다. 자음 앞에서는 받침 [ㅂ]으로 읽는다.

padre[빠드레] tiempo[띠엠뽀]

pelo[뻴로] puente[뿌엔떼]

apto[압또] sinopsis[시놉시스]

3.16. Q/q는 [ㄲ]으로 발음한다. gue, gui의 경우를 기억하면 된다. 즉 que, qui로 쓰지만 [u]는 발음하지 않는다. 게다가 위의 두 가지 형태로만 존재한다.

queso[께소] quince[낀세]

queja[께하] Quijote[끼호떼]

3.17. R/r는 어디에 위치하느냐에 따라 발음이 달라진다.

> 대부분은 우리말과 비슷하여 한글로 표기했으나, 몇 가지는 발음과 악센트의 이해를 돕기 위해 임의적으로 표기한 부분도 있음을 밝힌다.
>
> **예) [ㄹ3] 혹은 [라3]와 같이 표기한 것은 [ㄹ]을 떠는 형태로 발음하라는 의미이다.**

① 단어의 첫음절에서는 [ㄹ3]로 발음한다. 또한 n, s, l 다음에서도 마찬가지이다.

Raúl [라3울]	rosa [로3사]
rubio [루3비오]	Enrique [엔리3께]
Israel [이스라3엘]	alrededor [알레3데도르]

② 모음 사이에서는 [ㄹ]로 발음한다.

caro [까로]	arena [아레나]
erudito [에루디또]	pero [뻬로]

3.18. rr는 모음 사이에 자리를 하고 [ㄹ3]로 발음한다.

carro [까로3]	ferrocarril [페로3까릴3]
tierra [띠에라3]	arruga [아루3가]

3.19. S/s는 [ㅅ, ㅆ]으로 발음한다. 주로 악센트가 있으면 [ㅆ]으로 발음된다.

sábado [싸바도]	semana [세마나]
sí [씨]	subir [수비르]

3.20. T/t는 [ㄸ]과 같이 발음한다.

tequila [떼낄라]	taco [따꼬]
tú [뚜]	techo [떼초]

3.21. V/v는 B와 동일하게 발음한다.

vaca[바까]	vela[벨라]
viento[비엔또]	vuelo[부엘로]

3.22. X/x는 경우에 따라 다르게 발음된다.

① 모음 사이에 있거나 x 다음에 자음이 오는 경우, 또는 단어의 끝음절에 올 때는 [g + s]로 발음한다.

examen[엑사멘]	taxi[딱시]
extranjero[엑스뜨랑헤로]	texto[떽스또]
tórax[또락스]	fénix[페닉스]
excelente[엑셀렌떼]	excitar[엑시따르]

② 단어의 첫음절에서는 [s]로 발음한다.

xilófono[실로포노]	xenofobia[세노포비아]

③ 지명으로 읽을 때는 [x]로 읽기도 한다.

México[메히꼬]	Texas[떼하스]

3.23. Y/y는 [ʝ]로 발음한다. ll와 동일하다. 따라서 아르헨티나와 우루과이에서는 [ʒ]로 발음한다. 하지만 y가 혼자 쓰이거나 단어의 끝음절에 쓰이면 [i]로 읽는다.

yo[요/죠]	ayuda[아유다/아쥬다]
ayer[아예르/아졔르]	yerno[예르노/졔르노]
hoy[오이]	buey[부에이]

3.24. Z/z는 영어와 달리 [s, θ]로 발음한다.

zapato[사빠또]	zumo[수모]
zona[소나]	lápiz[라삐스]

자음으로 끝나는 대부분의 단어는 우리말의 받침처럼 읽으면 되지만 s, r, z로 끝나거나 s, r, z 다음에 자음이 오는 경우 [스, 르, 스]로 읽되 약하게 읽어야 한다. 따라서 이 책에서는 윗 첨자로 발음을 표기하였다.

예] gusto[구스또] bosque[보스께]
llevar[예바르] Barcelona[바르셀로나]
lápiz[라삐스] hallazgo[아야스고]

4 이중모음 Diptongo

두 개의 모음이 합쳐진 것으로, 예를 들어 '강모음 + 약모음', '약모음 + 강모음', '약모음 + 약모음' 등으로 결합하였을 때, 하나의 모음으로 간주된다. 그러나 '강모음 + 강모음'과 '강모음 + í' 혹은 '강모음 + ú'는 두 개의 모음이다.

이중모음	단어	발음
ai	aire	아이 레
au	sauna	싸우 나
ei	reina	레3이 나
eu	deuda	데우 다
oi	boina	보이 나
ou	estadounidense	에스따도우니덴세
ia	piano	삐아 노
ua	dual	두알
ie	cielo	씨엘 로
ue	cueva	꾸에 바
io	labio	라 비오
uo	cuota	꾸오 따
ui	suizo	수이 쏘
iu	diurno	디우르 노

'강모음 + 강모음'은 각각 하나씩의 모음이다. pa-se-o / a-é-re-o
'강모음 + í' 혹은 '강모음 + ú'도 각각 하나씩의 모음이다. rí-o / ba-úl

5 삼중모음 Triptongo

세 개의 모음이 연속해 있는 경우이다. 강모음이 가운데 위치하고 앞, 뒤로 약모음이 위치한다. 동사의 2인칭 복수 형태나 y가 마지막에 오는 경우가 해당된다. y는 반모음인 경우도 있다. y가 단독적으로 쓰이는 경우에는 [i]로 발음한다.

삼중모음	단어	발음
iai	estudiáis	에스뚜디아이스
iei	estudiéis	에스뚜디에이스
uai	Paraguay	빠라구아이
uei	buey	부에이

6 이중자음 Consonante doble

앞에서 보았던 ch, ll, rr 등은 이중자음이다. 그리고 b, c, d, f, g, p, t 다음에 유성음인 l, r이 오는 경우도 이중자음이므로, 음절 분해를 하면 안 된다. 하지만 –cc–는 음절 분해를 한다.

이중자음	단어	발음
bl	blanco	블랑 꼬
br	brazo	브라 소
cl	claro	끌라 로
cr	crema	끄레 마
dr	drama	드라 마
fl	flecha	플레 차
fr	fresco	프레스 꼬
gl	gloria	글로 리아
gr	grano	그라 노
pl	planta	쁠란 따
pr	primo	쁘리 모
tr	triunfo	뜨리운 포

7 음절 분해 Silabación

음절은 한 번에 발음되는 말소리의 단위로, 모음을 기준으로 구분한다. 스페인어의 낱말은 한 음절 혹은 그 이상의 음절로 구성되어 있다. 음절은 스페인어에서 악센트의 위치를 결정하는 중요한 요소가 된다.

7.1. 모음과 모음 사이의 자음은 뒤의 모음과 결합하여 음절을 이룬다.

amo → a-mo　bonito → bo-ni-to　mesa → me-sa

noche → no-che　calle → ca-lle　perro → pe-rro

claro → cla-ro　gloria → glo-ria　vela → ve-la

이중자음은 하나의 자음으로 구분하고, 이중모음도 하나의 모음으로 구분한다.

7.2. 모음 사이의 연속된 두 자음은 각각의 음절로 분해한다.

banco → ban-co　alguien → al-guien

puerta → puer-ta　bosque → bos-que

arma → ar-ma　grande → gran-de

lección → lec-ción　acción → ac-ción

7.3. 연속된 세 개의 자음은 2-1로 음절을 분해한다. 대부분 '자음+s+자음'의 경우이다.

constante → cons-tan-te　inspirado → ins-pi-ra-do

obscuro → obs-cu-ro　instituto → ins-ti-tu-to

7.4. 연속된 두 개의 강모음은 각각의 음절로 분해한다. í와 ú가 오는 경우도 마찬가지다.

real → re-al　leer → le-er

tarea → ta-re-a　aéreo → a-é-re-o

María → Ma-rí-a　Raúl → Ra-úl

알파벳 모음 자음 이중모음 삼중모음 이중자음 음절 분해 악센트 각종 부호 여러 인사 표현

8 악센트 Acento

모든 스페인어 단어에는 악센트가 존재한다. 악센트가 규칙적인 경우에는 단어에 표기하지 않지만, 불규칙적인 경우에는 반드시 악센트 부호를 표기해야 한다.

8.1. 자음으로 끝나는 단어에서는 맨 뒤의 모음에 악센트가 있다(n/s 제외).

papel → pa-**pel** ciudad → ciu-**dad** hablar → ha-**blar**

Paraguay → Pa-ra-**guay** Uruguay → U-ru-**guay**

> y는 반자음 혹은 반모음이다. 음절 분해는 자음으로, 발음은 모음으로 한다.

8.2. 단어가 모음으로 끝나거나 n, s로 끝나면, 맨 뒤에서 두 번째 음절에 악센트가 있다.

gato → **ga**-to noche → **no**-che perro → **pe**-rro

hombre → **hom**-bre fresco → **fres**-co labio → **la**-bio

Austria → **Au**s-tria puerta → pu**e**r-ta cuarto → cu**a**r-to

ruido → ru**i**-do buitre → bu**i**-tre triunfo → tri**u**n-fo

> '약모음+약모음'의 경우에는 뒤에 악센트가 온다.

joven → **jo**-ven Carmen → **Car**-men margen → **mar**-gen

examen → e-**xa**-men origen → o-**ri**-gen resumen → re-**su**-men

lunes → **lu**-nes hablas → **ha**-blas crisis → **cri**-sis

8.3. 이러한 규칙에서 벗어난 단어에는 악센트 부호를 표기해야 한다.

María → Ma-**rí**-a corazón → co-ra-**zón** aéreo → a-**é**-re-o

lección → lec-**ción** café → ca-**fé** último → **úl**-ti-mo

단어의 형태가 같지만, 악센트 부호가 있느냐 없느냐에 따라 의미가 변하는 단어들도 있다. 따라서 악센트 부호도 단어의 일부라 생각하고 반드시 표기를 해야 한다.

예) sí '예, 그래' → si '만일 ~라면'　　tú '너' → tu '너의'
está '~있다' → esta '이것'　　qué '의문사' → que '관계대명사'

9 각종 부호 Signos de puntuación

9.1. [´] tilde

악센트가 불규칙적인 단어에 표기하는 부호이다.

árbol　　Jos**é**　　r**í**o　　naci**ó**n　　ba**ú**l

9.2. [¨] diéresis

음가 회복을 의미할 때 쓰이는 부호이다.

gue [게] → güe [구에]　　gui [기] → güi [구이]

vergüenza　　lingüística

9.3. [–] guion 혹은 raya

음절 분해를 표기하거나 혹은 대화체임을 알릴 때 사용한다.

Ej. cumpleaños → cum-ple-a-ños

– ¡Hola! ¿Qué tal?

– Estoy bien.

9.4. [.] punto

문장이 끝났음을 알릴 때 쓰이는 부호이다. 또는 약어를 표시할 때 사용하기도 한다.

Ej. Yo aprendo español.

Sr. → señor　　etc. → etcétera

9.5. [,] coma

매우 다양하게 사용되지만, 병렬로 연결되는 구문이나 삽입구를 사용하는 경우를 의미하는 부호이다.

Ej. Pedro es simpático, alto y guapo.
Él es coreano, luego, habla coreano.

9.6. […] puntos suspensivos

생략을 표기할 때 사용한다.

Ej. Carmen es peruana y habla …

9.7. [¿ ?] signos de interrogación

의문 부호로, 스페인어의 의문 부호는 끝부분에서는 통상적인 모양이나, 앞부분에서는 거꾸로 표기해야 한다.

Ej. ¿Cómo estás?

9.8. [¡ !] signos de exclamación

감탄을 나타내는 부호로, 의문 부호와 마찬가지로 문장의 앞과 뒤에 표기를 한다.

Ej. ¡Qué bien!

10 여러 인사 표현 Saludos

10.1. 만남과 헤어짐의 인사말

만났을 때	헤어질 때
¡Hola!	¡Adiós!
¡Buenas!	¡Chao!
¡Buenos días!	¡Hasta luego!
¡Buenas tardes!	¡Hasta la vista!
¡Buenas noches!	¡Hasta pronto!
	¡Hasta mañana!

10.2. 첫인사말

(Me da) ¡Mucho gusto!	¡Igualmente!
(Estoy) ¡Encantado!	
(Estoy) ¡Encantada!	

10.3. 안부 인사와 대답

안부 인사	대답
¿Qué tal? ¿Qué hay? ¿Cómo estás? ¿Cómo está? ¿Cómo te va? ¿Cómo le va?	Bien. Muy bien. Genial.
	Regular. / Normal. Así, así.
	Mal. Muy mal. Fatal.

10.4. 감사 표현과 대답

감사 표현	대답
¡Gracias! ¡Muchas gracias! ¡Muchísimas gracias!	¡De nada! ¡No hay de qué! ¡A ti! / ¡A usted!

10.5. 기타 표현

¡Por favor!	제발! 좀!	¡Oye!	야!
¡Perdón!	실례합니다.	¡Mira!	봐!
¡Lo siento!	죄송합니다.	¡Ven!	와!
¡Disculpa!	미안해!	¡Vete!	가!

알파벳 모음 자음 이중모음 삼중모음 이중자음 음절 분해 악센트 각종 부호 여러 인사 표현

EJERCICIO 연습문제

1 다음의 단어의 음절을 분해하고, 악센트를 표기하시오.

1) Barcelona → ______________ 2) alguien → ______________

3) vergüenza → ______________ 4) extranjero → ______________

5) deuda → ______________ 6) flecha → ______________

7) Austria → ______________ 8) triunfo → ______________

9) gloria → ______________ 10) inspirado → ______________

11) acción → ______________ 12) puerta → ______________

13) aéreo → ______________ 14) lingüística → ______________

15) origen → ______________ 16) constante → ______________

17) calle → ______________ 18) planta → ______________

19) ferrocarril → ______________ 20) hallazgo → ______________

Nota

LECCIÓN 1
제1과

학습목표

❖ 스페인어의 관사에도 영어와 마찬가지로 정관사와 부정관사 존재한다. 기본적인 기능은 영어와 동일하다. 하지만 가장 다른 점은 성(性)이 존재한다는 것이다. 여기에서는 관사의 형태만을 학습하고, 더 자세한 용법은 관사[II]에서 살펴보기로 한다.

1 관사[I] Artículo

스페인어의 관사에는 정관사와 부정관사가 있다. 스페인어의 관사는 명사의 성·수와 일치해야 하며, 그 쓰임은 매우 다양하다. 여기서는 명사의 성과 수에 따라 정관사와 부정관사를 사용하는 규칙과 예외에 대해 알아보자.

1.1. 정관사(Artículo determinado)

성	단수	복수
남성	el	los
여성	la	las

① 정관사 + 명사

el libro	책	los cuadernos	공책들
el coche	차	los vasos	컵들
la casa	집	las flores	꽃들
la mesa	탁자	las sillas	의자들

② el + 여성명사

a, ha로 시작되고 악센트까지 있는 여성명사는 발음의 혼돈을 피하기 위해 la 대신 el을 관사로 사용한다. 그러나 여성명사가 복수일 때는 las를 사용한다. 이때 여성명사와 함께 사용되는 형용사가 있다면, 형용사는 명사의 성·수와 일치시킨다.

el agua fría　　찬물　　las aguas frías

el arma nueva	신무기	las armas nuevas
el hacha afilada	날 선 도끼	las hachas afiladas
el aula pequeña	작은 교실	las aulas pequeñas

1.2. 부정관사(Artículo indeterminado)

성	단수	복수
남성	un	unos
여성	una	unas

① 부정관사 + 명사

un libro	한 권의 책	unos problemas	여러 문제들
un hombre	한 남자	unos gallos	몇 마리의 수탉들
una silla	한 개의 의자	unas mujeres	여러 명의 여자들
una joya	한 개의 보석	unas chicas	여러 명의 소녀들

② un + 여성명사는 'el + 여성명사'의 경우와 같다.

un hada	요정	unas hadas	요정들
un arma	무기	unas armas	무기들
un hacha	도끼	unas hachas	도끼들
un aula	강의실	unas aulas	강의실들

2 명사의 성 Género de los sustantivos

스페인어에서는 모든 명사를 남성명사와 여성명사로 구분한다. 사람이나 동물은 자연의 성으로 구분될 수 있으나, 사물은 자연적인 성이 없으므로 문법적으로 성을 구분한다. 이때는 단어의 어미가 무엇으로 끝나는가에 따라 남성과 여성을 구분한다. 물론 여기에도 불규칙이 존재한다.

2.1. 남성명사(-o, -or, -ma, -n, -e, -r)

-o	libro(책), amigo(친구), dinero(돈), pueblo(마을)
-r	actor(배우), profesor(교수), doctor(박사), amor(사랑)
-ma	problema(문제), clima(기후), idioma(언어), tema(주제)
-n	león(사자), examen(시험), campeón(챔피언)
-e	café(커피), viaje(여행), cheque(수표), cine(영화)

2.2. 여성명사(-a, -d, -ión, -z, -sis)

-a	casa(집), mesa(탁자), pizarra(칠판), silla(의자)
-d	universidad(대학교), ciudad(도시), verdad(진실), pared(벽)
-ión	cuestión(문제), atención(주의), conexión(연결)
-z	nariz(코), paz(평화), luz(빛), voz(목소리), cruz(십자가)
-sis	tesis(논문), crisis(위기), sinopsis(요약)

2.3. 예외적인 명사(불규칙)

el mapa	지도	la mano	손
el avión	비행기	la llave	열쇠
el camión	트럭	la flor	꽃
el día	날	la clase	교실, 수업
el lápiz	연필	la señal	표시
el planeta	유성, 행성	la foto	사진

2.4. 남성·여성형이 동일한 명사

el pianista	피아니스트	la pianista	피아니스트
el artista	예술가	la artista	예술가
el periodista	신문기자	la periodista	신문기자
el estudiante	학생	la estudiante	학생
el cliente	고객	la cliente	고객
el testigo	증인	la testigo	증인
el modelo	모델	la modelo	모델

2.5. 성에 따라 의미가 달라지는 명사

el capital	자본	la capital	수도
el radio	반경, 반지름	la radio	라디오
el frente	(건물의) 정면	la frente	이마

2.6. 남성·여성에 따라 고유한 형태를 지니는 명사

el padre	아버지	la madre	어머니
el caballo	말	la yegua	암말
el toro	황소	la vaca	암소
el yerno	사위	la nuera	며느리

3 명사의 수 Número de los sustantivos

3.1. 명사에는 단수와 복수가 존재한다. 복수형은 '모음+s', '자음+es'의 형태로 표시한다.

형태	단수	복수
모음 + s	el pueblo el coche	los pueblos los coches

⇒

형태	단수	복수
모음 + s	la silla la mano	las sillas las manos
자음 + es	el papel el rey la flor la ciudad	los papeles los reyes las flores las ciudades

3.2. 명사의 복수형을 만들 때에도 여러 가지 예외가 존재한다.

예외	단수	복수
-z → -ces	vez 번, 회 lápiz 연필 luz 빛	veces lápices luces
악센트 부호 사라짐	estación 역(驛), 계절 avión 비행기 atención 주의	estaciones aviones atenciones
악센트 부호 생겨남	examen 시험 joven 젊은이 orden 명령	exámenes jóvenes órdenes
단·복수 동형	lunes 월요일 paraguas 우산 cumpleaños 생일	lunes paraguas cumpleaños

EJERCICIO _제1과 연습문제

1 다음의 단어에 알맞은 정관사를 쓰시오.

1) ______	libro	2) ______	flores	3) ______	aula
4) ______	mano	5) ______	silla	6) ______	dinero
7) ______	problema	8) ______	cheque	9) ______	verdad
10) ______	camión	11) ______	ciudad	12) ______	especie
13) ______	tesis	14) ______	avión	15) ______	paraguas
16) ______	lápiz	17) ______	papeles	18) ______	examen
19) ______	fuerza	20) ______	llaves	21) ______	clima
22) ______	corazón	23) ______	luz	24) ______	noches

2 다음 단어를 복수형으로 바꾸시오.

1) casa	→ ______	2) actor	→ ______
3) joven	→ ______	4) muchacha	→ ______
5) examen	→ ______	6) paraguas	→ ______
7) joya	→ ______	8) igual	→ ______
9) luz	→ ______	10) rey	→ ______
11) puente	→ ______	12) vez	→ ______
13) sábado	→ ______	14) atención	→ ______
15) lápiz	→ ______	16) lunes	→ ______

VOCABULARIO & EXPRESIÓN

제1과 어휘 및 표현

actor	배우
agua	물
amigo	친구
amor	사랑
arma	무기
atención	주의
aula	강의실
avión	비행기
caballo	말
café	커피
capital	수도
casa	집
chica	소녀
chico	소년
cine	영화
ciudad	도시
clase	수업, 교실
cliente	고객
clima	기후
coche	차
costumbre	관습
crisis	위기
cuaderno	공책
cuestión	문제
cumpleaños	생일
día	날
dinero	돈
doctor	박사
especie	종류
estudiante	학생
examen	시험
flor	꽃
frente	정면, 이마
frío	차가운
fuerza	힘
hombre	남자
idioma	언어
joven	젊은이
joya	보석
lápiz	연필
libro	책
llave	열쇠
lunes	월요일
luz	빛
madre	어머니
mano	손
mesa	탁자
nariz	코
nuevo	새로운
padre	아버지
papel	종이
pequeño	작은
pizarra	칠판
problema	문제
profesor	교수
pueblo	마을
radio	라디오
rey	왕
señal	표시
silla	의자
tema	주제
universidad	대학
vaso	컵
verdad	진실
vez	번, 회
viaje	여행
voz	목소리

Nota

LECCIÓN 2
제2과

학습목표

- ❖ 스페인어의 형용사는 품질형용사와 한정형용사로 구별된다. 이때 형용사가 수식하는 명사와 성과 수에서 일치해야 하는 것이 영어의 형용사와 다른 점이다. 품질형용사는 명사의 뒤에 위치하고, 한정형용사는 명사의 앞에 위치한다. 여기에서는 품질형용사와 한정형용사(부정·수량·국적형용사)의 일부에 대해 학습하고 소유, 지시형용사에 대해서는 뒤에서 살펴볼 것이다.
- ❖ 부사의 기능은 영어와 동일하다. 이 과에서는 기본적인 부사를 간단히 소개만 하기로 한다.
- ❖ 수사 부분에는 1~100까지의 기수와 열두 번째까지의 서수만 먼저 익히도록 한다.

1 형용사 Adjetivo

형용사는 명사의 성·수와 일치해야 한다. 사물의 성질이나 상태를 수식하는 품질형용사와 지시, 소유, 부정(不定), 수량 등을 나타내는 한정형용사가 있다.

1.1. 형용사와 명사의 성·수 일치

형용사가 명사를 수식하거나 ser·estar 동사의 보어로 사용될 때 주어의 성·수와 일치해야 한다. '-o'로 끝나는 형용사는 명사의 성·수에 따라 변화하고, 이외의 형용사는 수만 일치시킨다. 다만 국적형용사의 경우 '-o' 이외로 끝나더라도 성·수를 일치시켜야 한다. 복수를 만드는 방법은 명사의 경우와 동일하게 '모음 + s', '자음 + es'의 형태로 변화시키면 된다.

① '-o'로 끝난 형용사의 여성형은 '-o' → '-a'로 변화시킨다.

el libro nuevo	새 책	los libros nuevos
la casa nueva	새 집	las casas nuevas
el chico alto	키가 큰 소년	los chicos altos
la chica alta	키가 큰 소녀	las chicas altas
el coche bonito	예쁜 차	los coches bonitos
la isla bonita	예쁜 섬	las islas bonitas
el sofá cómodo	편한 소파	los sofás cómodos
la silla cómoda	편한 의자	las sillas cómodas

② '-o'로 끝나지 않은 형용사는 수만 일치시킨다.

el hombre inteligente	총명한 남자	los hombres inteligentes
la mujer inteligente	총명한 여자	las mujeres inteligentes
el aire suave	부드러운 공기	los aires suaves
la piel suave	부드러운 피부	las pieles suaves
el examen difícil	어려운 시험	los exámenes difíciles
la pregunta difícil	어려운 질문	las preguntas difíciles

③ '-án, -ón, -ín, -or'으로 끝나는 형용사와 국적형용사 혹은 출신을 나타내는 형용사는 '-a'를 더하여 여성형을 나타낸다.

el coche alemán	독일 차	los coches alemanes
la moto alemana	독일 오토바이	las motos alemanas
el niño preguntón	질문이 많은 소년	los niños preguntones
la niña preguntona	질문이 많은 소녀	las niñas preguntonas
el gato bailarín	춤추는 수컷 고양이	los gatos bailarines
la gata bailarina	춤추는 암컷 고양이	las gatas bailarinas
el chico hablador	말이 많은 소년	los chicos habladores
la chica habladora	말이 많은 소녀	las chicas habladoras
el jugador español	스페인 남자 운동선수	los jugadores españoles
la jugadora española	스페인 여자 운동선수	las jugadoras españolas

1.2. 형용사의 위치

① '명사 + 형용사': 명사의 성질이나 상태를 수식하는 품질형용사는 명사의 뒤에 위치한다.

el edificio moderno	현대적인 건물
el estudiante japonés	일본 학생
la pizarra verde	녹색 칠판
la calle larga	긴 거리

② 위치에 따라 의미가 변하는 형용사도 있다.

el hombre pobre	가난한 사람
el pobre hombre	불쌍한 사람
la casa nueva	새로 지은 집
la nueva casa	새로 이사한 집
los libros varios	다양한 책
varios libros	여러 권의 책
el rey grande	체격이 큰 왕
el gran rey	위대한 왕

grande는 남성, 여성 단수명사 앞에서 'de'가 탈락한다.

1.3. 형용사의 어미 탈락

남성 단수명사 앞에서 '-o, -de' 등이 탈락하는 형용사가 있다. '-de'는 여성 단수명사 앞에서도 탈락한다.

bueno	착한	el buen chico	착한 소년
malo	나쁜	el mal tiempo	나쁜 날씨
primero	첫 번째의	el primer día	첫 날
tercero	세 번째의	el tercer día	셋째 날
alguno	어떤	algún gato	어떤 고양이
ninguno	어떤 것도 아닌	ningún gato	어떤 고양이도 아닌

alguno와 ninguno는 '-o'가 탈락하면 '-n'으로 끝나게 되므로, 원래의 악센트 자리에 악센트 부호를 표기해야 한다.

grande	위대한	el gran rey	위대한 왕
		la gran reina	위대한 여왕

2 형용사의 종류

앞에서 살펴본 형용사들은 대부분 품질형용사이므로 명사 뒤에 위치했다. 하지만 지시·소유·부정·수량·특징을 나타내는 한정형용사는 명사의 앞에 위치해야 한다. 지시·소유형용사에 대해서는 제4과에서 지시사와 소유사를 다룰 때 설명하기로 한다.

2.1. 국적형용사

국적형용사는 명사 뒤에 위치하고, 다른 형용사와 함께 쓰여도 맨 뒤에 위치한다.

나라명	남성단수	여성단수	남성복수	여성복수
Alemania	alemán	alemana	alemanes	alemanas
Argentina	argentino	argentina	argentinos	argentinas
Brasil	brasileño	brasileña	brasileños	brasileñas
Chile	chileno	chilena	chilenos	chilenas
China	chino	china	chinos	chinas
Colombia	colombiano	colombiana	colombianos	colombianas
Corea	coreano	coreana	coreanos	coreanas
Cuba	cubano	cubana	cubanos	cubanas
España	español	española	españoles	españolas
Estados Unidos	estadounidense	estadounidense	estadounidenses	estadounidenses
Francia	francés	francesa	franceses	francesas
Holanda	holandés	holandesa	holandeses	holandesas
Inglaterra	inglés	inglesa	ingleses	inglesas
Japón	japonés	japonesa	japoneses	japonesas
México	mexicano	mexicana	mexicanos	mexicanas
Perú	peruano	peruana	peruanos	peruanas
Portugal	portugués	portuguesa	portugueses	portuguesas
Rusia	ruso	rusa	rusos	rusas
Suecia	sueco	sueca	suecos	suecas

* 또한 공식적으로 Holanda는 Los Países Bajos로, Inglaterra는 Reino Unido로 표기한다.

2.2. 부정(不定)형용사

cierto día	어느 날
alguna vez	어쩌다가, 한 번쯤
otros problemas	다른 문제들

2.3. 수량형용사

tres lápices	3개의 연필
muchos clientes	많은 고객들
pocos alumnos	적은 학생들
varias personas	여러 사람들
cada domingo	매주 일요일
cada casa	각각의 집들

cada는 성에 따른 변화가 없는 형용사이다.

3 부사 Adverbio

부사는 형용사, 다른 부사, 동사를 수식한다. 여기서는 간단히 장소·시간·방법을 나타내는 부사의 종류와 '형용사 + mente'의 형태로 결합해 부사로 변하는 경우를 살펴볼 것이다.

3.1. 장소를 나타내는 부사

aquí	여기	ahí	거기	allí	저기

3.2. 시간을 나타내는 부사

ahora	지금	hoy	오늘
tarde	늦게	temprano	일찍
rápido	빨리	despacio	천천히

3.3. 방법을 나타내는 부사

bien	잘	mal	서툴게, 나쁘게
pronto	빨리	lento	느리게
mucho	많이	poco	적게

3.4. 형용사+mente = 부사

① '-o'로 끝난 형용사는 '-o' → '-a'로 변환한 후에 '-mente'를 붙인다.

alto	→	altamente	높게
claro	→	claramente	명확하게
bueno	→	buenamente	좋게
nuevo	→	nuevamente	새롭게

② 그 외의 철자로 끝난 형용사는 원형에 '-mente'를 붙인다.

suave	→	suavemente	부드럽게
feliz	→	felizmente	행복하게
normal	→	normalmente	정상적으로

③ 형용사에 악센트가 있으면, 부사로 바뀌어도 악센트를 유지한다.

cómodo	→	cómodamente	편하게
fácil	→	fácilmente	쉽게
cortés	→	cortésmente	예의바르게
rápido	→	rápidamente	빨리

④ '-mente'가 중복으로 사용될 때는 맨 마지막 부사에만 '-mente'를 붙인다.

feliz y cómodamente	행복하고 편하게
clara y rápidamente	명확하고 빨리

☞ mente가 생략되어도 claro는 clara로 변환된 것을 사용한다.

4 수사[I] Numerales

스페인어의 수사에도 기수와 서수가 존재한다. 여기서는 0~100까지의 기수와, 첫 번째부터 열 번째까지의 서수만을 살펴보고, 좀 더 자세한 쓰임은 수사[II]에서 공부하기로 한다.

4.1. 기수(Números cardinales)

① 0~15는 고유한 형태로 이루어져 있다.

0	cero	8	ocho
1	uno	9	nueve
2	dos	10	diez
3	tres	11	once
4	cuatro	12	doce
5	cinco	13	trece
6	seis	14	catorce
7	siete	15	quince

② 16~29는 축약 형태로 되어 있다.

16	dieciséis	23	veintitrés
17	diecisiete	24	veinticuatro
18	dieciocho	25	veinticinco
19	diecinueve	26	veintiséis
20	veinte	27	veintisiete
21	veintiuno	28	veintiocho
22	veintidós	29	veintinueve

- diez y seis은 dieci＋seis로 축약되어, dieciséis가 된다.
- veinte y uno는 veinti＋uno로 축약되어, veintiuno가 된다.
- veintiún libros가 되고, veintiuna casas가 된다.

③ 30~100은 '십의 자리 y 일의 자리'의 형태로 구성된다.

30	treinta	40	cuarenta
50	cincuenta	60	sesenta
70	setenta	80	ochenta
90	noventa	100	cien (to)

34	treinta y cuatro	38	treinta y ocho
44	cuarenta y cuatro	49	cuarenta y nueve
53	cincuenta y tres	57	cincuenta y siete
61	sesenta y uno	68	sesenta y ocho
72	setenta y dos	75	setenta y cinco
84	ochenta y cuatro	88	ochenta y ocho
93	noventa y tres	97	noventa y siete

'백 권의 책'은 'cien libros'라고 표현하지만, 숫자로 '125'라고 할 때는 'ciento veinticinco'가 된다.

4.2. 서수(Números ordinales)

서수는 명사의 앞과 뒤에 모두 위치할 수 있다. 열 번째 이상의 서수도 존재하지만 보통 열두 번째까지만 사용한다.

1°	primero(primer)	1ª	primera
2°	segundo	2ª	segunda
3°	tercero(tercer)	3ª	tercera
4°	cuarto	4ª	cuarta
5°	quinto	5ª	quinta
6°	sexto	6ª	sexta
7°	séptimo	7ª	séptima
8°	octavo	8ª	octava
9°	noveno	9ª	novena

10°	décimo	10ª	décima
11°	undécimo	11ª	undécima
12°	duodécimo	12ª	duodécima

la Segunda Guerra Mundial

el tercer piso

el primer amor

el siglo IV(cuarto)

la planta séptima

la lección octava

primero와 tercero는 남성단수 명사 앞에서만 'o'가 탈락한다.

EJERCICIO _제2과 연습문제

1 정관사와 형용사의 변화형을 빈칸에 알맞게 쓰시오.

〈보기〉

foto	claro	→	la foto clara

1)	libro	nuevo	→	________
2)	casa	nuevo	→	________
3)	mujeres	inteligente	→	________
4)	sofá	cómodo	→	________
5)	coche	alemán	→	________
6)	chicas	hablador	→	________
7)	danza	andaluz	→	________
8)	estudiante	español	→	________
9)	calle	largo	→	________
10)	pizarras	verde	→	________
11)	silla	caro	→	________
12)	flores	hermoso	→	________
13)	problemas	difícil	→	________
14)	lenguas	extranjero	→	________
15)	actores	famoso	→	________

2 빈칸에 알맞은 형용사를 쓰시오.

1)	첫 날	primero	→		día
2)	많은 소년들	mucho	→		chicos
3)	어떤 고양이	alguno	→		gato
4)	세 번째 차	tercero	→		coche
5)	적은 학생들	poco	→		alumnas
6)	나쁜 남자	malo	→		hombre

EJERCICIO _제2과 연습문제

3 아래의 형용사를 부사로 변환시키시오.

1) claro → ____________ 2) alto → ____________

3) suave → ____________ 4) rápido → ____________

5) bueno → ____________ 6) feliz → ____________

7) fácil → ____________ 8) inteligente → ____________

9) conciso → ____________ 10) nuevo → ____________

4 다음의 숫자를 스페인어로 쓰시오.

1) 1 → ____________ 2) 21 → ____________

3) 14 → ____________ 4) 24 → ____________

5) 9 → ____________ 6) 13 → ____________

7) 36 → ____________ 8) 7 → ____________

9) 60 → ____________ 10) 44 → ____________

11) 88 → ____________ 12) 79 → ____________

13) 92 → ____________ 14) 4 → ____________

15) 4° → ____________ 16) 12° → ____________

17) 7ª → ____________ 18) 5ª → ____________

19) 10ª → ____________ 20) 2° → ____________

VOCABULARIO & EXPRESIÓN

제2과 어휘 및 표현

aire	공기
ahí	거기
ahora	지금
antes	~전에
aquí	여기
bien	잘, 정확하게
bonito	예쁜
cerca	가까이
cierto	어떤
claro	명확한
coche	차
cómodo	편한
después	~후에
difícil	어려운
domingo	일요일
edificio	건물
feliz	행복한
gato	고양이
grande	큰, 위대한
hoy	오늘
inteligente	영리한
isla	섬
lejos	멀리
lento	천천히
mal	서툴게, 나쁘게
moderno	현대적인
mucho	많은, 많이
nieve	눈
niña	여자아이
niño	남자아이
normal	정상의, 보통의
persona	사람
pobre	불쌍한, 가난한
poco	적은, 적게
pregunta	질문
pronto	빨리, 조속한
rápido	빠른, 빨리
sofá	소파
suave	부드러운
tarde	늦게, 오후
temprano	일찍

LECCIÓN 3 제3과

학습목표

- ❖ 스페인어의 동사는 영어와는 달리 인칭에 따라 동사의 형태가 변화하기 때문에 학습자가 가장 어렵게 느끼는 부분이다. 본 과에서 다루는 ser와 estar 동사는 영어의 'be'동사에 해당한다.
- ❖ hay 동사는 'There is/are'와 동일한 상황에서 사용하는 동사이다. 다만 문법상의 주어가 없다는 점에 주의해야 한다.
- ❖ 부정문은 동사 앞에 'no'를 붙여 구성한다. 의문문은 반드시 의문 부호 '¿~?'를 거꾸로 표시하여 문장을 구성해야 한다.

1 주격 인칭대명사 Pronombres personales

인칭	단수	복수
1인칭	yo	nosotros, nosotras
2인칭	tú	vosotros, vosotras
3인칭	usted, él, ella	ustedes, ellos, ellas

- yo와 tú는 생략하는 경우가 많다.
- usted과 ustedes는 대화 상대자를 가리키지만, 어원(vuestra merced, '귀하의 자비')에 따라 3인칭으로 취급한다.
- tú와 usted은 모두 대화 상대자를 가리킨다. tú는 '너'에 해당하는 2인칭 대명사로, 친구, 가족, 아는 사람을 지칭할 때 사용한다. usted은 '당신'에 해당하는 것으로, 상대를 높일 때에 사용한다.
- 중남미에서는 vosotros를 사용하지 않고, 그 경우라도 ustedes를 사용한다. 예를 들면, 스페인에서는 친구들끼리 vosotros라 부르지만, 중남미에서는 ustedes라고 부른다.
- usted은 Vd./Ud.으로, ustedes는 Vds./Uds. 등의 약자로 표기할 수 있다.

2 ser 동사

2.1. ser 동사는 다음과 같이 인칭에 따라 변화한다.

인칭	ser			
	단수		복수	
1인칭	yo	soy	nosotros, -as	somos
2인칭	tú	eres	vosotros, -as	sois
3인칭	usted, él, ella	es	ustedes ellos, ellas	son

2.2. ser 동사는 주어의 성질이나 사물의 본질 등을 표현할 때 사용되며, 형용사, 부사, 대명사를 보어로 취한다. 이때 보어로 사용되는 형용사와 명사는 주어의 성·수와 일치해야 한다.

① 주어의 이름, 직업, 국적 등을 나타낸다.

Ej. Usted es Juan. 당신은 후안입니다.
Eres Carmen. 너는 카르멘이다.
Él es profesor. 그는 교수님이시다.
Ella es española. 그녀는 스페인 여자입니다.
Soy coreano. 나는 한국남자입니다.
Nosotros somos estudiantes. 우리들은 학생들이다.

② 형용사와 함께 사용되어 주어의 본질, 성격, 특성을 나타낸다.

Ej. El hielo es frío. 얼음은 차다.
Pedro es alto y guapo. 페드로는 키가 크고 잘 생겼다.
Vosotros sois inteligentes. 너희들은 똑똑하다.
Ella es simpática. 그녀는 상냥하다.
El tren es largo. 기차는 길다.
La flor es bonita. 꽃은 예쁘다.

y는 '그리고'의 뜻이다.

③ 전치사 'de'와 함께 국적, 소유, 재료 등을 나타낸다.

Ej. – ¿De dónde eres? 너는 어느 나라 출신이니?
– Yo soy de Corea. 나는 한국 출신이다.
El coche es de María. 차는 마리아의 것이다.
La mesa es de madera. 탁자는 나무로 만들어졌다.
Ustedes son de Madrid. 당신들은 마드리드 출신이다.
El libro es de Marta. 책은 마르타의 것이다.
El cuaderno es de papel. 공책은 종이로 만들어진다.

④ 친인척 관계를 나타낼 때 사용한다.

Ej. Nieves y yo somos amigos.	니에베스와 나는 친구이다.
Isabel y Cristina son primas.	이사벨과 크리스티나는 사촌이다.
Ella es la madre de José.	그녀는 호세의 어머니이다.
Enrique es el hermano de Pilar.	엔리케는 필라르의 오빠이다.

⑤ 시간, 때, 양, ~열리다 등의 표현에 사용한다.

Ej. Son las nueve.	9시이다.
Es muy tarde.	너무 늦다.
Es mucho.	많다.
La fiesta es aquí.	파티는 여기다(여기서 열린다).
La boda es hoy.	결혼식은 오늘이다(오늘 열린다).

3 estar 동사

3.1. estar **동사는 다음과 같이 인칭에 따라 변화한다. 2인칭, 3인칭 단·복수에는 악센트 부호가 있다는 것을 기억해야 한다.**

인칭	estar			
	단수		복수	
1인칭	yo	estoy	nosotros, -as	estamos
2인칭	tú	estás	vosotros, -as	estáis
3인칭	usted, él, ella	está	ustedes ellos, ellas	están

3.2. estar **동사는 주어의 위치나 상태를 나타낸다.**

① 전치사 'en'과 함께 주어의 위치를 표현한다.

Ej. Estoy aquí.	나는 여기에 있다.
¿Yolanda y tú estáis en la escuela?	욜란다와 너는 학교에 있니?
Daegu está en Corea.	대구는 한국에 있다.
La silla está en la clase.	의자는 교실에 있다.

– ¿Dónde estáis vosotros? 너희들은 어디 있니?
– Nosotros estamos en el centro. 우리는 시내에 있다.

② 형용사와 함께 주어(사람)의 현재의 육체적, 감정적 상태를 표현한다. 이때 형용사는 주어의 성과 수에 일치해야 한다.

Ej.	Tú estás contento.	너는 기분이 좋다.
	Mónica está muy triste.	모니카는 아주 슬프다.
	¿Ustedes están cansados?	당신들은 피곤합니까?
	Él está aburrido.	그는 지루해 한다.
	Ella está enfadada.	그녀는 화가 났다.
	Las mesas están sucias.	탁자들은 더럽다.
	La comida está caliente.	음식이 뜨겁다.
	El árbol está muerto.	나무는 죽었다.
	El teléfono está ocupado.	전화는 통화 중이다.
	Ana está enferma.	아나는 아프다.
	Nosotros estamos nerviosos.	우리는 긴장하고 있다.
	Yo estoy muy feliz.	나는 아주 행복하다.
	Juana está preocupada.	후아나는 걱정하고 있다.

③ 주어의 한시적 변화가 있을 때, 그 상태를 표현한다. 이때 전치사 'con + 명사'를 사용하기도 한다.

Ej.	– ¡Isabel, estás muy guapa ahora!	이사벨, 너 지금 아주 예쁘구나!
	Ana está elegante con el vestido.	아나는 드레스를 입어서 우아하다.
	La niña está muy bonita con la bufanda.	아이는 목도리를 해서 아주 귀엽다.

4 ser 동사와 estar 동사의 대조

4.1. 두 동사는 모두 '~이다 / ~하다'라는 의미를 지닌다. 그러나 이 두 동사는 경우에 따라 동일한 형용사를 사용하더라도 의미가 달라지기도 한다.

4.2. 지속적 vs 한시적 표현

ser	estar
Isabel es guapa.	– ¡Isabel, estás muy guapa ahora!
이사벨은 예쁘다.	이사벨, 지금 아주 예쁘구나!
☞ 이사벨은 원래 예쁘다고 할 때	☞ 예쁜 옷을 입었거나 평소와 달라서 예쁘다고 할 때

4.3. 몇몇 형용사는 동사에 따라 의미가 변화한다.

ser		estar	
Tú eres **malo**.	너는 나쁜 사람이다.	Yo estoy **malo**.	나는 아프다.
Carlos es **aburrido**.	카를로스는 재미없는 사람이다.	Carlos está **aburrido**.	카를로스는 지루해 한다.
Luis es **bueno**.	루이스는 착한 사람이다.	Luis está **bueno**.	루이스는 (병세가) 좋아졌다.
Alicia es **lista**.	알리시아는 똑똑하다.	Alicia está **lista**.	알리시아는 (나갈) 준비가 되었다.
Yo soy **moreno**.	나는 (원래) 피부가 까무잡잡하다.	Ella está **morena**.	그녀는 (햇볕에 타서) 피부가 까무잡잡하다.
Usted es **rico**.	당신은 부자다.	La sopa está **rica**.	스프가 맛있다.

5 hay 동사

hay 동사의 원형은 haber로, hay는 haber의 불규칙 불변형 동사이다. '~있다'라는 뜻을 나타내며, No hay로 쓰이면 '~없다'라는 뜻이 된다. hay 동사가 사용되는 문장에는 주어가 없으므로, hay 동사 다음에 오는 목적어를 마치 주어처럼 이해해야 한다. 목적어 자리에는 '부정관사 + 명사', 혹은 '명사'만 사용한다. estar 동사가 주어(구체적인 물건이나 사람)의 위치에 따라 사용되는 반면, hay 동사는 대상의 존재 유무에 따라 사용된다.

(No) Hay	un libro. cinco cuadernos. muchas chicas.
	agua fría. / café. / mucha bebida.
	una farmacia. / un banco.
	(vs.) La farmacia está~, El banco está~
	¿Dónde hay un hotel?
	(vs.) ¿Dónde está el hotel?

Ej.	Aquí hay un libro.	여기에 책이 있다.
	Hay fresas en la mesa.	탁자에 딸기가 있다.
	– ¿Hay caramelos en la tienda?	가게에 카라멜이 있나요?
	– Sí, hay varios.	예, 여러 가지가 있어요.
	– ¿Hay un banco cerca de aquí?	이 근처에 은행 있나요?
	– Sí, hay uno.	예, 하나 있어요.
	El banco de Daegu está allí.	대구은행이 저기 있어요.
	Hay una cafetería en la universidad.	학교에 카페테리아가 있다.
	Hay muchos lápices en la clase.	교실에 연필이 많다.

6 부정문 Oración negativa · 의문문 Oración interrogativa

6.1. 스페인어의 부정문은 동사 앞에 no를 사용해 표현한다.

Ej.	No soy japonés.	나는 일본인이 아니다.
	Vosotros no sois alumnos.	너희들은 학생들이 아니다.
	Juan no está en casa.	후안은 집에 없다.

6.2. 일반 동사로 의문문이 만들어지면, '주어＋동사', 혹은 '동사＋주어' 모두 사용할 수 있다. 즉 평서문의 맨 끝을 올려 읽어주면 의문문이 된다.

Ej.	– ¿Martina es francesa?	마르티나는 프랑스 여자입니까?
	– Sí, ella es francesa.	예, 그녀는 프랑스 여자입니다.
	– ¿Es usted maestro?	당신은 선생님 입니까?
	– No. Soy abogado.	아니오. 나는 변호사입니다.

6.3. ¿no?, ¿verdad?을 문장의 맨 끝에 놓고 올려 읽어도 의문문이 된다.

Ej. – ¡Oye! Ana es muy guapa, ¿no? 야! 아나는 너무 예쁘지, 그렇지?
– Sí, lo es. 응, 그래.

> 'lo'는 중성대명사이다.

– Marta es alemana, ¿verdad? 마르타는 독일 여자이지, 그렇지?
– No. Ella es inglesa. 아니야. 그녀는 영국 여자야.

7 의문사 Interrogativos

7.1. ¿Qué? 무엇, 무슨

Ej. ¿Qué problema hay? 무슨 문제가 있니?
¿Qué libro es? 무슨 책이지?
¿Qué es esto? 이것은 무엇이니?

> 'esto'는 중성 지시대명사로 '이것'이라는 뜻이다.

7.2. ¿Cuál, Cuáles? 어느 것

Ej. ¿Cuál es el problema? 문제가 어떤 것이냐?
¿Cuál es tu nombre? 너의 이름이 무엇이니?
¿Cuáles son tus apellidos? 너의 성(姓)들은 무엇이니?
¿Cuál de los alumnos es de Corea? 학생 중에 누가 한국 출신이냐?

> 'tu, tus'는 소유형용사로 '너의'라는 뜻이다.

7.3. ¿Quién, Quiénes? 누구, 누구들

Ej. ¿Quién es usted? 당신은 누구입니까?
¿Quiénes son ellas? 그녀들은 누구입니까?

¿De quién es este libro? 이 책은 누구의 것입니까?

> 'este'는 지시형용사로 '이'라는 뜻이다.

7.4. ¿Cuánto, Cuánta, Cuántos, Cuántas? 몇 명의, 몇 개의, 얼마

Ej. ¿Cuánto es? 얼마인가요?
¿Cuántos son? 몇 명인가요?
¿Cuántos coches hay? 몇 대의 차가 있나요?
¿Cuántas mesas hay? 몇 개의 탁자가 있나요?

7.5. ¿Dónde? 어디

Ej. ¿Dónde estás? 너는 어디에 있니?
¿De dónde eres? 너는 어디 출신이니?

7.6. ¿Cuándo? 언제

Ej. ¿Cuándo es el examen? 시험은 언제입니까?
¿Cuándo es la boda? 결혼식은 언제입니까?

7.7. ¿Cómo? 어떻게

Ej. ¿Cómo está usted? 안녕하세요?
¿Cómo es el nuevo profesor? 새로 오신 교수님은 어떠니?

7.8. ¿Por qué? 왜

Ej. ¿Por qué estás enfadado? 너는 왜 화가 났니?

> **¿전치사+의문사+동사+주어?**
> 1) ¿De quién es este libro? 또는 2) ¿De dónde eres?라는 문장에서는 모두 의문사 앞에 전치사가 위치한다. 그 이유는 이들 물음에 대한 대답에서 찾을 수 있다.
> 1)에 대한 답은 "Este libro es de Juan."으로 할 수 있다. Juan을 몰라 quién으로 질문을 할 때, 그 앞에 전치사가 있다면 전치사와 함께 문장의 맨 앞으로 이동한다. 2)에 대한 대답은 "Soy de Corea."라고 할 수 있다.

EJERCICIO _제3과 연습문제

1 ser와 estar 동사를 아래 문장에 알맞게 쓰시오.

1) Tú ________ Juan.

2) ¿De dónde ________ ustedes? Nosotros ________ de Corea.

3) Ella ________ en Busan.

4) La boda de María ________ hoy.

5) Nosotras ________ muy cansadas.

6) Felipe ________ rico.

7) Marta ________ muy guapa con el vestido nuevo.

8) Las mesas ________ sucias.

9) Ellos ________ alemanes, pero ________ en Francia.

10) El árbol ________ muerto.

11) Alicia ________ una chica lista.

12) La miel ________ dulce.

13) Yo ________ en la clase, y ________ estudiante.

14) Pedro y tú ________ simpáticos.

15) El concierto ________ en el campus.

16) ¿De quién ________ el libro?

17) El aula ________ limpia.

18) Uds. ________ médicos.

19) Luis ________ aburrido en la clase.

20) Usted ________ colombiana.

2 estar와 hay 동사를 아래 문장에 알맞게 쓰시오.

1) ¿Cerca de aquí ________ una tienda de zapatos?

2) Sí, ________ una.

3) Yo ________ en la universidad.

4) Miguel ________ malo ahora.

5) En el aula ________ varios libros.

6) La comida ________ muy caliente.

7) ¡Mira!, aquí ________ un café.

8) Ana ________ muy guapa con el sombrero blanco.

9) ¿ ________ cuadernos en la casa?

10) ¿Dónde ________ el Hotel Margaret?

EJERCICIO _제3과 연습문제

3 아래의 문장에 알맞은 의문사를 쓰시오.

1) ¿ ________ es esto?

2) ¿De ________ es usted?

3) ¿ ________ está enfadada Carmen?

4) ¿ ________ es el examen de español?

5) ¿ ________ sillas hay en la clase?

6) ¿ ________ es la novia de Pedro?

7) ¿De ________ es el coche?

8) ¿ ________ son tus apellidos?

9) ¿ ________ es la boda?

10) ¿ ________ hay un coche aquí?

4 다음 문장을 스페인어로 작문하시오.

1) 나는 한국 출신이다.

2) 그는 영리한 소년이다.

3) 카르멘은 아주 피곤하다.

4) 파티는 여기이다.

5) 저기에 차들이 있다.

6) 커피는 누구의 것입니까?

7) 호세는 준비가 되었다.

8) 결혼식은 언제입니까?

9) 너희들은 학교에 있다.

10) 이사벨과 나는 친구이다.

11) 여기에 책들이 있다.

12) 너는 일본 사람이 아니다.

13) 당신은 어느 나라 출신입니까?

14) 열쇠는 후안의 것이다.

15) 시험은 내일이다.

16) 너는 지금 어디에 있니?

17) 루이스는 양복을 입어서 더 멋있다.

18) 커피가 뜨겁다.

19) 집에 몇 개의 방이 있나요?

20) 페드로의 동생은 독일 사람이다.

21) 우리는 스페인 여자들이고 한국에 있다.

22) 당신은 누구입니까?

23) 너희들은 멕시코 학생들이다.

24) 너는 왜 여기에 있니?

25) 이 근처에 카페테리아가 있나요?

26) 마리아는 페루 사람이지, 그렇지?

27) 너는 거리에 있고, 호세는 후안의 집에 있다.

28) 페드로는 아르헨티나 출신이다.

29) 이것은 무엇입니까?

30) 의자 중에 루이스의 것은?

DIÁLOGO _제3과 대화문

Diálogo 1 En la universidad

Pista 2

Pedro	:	¡Hola, buenas tardes!
Ana	:	¡Hola, buenas! ¿Eres un nuevo estudiante?
Pedro	:	Sí, lo soy. ¿Y tú también? Mucho gusto.
Ana	:	Sí, soy nueva. Encantada. Soy Ana. ¿Cómo te llamas?
Pedro	:	Soy Pedro. Soy de Barcelona. ¿De dónde eres?
Ana	:	Soy de Sevilla.
Pedro	:	Sevilla es una ciudad muy bonita, ¿verdad?
Ana	:	Claro que sí. Hay muchos lugares muy hermosos.
Pedro	:	En Barcelona también hay sitios interesantes. Por ejemplo: la Sagrada Familia, la Casa Milà, el Parque Güell, etc.
Ana	:	Muy bien. Nos vemos mañana.
Pedro	:	Hasta luego, adiós.

여기서 Point

⇒ ¿Cómo te llamas?는 "이름이 무엇이니?"란 뜻으로, 이 문장에 대한 문법적인 설명은 재귀동사 부분에서 자세히 할 것이다. 지금은 표현을 외워 두자.

⇒ Sí, lo soy.에서 'lo = nuevo estudiante'는 중성대명사로 쓰였다. 여기서는 이러한 문법적인 명칭보다는 ser 동사의 보어로 사용된다는 것을 기억하자.

⇒ nos vemos는 '우리 (다음에 또) 보자'라는 의미이다.

Diálogo 2 En la clase

Pista 3

Juan	:	¡Hola, buenos días! ¿Cómo estás?
María	:	Estoy muy bien, ¿y tú?
Juan	:	Muy bien. ¿Y qué tal la clase?
María	:	Muy interesante. Y el profesor es simpático.
Juan	:	¿De dónde es? ¿Es mexicano?

María	:	No. Él es español. Es de Madrid.
Juan	:	Bueno, hasta luego. Adiós.
María	:	Chao. Hasta pronto.

여기서 **Point**

⇒ ¿Y qué tal **la clase**?라는 문장에서 clase 대신에 다른 단어를 대입하면, '~어때?'라는 의미로 활용할 수 있다. 예를 들어, ¿Y qué tal la casa?라고 하면 "집은 어때?"라는 뜻이 된다.

⇒ 'Bueno'는 사전에서는 '좋은'이라는 뜻의 형용사로 설명되어 있지만, 회화에서는 '그러면', '좋아' 등으로 이해되는 연결어로도 사용된다.

Diálogo 3 En la calle

Pista 4

Turista	:	¡Buenos días! ¡Por favor! ¿Hay una farmacia cerca de aquí?
Policía	:	Sí, hay una muy cerca de aquí.
Turista	:	¿Dónde está la farmacia?
Policía	:	La farmacia está entre la frutería y la cafetería.
Turista	:	¿Y dónde hay una oficina de turismo?
Policía	:	Está lejos de aquí.
Turista	:	Estoy listo para andar.
Policía	:	A pie, 20 (veinte) minutos.
Turista	:	Gracias. Es muy amable.
Policía	:	De nada. Adiós.

여기서 **Point**

⇒ ¿Hay una farmacia?와 ¿Dónde está la farmacia?에서 모두 약국이란 단어가 언급되었다. 그러나 약국이 있는가에 대한 막연한 질문을 의미할 때는 'hay'를 사용하고 'dónde está'에서와 같이 이미 언급된 그 약국을 가리킬 때는 'estar'를 사용한다.

⇒ 'A pie'는 '걸어서'라는 의미이다.

⇒ 'Para andar'는 '걷기 위해'이지만, 여기서는 '걸을~'로 이해하자.

VOCABULARIO & EXPRESIÓN

abogado	변호사
aburrido	지루한
alumno	학생
andar	걷다
a pie	걸어서
apellido	성
árbol	나무
banco	은행
boda	결혼식
cafetería	카페테리아
caliente	뜨거운
campus	캠퍼스
cansado	피곤한
centro	중앙, 시내
contento	기쁜, 만족한
elegante	우아한
enfadado	화가 난
escuela	학교
estudiante	학생
farmacia	약국
fiesta	파티, 축제, 휴일
frío	차가운, 추위
frutería	과일 가게
hermano	형, 동생
hermoso	아름다운
hielo	얼음

hotel	호텔
inteligente	영리한
largo	긴
listo	똑똑한, 준비된
lugar	장소
madera	나무, 목재
maestro	선생님
moreno	까무잡잡한
muerto	죽은
nombre	이름
ocupado	바쁜
oficina	사무실
para	~위해
parque	공원
primo	사촌
simpático	상냥한, 친절한
sitio	장소
sombrero	모자
sucio	더러운
rico	부자의, 맛있는
tienda	가게
tren	기차
triste	슬픈
turismo	관광
vestido	드레스, 원피스
zapato	구두, 신발

Nota

LECCIÓN 4
제4과

학습목표

❖ 지시사는 형용사와 대명사로 구분되나, 이들의 모양은 동일하다.
❖ 소유사도 형용사와 대명사로 구분되지만, 소유형용사는 명사 앞이나 뒤에 위치할 수 있다. 문장 안에서 강조를 나타내는 경우 혹은 명사 앞에 관사나 다른 형용사가 삽입되어야 하는 경우에는 소유형용사가 명사 뒤에 위치한다. 소유대명사는 '정관사+후치형'으로 나타나며, 대명사를 대신하는 명사의 성과 수에 따라 그 형태가 변한다.
❖ 전치사 부분에서는 사용 빈도가 잦은 전치사에 대해 간단하게 소개해 두었다.

1 지시사 Demostrativos

1.1. 지시형용사(Adjetivos demostrativos)

우리말의 '이 ~, 그 ~, 저 ~'에 해당하는 것으로, 명사 앞에 위치하는 한정형용사이다. 지시형용사는 명사의 단·복수 및 남성·여성에 따라 형태가 변한다.

		남성	여성
이	단수	este	esta
	복수	estos	estas
그	단수	ese	esa
	복수	esos	esas
저	단수	aquel	aquella
	복수	aquellos	aquellas

este coche	이 차	esta casa	이 집
estos cuadernos	이 공책들	estas personas	이 사람들
ese libro	그 책	esa calle	그 거리
esos chicos	그 소년들	esas ciudades	그 도시들
aquel árbol	저 나무	aquella silla	저 의자
aquellos pañuelos	저 손수건들	aquellas puertas	저 문들

Ej. Esta novela es interesante. — 이 소설은 재미있다.
Estos pelos son largos. — 이 머리카락들은 길다.
Ese muchacho es Antonio. — 그 소년은 안토니오이다.

Esas rosas están en la mesa. 그 장미들은 탁자에 있다.

Aquel banco es pequeño. 저 벤치는 작다.

Aquellas ventanas son blancas. 저 창문들은 하얀 색이다.

Estas mesas y estas sillas son de madera.
이 탁자들과 (이) 의자들은 나무로 만들어졌다.

지시형용사는 각각의 명사 앞에서 모두 사용하는 것이 좋다.

Estos hombres y esas mujeres son peruanos.
이 남자들과 그 여자들은 페루 사람들이다.

주어가 혼성인 경우 보어는 남성형을 사용한다.

1.2. 지시대명사(Pronombres demostrativos)

지시대명사의 형태는 지시형용사와 동일하다. 예전에는 이 둘을 구별하기 위해 본래의 악센트 자리에 악센트 부호를 표기했으나, 지금은 표기하지 않는다(예: éste, ésta).

		남성	여성	중성
이	단수	este	esta	esto
	복수	estos	estas	
그	단수	ese	esa	eso
	복수	esos	esas	
저	단수	aquel	aquella	aquello
	복수	aquellos	aquellas	

Ej. Este libro es fácil pero aquel es difícil. 이 책은 쉽지만, 저것은 어렵다.

Estas calles están limpias y esas están sucias. 이 거리들은 깨끗하고, 그것들은 더럽다.

Este es Pedro y aquella es Alicia. 이 아이는 페드로이고, 저 아이는 알리시아다.

Marcos y Pilar son españoles: aquel es de Madrid y esta es de Sevilla.
마르코스와 필라르는 스페인 출신이다. 전자(마르코스)는 마드리드 출신이고, 후자(필라르)는 세비야 출신이다.

José y Ana son hermanos: esta es inteligente y aquel es tonto.
호세와 아나는 남매이다. 후자(아나)는 똑똑하고, 전자(호세)는 어리석다.

¿Qué es esto? 이것은 무엇입니까?

Eso es todo. 이상 (연설을) 마칩니다.

중성대명사는 알 수 없는 대상을 대신하거나, 앞의 문장이나 상황을 대신한다.

2 소유사 Posesivos

2.1. 소유형용사[전치형](Adjetivos posesivos de preposición)

ser 동사 편에서 이미 전치사 'de'를 이용하여 소유를 표현한다고 배웠다(예: Es de Carlos. 카를로스의 것이다. el libro de Isabel 이사벨의 책). 이처럼 이미 알려진 소유 관계를 표현하는 것이 소유형용사이다. 소유형용사도 지시형용사처럼 한정형용사에 속하므로 명사의 앞에 위치한다.

	단수		복수	
	남성	여성	남성	여성
나의	mi	mi	mis	mis
너의	tu	tu	tus	tus
그의, 그녀의, 당신의	su	su	sus	sus
우리들의	nuestro	nuestra	nuestros	nuestras
너희들의	vuestro	vuestra	vuestros	vuestras
그들의, 그녀들의, 당신들의	su	su	sus	sus

mi madre 나의 어머니
tu rosa 너의 장미
nuestro hijo 우리들의 아들
vuestra casa 너희들의 집

mis libros 나의 책들
tus bolígrafos 너의 볼펜들
nuestras camisas 우리들의 셔츠들
vuestras tiendas 너희들의 가게들

소유형용사도 형용사의 하나이므로, 명사의 단·복수에 따라 형태가 변화한다.

3인칭 복수를 나타내는 소유형용사인 su와 sus는 물건의 소유자가 먼저 등장한 후에 사용할 수 있다. 예를 들면 el coche de Roberto라고 언급한 이후에 su coche라고 표현할 수 있다.

el padre de Ana	→	su padre
아나의 아버지	→	그녀의 아버지
la casa de Pedro	→	su casa
페드로의 집	→	그의 집
el coche de Marta y Susana	→	su coche
마르타와 수사나의 차	→	그녀들의 차
la maleta de usted	→	su maleta
당신의 가방	→	당신의 가방
los padres de Ana	→	sus padres
아나의 부모님들	→	그녀의 부모님들
las casas de Pedro	→	sus casas
페드로의 집들	→	그의 집들
los coches de Marta y Susana	→	sus coches
마르타와 수사나의 차들	→	그녀들의 차들
las maletas de ustedes	→	sus maletas
당신들의 가방들	→	당신들의 가방들

Ej. Mi mochila está en el salón.
나의 배낭은 거실에 있다.

Tu hija es muy guapa y mi hija también es muy guapa.
너의 딸은 아주 예쁘고, 또한 나의 딸도 아주 예쁘다.

Nuestro país está en Asia.
우리나라는 아시아에 있다.

Mis abuelos están en España.
나의 조부모님들은 스페인에 계신다.

Nuestros zapatos son nuevos.
우리들의 구두는 새 것이다.

Esta casa es de Juan y su casa es bonita.
이 집은 후안의 것이고, 그의 집은 예쁘다.

– Señor Jiménez, ¿dónde está su coche?
히메네스 씨, 당신의 차는 어디에 있습니까?

2.2. 소유형용사[후치형](Adjetivos posesivos de posposición)

명사 앞에 위치하는 전치형이 있고, 뒤에 위치하는 후치형이 있다. 일반적으로 전치형이 더 많이 사용이 되고, 후치형은 강조할 때나 관사를 동반한 명사가 있을 때만 사용한다.

	단수		복수	
	남성	여성	남성	여성
나의	mío	mía	míos	mías
너의	tuyo	tuya	tuyos	tuyas
그의, 그녀의, 당신의	suyo	suya	suyos	suyas
우리들의	nuestro	nuestra	nuestros	nuestras
너희들의	vuestro	vuestra	vuestros	vuestras
그들의, 그녀들의, 당신들의	suyo	suya	suyos	suyas

mi casa = la casa mía　　나의 집

tu mapa = el mapa tuyo　　너의 지도

Ej. Juan es un amigo mío.　　후안은 나의 친구이다.

여러 명 중의 하나를 의미하는 un이 명사 앞에 위치하므로 후치형을 사용했다.

- ¡Hijo mío, dónde estás ahora?　　아들아! 지금 어디 있니?
- La casa mía está en el centro de la ciudad.　　내 집은 시내에 있다.
- Los estudiantes tuyos son mexicanos.　　너의 학생들은 멕시코 사람들이다.
- El libro nuestro es nuevo.　　우리의 책은 새것이다.
- Luis es de Madrid y el amigo suyo Pedro es de Valencia.
  루이스는 마드리드 출신이고 그의 친구 페드로는 발렌시아 출신이다.

2.3. 소유대명사(Pronombres posesivos)

소유대명사는 '정관사 + 소유형용사 후치형'의 형태로 나타낸다. 대명사이므로 앞에 의미하는 명사와 성과 수를 일치시켜야 한다. ser 동사의 보어로 사용될 때는 정관사를 생략한다 (= ser + 후치형).

	단수		복수	
	남성	여성	남성	여성
나의 것	el mío	la mía	los míos	las mías
너의 것	el tuyo	la tuya	los tuyos	las tuyas
그의 것, 그녀의 것, 당신의 것	el suyo	la suya	los suyos	las suyas
우리들의 것	el nuestro	la nuestra	los nuestros	las nuestras
너희들의 것	el vuestro	la vuestra	los vuestros	las vuestras
그들의 것, 그녀들의 것, 당신들의 것	el suyo	la suya	los suyos	las suyas

mi casa y la tuya — 나의 집과 너의 것
tu libro y el suyo — 너의 책과 그의 것
nuestro coche y el vuestro — 우리들의 차와 너희들의 것
mis lápices y los suyos — 나의 연필들과 당신의 것들
nuestras naranjas y las vuestras — 우리들의 오렌지와 너희들의 것들

Ej. Mi pluma es cara y la tuya es barata. — 나의 만년필은 비싸고, 너의 것은 싸다.
– ¡Mamá!, ¿dónde está mi vestido? — 엄마! 나의 드레스가 어디 있어요?
– El tuyo está en tu habitación. — 너의 것은 너의 방에 있단다.
– Tus hijas son guapas y las mías también son guapas.
너의 딸들은 예쁘고, 또한 나의 딸들도 예쁘다.
– El coche de Carlos está en la calle y el suyo es pequeño.
카를로스의 차는 거리에 있고, 그의 것은 작다.

Este reloj es tuyo. — 이 시계는 너의 것이다.
Aquel perro es mío. — 저 강아지는 나의 것이다.
Esas manzanas son suyas — 그 사과들은 그의 것들이다.
Esta maleta es de Luis y aquel libro es suyo también.
이 배낭은 루이스의 것이고, 저 책도 그의 것이다.

3 전치사 Preposiciones

3.1. 'de'

① 소유, 재료

Ej. el coche de Juan — 후안의 차
la silla de madera — 나무로 만든 의자
El reloj es de Pedro. — 시계는 페드로의 것이다.

② 출신

Ej. – ¿De dónde eres? — 너는 어디 출신이니?
– Soy de Corea. — 나는 한국 출신이야.

③ 축약

'de + el = del'로 반드시 축약해서 사용한다.

Ej. La casa es del señor Kim. — 이 집은 김 선생님의 것이다.

3.2. 'a'

① 방향

Ej. Yo voy a Daegu. — 나는 대구에 간다.

> voy는 ir '가다'의 1인칭 변화형이다.

② 방식, 방법 'a + la + 여성단수 형용사'

Ej. a la española — 스페인 식으로
a la coreana — 한국식으로

③ 축약

'a + el = al'로 반드시 축약해서 사용한다.

Ej. Voy al banco. — 나는 은행에 간다.

3.3. 'en'

① 위치

Ej. El árbol está en el jardín. 나무는 정원에 있다.

Daegu está en Corea. 대구는 한국에 있다.

② 시기

Ej. en mayo 5월에

en la juventud 청년 시절에

③ 수단, 방법

Ej. en inglés / en coreano 영어로 / 한국어로

en avión / en taxi 비행기로 / 택시로

④ 부사로 활용되는 경우

Ej. en general 보통

en particular 특별하게

3.4. 'con'

① 동반, 부속

Ej. Estoy con Isabel. 나는 이사벨과 함께 있다.

Usted está con ella. 당신은 그녀와 함께 있다.

Hay un café con leche. 밀크커피가 있다.

② 원인

Ej. Él está muy alegre con el regalo. 그는 선물을 받아서 매우 기쁘다.

Carlos está muy guapo con traje. 카를로스는 양복을 입어서 아주 멋있다.

③ 'con + 추상명사' = 부사

Ej. con frecuencia 자주

con cuidado 조심하여, 조심스럽게

3.5. 'sin'

① 부정

Ej. Aquí hay agua sin gas. 여기에 가스 없는 물이 있다.

3.6. 'por'

① 원인, 이유

Ej. Por la nieve estoy en casa. 눈 때문에 나는 집에 있다.

② 장소

Ej. Hay una farmacia por aquí. 이 근처에 약국이 하나 있다.

3.7. 'para'

① 목적

Ej. El paquete es para usted. 소포는 당신의(당신을 위한) 것입니다.

② 방향

Ej. Voy para Madrid. 나는 마드리드로 간다.

3.8. 'entre ~A y ~B'

① 시간이나 공간

Ej. Entre lunes y viernes hay clases. 월요일과 금요일 사이에 수업이 있다.

Entre tú y yo no hay secreto. 너와 나 사이에는 비밀이 없다.

3.9. 'sobre'

① 위치

Ej. El libro está sobre el escritorio. 책은 책상 위에 있다.

② 관련

Ej. Esa película es sobre la policía. 그 영화는 경찰에 관한 것이다.

EJERCICIO _제4과 연습문제

1 다음 단어들에 알맞은 지시형용사를 쓰시오.

1) 이 소설들 ____________
2) 그 책 ____________
3) 저 나무들 ____________
4) 이 창문 ____________
5) 그 탁자 ____________
6) 저 영국인들 ____________
7) 그 문 ____________
8) 이 꽃 ____________
9) 저 교실들 ____________
10) 이 의자들 ____________

2 빈칸에 알맞은 소유형용사와 소유대명사를 쓰시오.

1) Mi coche está en la calle.
El coche ______ está en la calle.
El ______ está en la calle.

2) La madre de Pedro es profesora.
______ madre es profesora.
_____ ______ es profesora.

3) Nuestra casa es bonita.
La casa ______ es bonita
La ______ es bonita.

4) Tus hijos están en España.
Los hijos ______ están en España.
_____ ______ están en España.

5) Las flores de Alicia son rosas.
Las flores ______ son rosas.
_____ ______ son rosas.

6) Vuestro jardín es grande.
El jardín ______ es grande.
El ______ es grande.

EJERCICIO _제4과 연습문제

3 괄호 안에 알맞은 소유형용사, 소유대명사, 지시형용사, 지시대명사를 넣으시오.

A : ¿Dónde están tus padres?

B : _______ padres no están en la casa. Los padres _______ están en México.

A : ¿Y quiénes están en _______ casa?

B : Están mis hermanos, Isabel y Carlos. Este es estudiante y _______ es maestra.

A : Y tu casa es muy grande. Pero _______ mía es pequeña.

B : En cambio la _______ es muy bonita.

A : ¿De quién es este coche? Es tu coche, ¿verdad?

B : No. El _______ está allí. Este es de Isabel. El _______ es nuevo.

4 아래의 한국어에 해당하는 스페인어를 쓰시오.

1)	스페인 식으로	_______	2)	5월에	_______
3)	보통	_______	4)	눈 때문에	_______
5)	마드리드로	_______	6)	밀크커피	_______
7)	그녀를 위해	_______	8)	책 없이	_______
9)	탁자 위에	_______	10)	연필과 공책 사이에	_______

5 다음 문장을 스페인어로 작문하시오.

1) 그녀의 셔츠는 흰색이다.

2) 나의 친구들은 스페인 사람들이다.

3) 이 아이는 멕시코 출신이고, 저 아이는 칠레 출신이다.

4) 너의 집은 대구에 있고, 나의 것은 인천에 있다.

5) 저 꽃들은 파란색이다.

6) 그 강아지는 마르타의 것이다.

7) 나는 그 아가씨와 함께 있다.

8) 그 소포는 당신을 위한 것이다.

9) 저 고양이는 나무 위에 있다.

10) 너희들의 것은 새것이다.

EJERCICIO _제4과 연습문제

11) 그 도시들은 깨끗하고, 저것들은 (도시들은) 더럽다.

12) 당신들의 가게는 세비야에 있고, 너의 것은 그라나다에 있다.

13) 페드로의 집은 크다. 하지만 그의 것은 예쁘지 않다.

14) 저 가방들은 마르티네스 씨의 것이다.

15) 호세의 책은 책상과 의자 사이에 있다.

16) 아나의 차는 크다. 그리고 그녀의 것은 흰색이다.

17) 저 책상 위에는 3권의 책이 있다.

18) 이 배낭은 너의 것이다.

19) 마리아의 볼펜은 이것이다.

20) 이 모자는 페드로의 것이다.

DIÁLOGO _제4과 대화문

Diálogo 1 En la casa

Pista 5

Mamá	:	¡Hola, hijo mío! ¿Dónde está tu chaqueta gris?
Hijo	:	Mi chaqueta está al lado de la tuya.
Mamá	:	¿Cuándo es el cumpleaños de tu amigo José?
Hijo	:	Su cumpleaños es mañana. Este es su regalo.
Mamá	:	¿Qué es el regalo?
Hijo	:	Es una camisa.
Mamá	:	¿De qué color es?
Hijo	:	Es blanca. Por cierto la fiesta es en la casa de su tío.
Mamá	:	¿Y dónde está la casa suya?
Hijo	:	La suya está en el centro de la ciudad.
Mamá	:	Bueno, está bien. Ese es mi regalo para él.
Hijo	:	Gracias por el regalo, mamá.

여기서 Point

⇒ hijo mío는 mi hijo와 같은 뜻이지만, 대화에서는 강조하는 의미로 사용된다.

⇒ ¿Y dónde está la casa suya?라는 문장에서도 'su casa'라고 표현해도 무방하지만 강조를 위해서 'casa suya'라고 표현하였다.

⇒ 'gracias a~ '는 '~ 덕분에 고맙다'란 의미로 사용하고, 'gracias por ~'는 '~ 때문에 고맙다'라는 의미로 사용한다.

Diálogo 2 Entre dos amigos

Pista 6

Juan	:	¿Quién es aquel chico de pelo largo?
José	:	Aquel es un compañero de mi clase de español. Se llama Luis. Es de Italia.
Juan	:	¡Ah! Es italiano. ¿Cuál es su carrera?
José	:	Su carrera es economía.
Juan	:	La mía es también economía.
José	:	¡Es verdad! Y su hermana es del departamento de español.
Juan	:	¿Y dónde está ella?
José	:	Está detrás de tu coche. Es aquella chica.
Juan	:	Es muy guapa.
José	:	Sí, ahora está más guapa con su vestido nuevo.
Juan	:	¿Cuál es su nombre?
José	:	Su nombre es Catalina.

여기서 **Point**

⇒ 'Se llama Luis.'는 '이름이 루이스이다.'라는 뜻이다. 구체적인 설명은 재귀동사에서 하기로 한다.

⇒ '¿Cuál es su nombre?'도 '¿Cómo se llama?'와 동일한 의미로 사용된다.

VOCABULARIO & EXPRESIÓN

제4과 어휘 및 표현

abuelo	할아버지
alegre	기쁜, 즐거운
avión	비행기
azul	파란색의
barato	싼, 저렴한
blanco	흰색의
bolígrafo	볼펜
calle	거리
camisa	셔츠
chaqueta	재킷
color	색
compañero	동료
departamento	부서, 학과
escritorio	책상
gas	가스
general	일반적인
gris	회색의
habitación	방
jardín	정원
juventud	청년 시절
leche	우유
limpio	깨끗한
maleta	가방
mochila	배낭
muchacho	청년
naranja	오렌지
pañuelo	손수건
particular	개인의, 독특한
pasión	열정
perro	개, 강아지
pluma	펜, 깃털
público	공공의, 공개의
policía	경찰
puerta	문
regalo	선물
reloj	시계
rosa	장미
salir	나가다
salud	건강
secreto	비밀
también	또한, 역시
terreno	땅, 토지
tonto	바보, 어리석은
ventana	창문
voluntad	의지

LECCIÓN 5
제5과

학습목표

- ❖ 스페인어의 모든 원형동사의 어미는 '-ar, -er, -ir'로 끝난다. 그리고 인칭에 따라 어미가 변화하는데, 어간의 변화가 없는 동사를 규칙동사라고 한다. 여기서는 대표적인 규칙동사 'hablar, comer, vivir'를 통해서 규칙동사의 변화에 대해 알아본다.
- ❖ 불규칙동사이면서 사용 빈도가 잦은 6개의 동사에 대해 알아본다(tener, ir, hacer, ver, querer, poder).
- ❖ 일상생활에서 자주 사용되는 감탄, 놀라움 등의 표현에 대해 살펴본다. 이러한 표현은 보통 'qué, cuánto, cómo'와 같은 말로 문장이 시작된다.

1 직설법 현재 규칙동사 Presente de indicativo de los verbos regulares

스페인어의 동사는 -ar동사, -er동사, -ir동사로 구분되며, 각각의 동사는 인칭과 수에 따라 변화한다. 어간의 변화 없이 어미만 변하는 동사를 규칙동사라고 한다.

	-ar hablar 말하다	-er comer 먹다	-ir vivir 살다
yo	hablo	como	vivo
tú	hablas	comes	vives
él, ella, usted	habla	come	vive
nosotros, -as	hablamos	comemos	vivimos
vosotros, -as	habláis	coméis	vivís
ellos, ellas, ustedes	hablan	comen	viven

1.1. hablar 유형의 동사

cantar	노래하다	esperar	기다리다
estudiar	공부하다	visitar	방문하다
llamar	~를 부르다	trabajar	일하다
buscar	찾다	comprar	사다
desear	원하다	tomar	~를 취하다
tocar	만지다	llegar	도착하다
invitar	초대하다	llevar	지니고 있다

Ej.	Yo hablo coreano y español.	나는 한국어와 스페인어를 말한다.
	Julia canta muy bien.	훌리아는 노래를 잘 부른다.
	Usted estudia español todos los días.	당신은 매일 스페인어를 공부한다.
	La madre llama a su hijo.	엄마는 그의 아들을 부른다.

직접목적어가 사람이면 전치사 'a'를 동반한다.

Nosotros trabajamos mucho.	우리들은 열심히 일한다.
Ella compra unas flores hermosas.	그녀는 몇 송이의 아름다운 꽃들을 산다.
Vosotras visitáis Granada.	너희들은 그라나다를 방문한다.
Ustedes toman el taxi.	당신들은 택시를 탄다.
Alicia toca el piano.	알리시아는 피아노를 친다.
Ellos llegan a Madrid mañana.	그들은 내일 마드리드에 도착한다.

1.2. comer 유형의 동사

beber	마시다	creer	믿다
vender	팔다	correr	뛰다, 달리다
aprender	배우다	comprender	이해하다
leer	읽다	temer	무서워하다

Ej.	Comes paella a menudo.	너는 빠에야를 자주 먹는다.
	Ahora aprendemos español.	우리는 지금 스페인어를 배운다.
	Tú corres por el parque todos los días.	너는 매일 공원에서 조깅한다.
	Bebo agua fría.	나는 찬물을 마신다.
	Fernando vende frutas frescas.	페르난도는 신선한 과일을 판다.
	Él comprende matemáticas.	그는 수학을 이해한다.
	Nieves lee novelas.	니에베스는 소설책들을 읽는다.
	Ellas creen en usted.	그녀들은 당신을 믿는다.
	Temo a los perros.	나는 개들을 무서워한다.

1.3. vivir 유형의 동사

subir	오르다	escribir	쓰다
decidir	결정하다	abrir	열다
recibir	받다	asistir	참석하다
partir	출발하다	prohibir	금지하다

Ej. Subo a la montaña los fines de semana. 나는 주말마다 산에 오른다.
Usted escribe un correo. 당신은 메일을 쓴다.
Nosotros recibimos el regalo de Ana. 우리는 아나의 선물을 받는다.
Ellos deciden la fecha del examen parcial. 그들은 중간고사 날짜를 정한다.
Ella abre las ventanas de par en par. 그녀는 창문을 활짝 연다.
Ellas asisten a la clase. 그녀들은 수업에 참여한다.
Yo prohíbo beber agua en la clase. 나는 수업에서 물 마시는 것을 금지한다.
Vosotros partís para Cuba mañana. 너희들은 내일 쿠바로 출발한다.

2 기타 유용한 동사

불규칙동사 중에서도 자주 쓰이는 동사에 대해 살펴보자. 제8과의 직설법 현재 불규칙동사[I]에서 유형별로 소개하겠지만, 사용 빈도가 높은 tener, ir, hacer, ver, poder, querer를 중심으로 그 활용에 대해 알아보자.

2.1. tener 동사

	단수	복수
1인칭	tengo	tenemos
2인칭	tienes	tenéis
3인칭	tiene	tienen

① '~을 가지다, 소유하다, (친인척 등이) 있다, (나이가) 몇 살이다' 등의 뜻으로 사용되며, 주로 관사는 생략된다. 하지만 다른 단어의 수식을 받을 때는 관사를 사용한다. 사

람이 목적어로 와도 전치사 'a'를 사용하지 않는다.

Ej. Tengo libros en la escuela.	나는 학교에 책이(책을 가지고) 있다.
Tienes un coche azul.	너는 파란색 차를 가지고 있다.
Julián no tiene padres.	훌리안은 부모님이 안 계신다.
Pepe tiene dos hermanos.	페페는 두 명의 형제가 있다.
Esa chica tiene los ojos grandes.	그 여자아이는 큰 눈을 가지고 있다.
– ¿Cuántos años tienes?	너는 몇 살이니?
– Tengo veintidós años.	나는 스물두 살이다.

② 관용구적인 표현으로 tener 동사 다음에 다양한 명사가 오는 경우가 있다. 예를 들면 'tener calor'는 '더위를 갖고 있다'로 해석하기보다는 우리말에 알맞게 '나는 덥다' 등으로 이해하면 된다.

tener	+	frío	춥다
		calor	덥다
		sueño	졸리다
		miedo	무섭다
		razón	~의 말이 옳다
		hambre	배고프다
		prisa	바쁘다
		vergüenza	창피하다
		suerte	운이 좋다
		dolor de + 신체 부위	~가 아프다
		ganas de + 명사 혹은 동사원형(inf.)	~를 하고 싶다

Ej. En verano tengo calor. 여름에 나는 덥다.

> 'tener la culpa.'라는 표현은 이미 벌어진 일에 관한 것이어서 정관사를 써야 한다. 'tener el sueño.'라는 표현은 '꿈이 있다. 꿈을 꾸다'라는 의미이다.

Tengo un poco de sueño durante la clase.	수업시간 동안에 나는 조금 졸린다.
– ¡Oye, Juan! Tengo razón.	야! 후안, 내 말이 옳아.
Tenemos dolor de cabeza.	우리는 머리가 아프다.
Tenemos mala suerte en el examen.	우리는 시험에서 운이 없다.

Daniel tiene ganas de tomar vino.	다니엘은 와인을 마시고 싶어 한다.
Tú tienes mucha hambre.	너는 많이 배고프다.
Juan no tiene prisa.	후안은 바쁘지 않다.

③ tener que + 동사원형은 '~을 해야 한다'는 의미이고, no tener que + 동사원형은 '~할 필요가 없다, ~하면 안 된다'라는 의미이다.

Ej. Tengo que estudiar español en este semestre.
나는 이번 학기에 스페인어를 공부해야 한다.

Ella tiene que escribir una carta a sus padres.
그녀는 부모님에게 편지를 써야 한다.

> 간접목적어 앞에는 전치사 'a'를 사용한다.

Ustedes tienen que vender revistas.
당신들은 잡지를 팔아야 한다.

Ellos tienen que buscar un piso para vivir.
그들은 살기 위한 집을 찾아야 한다.

Yo no tengo que asistir a la reunión otra vez.
나는 또 다시 회의에 참석할 필요가 없다.

No tienes que abrir la puerta por la noche.
너는 밤에 문을 열지 않아도 된다.

④ tener que + 동사원형과 비슷한 표현들

a) deber + 동사원형은 tener que + 동사원형과 같이 확실한 주어가 등장할 때, 사용하는 표현이다.

Ej. Él debe visitar Madrid.
그는 마드리드를 방문해야 한다.

Los alumnos no deben comer durante la clase.
학생들은 수업 중에 음식을 먹어서는 안 된다.

No debéis ir a casa ahora.
너희들은 지금 집에 가서는 안 된다.

b) hay que + 동사원형은 일반적인 사람들을 가리킬 때 사용하는 표현이다.

Ej. Hay que guardar la cola para tomar el autobús.
버스를 타기 위해서는 줄을 지켜야 한다.

No hay que cruzar esta calle.
이 길을 건너서는 안 된다.

2.2. ir 동사

	단수	복수
1인칭	voy	vamos
2인칭	vas	vais
3인칭	va	van

① '가다'란 뜻의 동사로, 가는 장소 앞에 전치사 'a'를 사용해야 한다.

Ej. El padre de Carlos va a la montaña cada domingo.
카를로스의 아버지는 매주 일요일에 산에 간다.

Voy a la universidad cuatro veces a la semana.
나는 일주일에 네 번 학교에 간다.

– ¿A dónde vais tan temprano?
– Vamos a la biblioteca para preparar el examen.
너희들 이렇게 일찍 어디를 가니?
우리는 시험 준비를 위해 도서관에 가.

Ramón y Marta van al cine con frecuencia.
라몬과 마르타는 영화관에 자주 간다.

② ir a + 동사원형은 '∼를 할 예정이다, ∼을 하려고 한다' 등으로 해석되며, 가까운 미래의 상황을 표현한다.

Ej. – ¿Qué vas a hacer este fin de semana?
– Voy a ir a un restaurante con unos amigos.
이번 주말에 너는 무엇을 할 예정이니?
나는 몇 명의 친구들과 식당에 갈 예정이야.

Los alumnos del primer curso van a ir a España.
1학년 학생들은 스페인에 가려고 한다.

María va a vivir a solas en un piso.
마리아는 아파트에서 혼자서 살 예정이다.

¿Quién va a comprar una moto negra?
누가 검은색 오토바이 한 대를 사려고 합니까?

③ ir + de + 명사: 제한된 몇 개의 명사와 함께 사용된다.

Ej. Esta noche vamos a ir de copas (tapas) en el centro.
우리는 오늘 밤에 시내에 놀러 갈 예정이다.

Los europeos van de vacaciones a la playa.
유럽 사람들은 해변으로 휴가를 간다.

Yolanda va de compras con su novio para comprar un regalo.
욜란다는 그녀의 애인과 함께 선물을 사기 위해 쇼핑을 간다.

2.3. hacer 동사

	단수	복수
1인칭	hago	hacemos
2인칭	haces	hacéis
3인칭	hace	hacen

① '~을 하다, ~만들다, ~시키다(hacer + 동사원형)'란 뜻으로 사용된다.

Ej. – ¿Qué haces ahora? 지금 뭐 하니?
– Busco mi llave de la casa. 나는 집 열쇠를 찾고 있어.

Ana hace su vestido para la fiesta de fin de curso.
아나는 졸업 파티를 위해 드레스를 만든다.

Juan hace un mueble en su taller.
후안은 그의 공방에서 가구를 만든다.

Los profesores hacen estudiar a los estudiantes.
교수님들은 학생들에게 공부하라고 시키신다.

La madre hace limpiar su cuarto a la hija.
어머니는 딸에게 그녀의 방을 청소하라고 시킨다.

☞ 동사원형의 의미상의 주어는 'a + A'로 표기한다.

② 관용적 표현

► hacer caso de: ~에게 관심을 갖다, ~에게 신경을 쓰다

Ej. Julio no hace caso de Alicia.
훌리오는 알리시아에게 관심이 없다.

► hacer la cama: 침대를 정리하다

Ej. Tú tienes que hacer la cama todas las mañanas.
너는 매일 아침 침대를 정리해야 한다.

► hacer preguntas: 질문을 하다

Ej. Los alumnos hacen muchas preguntas al profesor.
학생들은 선생님에게 많은 질문을 한다.

► hacer un esfuerzo: 노력하다

Ej. Hago un esfuerzo por ganar el partido de tenis.
나는 테니스 경기에서 이기기 위해 노력한다.

2.4. ver 동사

	단수	복수
1인칭	veo	vemos
2인칭	ves	veis
3인칭	ve	ven

① '보다' 혹은 '만나다'란 뜻의 동사이다.

Ej. Vemos una serie de televisión por la noche. 우리는 밤에 TV 시리즈를 본다.
– ¿Qué ves ahora? 너 지금 무엇을 보니?
– Veo aquel edificio alto. 나는 저 높은 건물을 봐.
Esta tarde voy a ver a José. 오늘 오후에 나는 호세를 볼 것이다(만날 것이다).
– ¡A ver! 어디 좀 봅시다(보자).

② 지각동사로 쓰이기도 한다.

Ej. Veo cantar a Marta. 나는 마르타가 노래하는 것을 본다.

이때 veo 다음에 오는 동사원형 cantar의 행위자는 Marta이다. 다른 지각동사인 oír를 사용해 'Oigo cantar a Marta.'란 문장을 만들면, '나는 마르타가 노래하는 것을 듣는다.'란 뜻이 된다.

2.5. querer 동사

	단수	복수
1인칭	quiero	queremos
2인칭	quieres	queréis
3인칭	quiere	quieren

① (사람을) 좋아하다, 사랑하다.

Ej. Yo quiero a mis perros. 나는 나의 강아지들을 좋아한다.
Juan quiere a Marta. 후안은 마르타를 사랑한다.

> 직접목적어가 사람이나 동물일 때는 전치사 'a'를 동반한다.

② (사물을) 좋아하다, 원하다.

Ej. Yo quiero mucho la comida picante. 나는 매운 음식을 아주 좋아한다.
– ¡María! ¿Quieres café? 마리아! 커피 원하니?
– Sí. También quiero una tarta. 응, 케이크도 원해.
Nosotros queremos las novelas españolas. 우리는 스페인 소설을 좋아한다.
Vosotros queréis las canciones latinas. 너희들은 라틴 노래를 좋아한다.

③ querer + inf.: ~하기를 원하다.

Ej. Mañana quiero ver la televisión todo el día. 나는 내일 하루 종일 TV를 보기를 원해.
– ¿Quieres salir esta noche? 오늘 밤 놀러 가기를 원하니?
– Sí, quiero. ¿Adónde vamos a ir? 그래, 좋아. 우리 어디로 갈까?
Pedro y Carlos quieren viajar. 페드로와 카를로스는 여행을 원한다.

2.6. poder 동사

	단수	복수
1인칭	puedo	podemos
2인칭	puedes	podéis
3인칭	puede	pueden

① poder + inf.: ~할 수 있다.

Ej. Yo puedo ir a Perú. 나는 페루에 갈 수 있다.

Ellos pueden vivir en mi casa. 그들은 나의 집에서 살 수 있다.

– ¿Qué instrumento puedes tocar? 너는 무슨 악기를 연주할 수 있니?

– Yo puedo tocar el piano y el violín. 나는 피아노와 바이올린을 연주할 수 있어.

Ellas pueden aprender a cantar. 그녀들은 노래하는 것을 배울 수 있다.

Isabel puede llegar a tiempo. 이사벨은 제시간에 도착할 수 있다.

3 감탄문 Oración exclamativa

스페인어의 감탄문에서는 감탄부호(¡ !)를 문장의 앞뒤에 모두 표기한다. 감탄문은 'qué, cuánto, cómo' 등의 의문사를 이용하여 만들 수 있다. 곧 평서문의 muy 혹은 mucho를 qué, cuánto, cómo 등으로 바꾸어 문장의 첫머리에 두고, 동사와 주어를 결합하여 감탄문을 나타낸다.

3.1. qué

Qué	+	형용사	동사+주어	¡Qué guapa es Marta!
		부사		¡Qué bien habla Pilar el coreano!
		명사		¡Qué calor hace!
		명사+tan/más+형용사		¡Qué coche tan/más caro!

Ej. Marta es muy guapa. 마르타는 아주 예쁘다.

→ ¡Qué guapa es Marta! 마르타는 정말 예쁘네!

Pilar habla muy bien el coreano 필라르는 한국말을 아주 잘한다.

→ ¡Qué bien habla Pilar el coreano! 필라르는 정말 한국말을 잘하는구나!

Tengo mucho calor. 나는 덥다.

→ ¡Qué calor tengo! 난 정말 덥다!

Este coche es muy caro. 이 차는 아주 비싸다.

→ ¡Qué caro es este coche! 이 차는 정말 비싸구나!

→ ¡Qué coche tan/más caro! 정말 비싼 차네!

3.2. cuánto, -ta, -tos, -tas

Cuánto, -ta, -tos, -tas	+	명사(+동사+주어)	¡Cuánta gente hay! ¡Cuántos coches tiene ella!
Cuánto		동사(+주어)	¡Cuánto comes tú!

Ej. Hay mucha gente. 사람이 많이 있다.
→ ¡Cuánta gente hay! 정말 사람이 많네!
Ella tiene muchos libros. 그녀는 많은 책을 갖고 있다.
→ ¡Cuántos libros tiene ella! 정말 많은 책을 갖고 있네!
Tú hablas mucho. 너는 말이 많다.
→ ¡Cuánto hablas tú! 너는 정말 말이 많네!

cuán+형용사
¡Cuán feliz está Ana! 아나가 얼마나 행복한가!

3.3. cómo

Cómo	+	동사(+주어)	¡Cómo canta Teresa! ¡Cómo corre el Ferrari!

Ej. Teresa canta muy bien. 테레사는 노래를 아주 잘 부른다.
→ ¡Cómo canta Teresa! 테레사는 정말 노래를 잘 부르는구나!
El Ferrari corre muy rápido. 페라리는 아주 빨리 달린다.
→ ¡Cómo corre el Ferrari! 페라리는 정말 빨리 달리는구나!

EJERCICIO _제5과 연습문제

1 빈칸에 알맞은 동사 변화형을 쓰시오.

1) Ellos (hablar) ________ coreano y español.

2) Juan (tomar) ________ el almuerzo.

3) Los maestros (vivir) ________ en la residencia.

4) Ese cantante (tener) ________ una voz magnífica.

5) Yo (temer) ________ a las mujeres.

6) Los alumnos (asistir) ________ a la clase.

7) ¿Cuántos años (tener) ________ tú?

8) Nosotros (ver) ________ la televisión cada noche.

9) Daniel y tú (poder) ________ tocar la guitarra.

10) ¿Qué (querer) ________ tomar ustedes?

11) Ustedes tienen que (estudiar) ________ latín.

12) Mis amigas (tener) ________ calor.

13) La madre (buscar) ________ la llave del coche.

14) Yo (hacer) ________ estudiar a mis hijos.

15) Los oficinistas (llegar) ________ a tiempo a la reunión.

16) El profesor (decidir) ________ la fecha del examen.

17) ¿Adónde (ir) ________ Luis este verano?

18) Los chicos (aprender) ________ historia y matemáticas.

19) Los abogados (tener) ________ que defender a sus clientes.

20) ¿Cuándo (ir) ________ a ir los viajeros al Museo Nacional?

EJERCICIO _제5과 연습문제

2 아래의 문장을 감탄문으로 바꾸시오.

1) Aquella mujer es muy hermosa.

2) Los estudiantes de intercambio hablan muy bien español.

3) Este edificio es muy alto.

4) Hay mucha gente en la calle.

5) Ana estudia mucho.

6) Pedro tiene muchas ropas en su casa.

7) La casa de María es muy cara.

8) Él es un muy inteligente.

9) Usted baila muy bien.

10) Las alumnas compran muchos bolígrafos.

3 다음 문장을 스페인어로 작문하시오.

1) 우리들은 스페인어로 노래를 잘 부른다.

2) 저 학생들은 수업에 참여해야 한다.

3) 너희들은 학교에 일찍 가고 싶니?

4) 이 두 명의 여학생은 배가 고프다.

5) 아이들은 생일에 세 개의 선물을 받는다.

6) 내 친구 호세는 일요일마다 산에 오른다.

7) 그 웨이터는 아침마다 문을 연다.

8) 너는 이번 주말에 무엇을 할 예정이니?

9) 나는 조부모님 댁을 방문하기를 원해.

10) 그들은 스페인어를 배울 수 있다.

EJERCICIO _제5과 연습문제

11) 오늘 밤 우리는 시내에 놀러 가기를 원한다.

12) 내 친구는 매일 밤 호세에게 공부하라고 시킨다.

13) 교수님은 교실에서 노래하는 것을 금지한다.

14) 당신들은 스페인어를 배운다. 그리고 칠레에 가기를 원한다.

15) 나는 자주 창문을 열어야 한다. 그리고 혼자서 집을 청소해야 한다.

16) 너희들은 역사를 잘 이해한다.

17) 그들은 그녀가 매일 가게에서 일하는 것을 본다.

17) 저 학생들은 아침마다 침대를 정리한다.

19) 당신은 배가 고프다. 그리고 나는 춥다.

20) 카를로스는 조금 바쁘다.

DIÁLOGO _제5과 대화문

Diálogo Estudiante de intercambio

Pista 7

Carlos	:	¡Hola! ¿Qué tal? Eres estudiante de intercambio, ¿verdad?
Da-Hee	:	Sí, soy estudiante de intercambio.
Carlos	:	¿De dónde eres? Yo soy Carlos. Mucho gusto.
Da-Hee	:	Encantada. Me llamo Da-Hee. Soy de Corea. Y tú, ¿de qué parte de España eres?
Carlos	:	Yo soy de Valencia. Está en el este de España.
Da-Hee	:	Tu ciudad tiene una playa muy bonita, ¿no?
Carlos	:	Además el clima es estupendo para vivir. Los valencianos son muy simpáticos y tienen mucho humor.
Da-Hee	:	Entonces quiero visitar Valencia algún día.
Carlos	:	En Valencia la paella es muy famosa. Y las fallas también son conocidas a nivel internacional.
Da-Hee	:	¡Ah! También quiero ir a la fiesta de la "Tomatina" en Buñol. Está cerca de Valencia, ¿no?
Carlos	:	El tren tarda una hora. Tienes que ir a la fiesta porque es muy divertida.
Da-Hee	:	A propósito, tengo mucha hambre. ¿Dónde podemos comer? ¿No tienes hambre?
Carlos	:	Sí, tengo hambre. Vamos al restaurante de aquel edificio. Los camareros de ese restaurante son amables.
Da-Hee	:	¡Vale! Vamos allí. Voy a comer paella y carne. ¿Y tú?
Carlos	:	Yo quiero tomar sopa y pescado. ¡Y postre!
Da-Hee	:	¡Qué grande es el comedor! ¡Qué restaurante tan moderno!
Carlos	:	Normalmente aquí hay que esperar para comer. Pero hoy tenemos mucha suerte. Ya podemos comer.

DIÁLOGO _제5과 대화문

Da-Hee	:	¡Qué bien! ¡A ver, qué hay de menú del día! ¿Aquí tienen agua sin gas? Es que no quiero agua con gas.
Carlos	:	Por supuesto que hay agua sin gas. Voy a preguntar a aquel camarero. Es amigo mío.
Da-Hee	:	De acuerdo. ¡Muchas gracias!
Carlos	:	¡Oye, camarero, por favor!

여기서 Point

⇒ '~를 방문하다'라는 뜻의 동사 visitar 다음에는 전치사를 필요로 하지 않지만, '여행하다'라는 뜻의 동사 viajar는 전치사 'a'를 필요로 한다.

⇒ ¿Aquí tienen agua sin gas?라는 문장에서의 'tienen'은 3인칭 복수로, 구체적인 주어가 드러나지 않는 경우, 혹은 그럴 필요가 없는 경우에 사용한다.

⇒ ¡Vale!는 '좋아!' 또는 '응!'이란 의미로 해석된다.

⇒ 'valenciano'는 지역 및 출신을 나타내는 형용사 또는 명사로 사용된다. 스페인어에서는 이처럼 국적을 나타내는 형용사뿐만 아니라 지역을 나타내는 형용사도 존재한다.

VOCABULARIO & EXPRESIÓN

제5과 어휘 및 표현

abrir	열다
almuerzo	점심
a menudo	종종, 자주
año	해, 년
aprender	배우다
ascensor	엘리베이터
asistir a	~에 참석하다
beber	마시다
cola	꼬리
calor	더위
cantar	노래하다
comer	먹다
comprar	사다
comprender	이해하다
con frecuencia	자주, 빈번히
creer	믿다
culpa	잘못
decidir	결정하다
defender	보호하다
de par en par	활짝
dolor	고통
durante	~하는 동안
ejercicio	연습
escribir	쓰다
esfuerzo	노력, 활기
estudiar	공부하다
frío	추위
ganas	의욕, 욕망
ganar	이기다
gente	사람
guitarra	기타
hablar	말하다
hambre	배고픔
hacer	~를 하다
hija	딸
hijo	아들
invitar	초대하다, 사주다
leer	읽다
limpiar	청소하다
llamar	~를 부르다
llegar	도착하다
matemáticas	수학
miedo	두려움
montaña	산
novela	소설
parcial	일부분의
otra vez	다시
partir	출발하다
perro	개, 강아지
piso	아파트, 층
playa	해변
poder	할 수 있다
preparar	준비하다
prisa	바쁨, 급함
prohibir	금지하다
querer	원하다
razón	진실
recibir	받다, 맞이하다
residencia	기숙사, 거주 시설
restaurante	식당
reunión	회의
salud	건강
sed	갈증
semana	주, 한 주간
semestre	학기, 6개월의
serie	시리즈
subir	오르다
sueño	졸음, 꿈
suerte	행운
taller	정비소, 공방
temer	무서워하다
tener	가지다
trabajar	일하다
vender	팔다
vergüenza	창피함
revista	잡지
ver	보다
vino	포도주
visitar	방문하다
vivir	살다

LECCIÓN 6
제6과

학습목표

❖ 전치사 다음에 위치하는 인칭대명사를 전치격 인칭대명사라고 한다. 이는 주격 인칭대명사와 형태가 동일하지만, 1, 2인칭 단수만 다른 형태를 띠므로, 이에 대해 구체적으로 살펴본다.
❖ 직접과 간접의 목적대명사는 성과 수에 따라 각기 다른 형태를 가진다. 형태의 다양성과 여러 가지 규칙에 대해 자세히 알아본다.
❖ 서로 반대되는 의미를 갖는 경우가 많은 부정어(否定語, Indefinidos)와 부정어(不正語, Negativos)에 대해 알아본다. 이때 하나의 단어가 여러 가지 품사로 사용되는 경우에 주목하여 살펴보자.

1 전치격 인칭대명사 Caso preposicional

전치사 다음에는 명사나 동사원형 등이 자리할 수 있고, 또한 인칭대명사가 자리할 수도 있다. 이때 1, 2인칭 복수 형태와 3인칭의 단·복수 형태는 주격 인칭대명사와 동일하지만 1, 2인칭 단수는 형태가 달라진다.

	단수	복수
1인칭	mí	nosotros
2인칭	ti	vosotros
3인칭	él ella usted	ellos ellas ustedes

1인칭 단수형의 전치격 인칭대명사 mí에는 악센트가 있어서, 소유형용사 mi와 구분된다. 그러나 2인칭 단수형의 전치격 인칭대명사 ti에는 악센트가 없다.

Ej. Ellos hablan muy bien de mí. 그들은 나에 대해서 좋게 말한다.
Aquel paquete es para ti. 저 상자는 너의 것이다.
Este libro es de ella. 이 책은 그녀의 것이다.
Ana va al cine sin Daniel. 아나는 다니엘 없이 영화관에 간다.
Hago este trabajo para vosotros. 나는 너희들을 위해 이 일을 한다.

Voy a ir contigo hasta el fin del mundo.	나는 너와 함께 세상 끝까지 갈 것이다.
Mis amigos viven conmigo.	나의 친구들은 나와 함께 산다.

전치사 con이 mí 혹은 ti와 만나면 conmigo, contigo로 변한다.

2 목적대명사 Complementos

2.1. 직접 목적대명사(Complemento directo)

한 문장에서 앞서 나왔던 타동사의 목적어가 다시 언급될 때는, 그에 해당하는 목적격 대명사를 사용한다. 이때 목적대명사는 동사 앞에 위치한다.

	단수		복수	
1인칭	me	나를	nos	우리를
2인칭	te	너를	os	너희들을
3인칭	lo la	그를, 그것을 그녀를, 그것을	los las	그들을, 그것들을 그녀들을, 그것들을

Ej.

– ¡Oye, Ángel! ¿Me quieres?	야, 앙헬! 너 나를 좋아하니?
– Sí, te quiero mucho.	그래, 너를 많이 좋아해.
– ¿José tiene coche?	호세는 차를 갖고 있니?
– Sí, él lo tiene.	응, 그는 그것을 갖고 있어.

직접 목적대명사는 위의 예문처럼 'a + 인칭대명사'는 중복해서 사용한다. 따라서 'El profesor quiere ver a vosotros.'라고 하면 잘못된 문장이 된다.

– El profesor os quiere ver hoy a vosotros.	교수님이 오늘 너희를 보고 싶어 하셔.
– ¿Por qué nos quiere ver a nosotros?	왜 우리를 보고 싶어 하실까?

Ej.

El profesor quiere ver a Pedro.	교수님은 페드로를 보고 싶어 하신다.
El profesor quiere ver a los alumnos.	교수님은 학생들을 보고 싶어 하신다.

> 위의 두 문장에서의 목적어는 대명사가 아닌, 고유명사와 보통명사이기 때문에 직접 목적대명사를 사용하지 않는다. 사용하게 되면 틀린 문장이 된다.

Ej. Los estudiantes estudian español y lo comprenden muy bien.
학생들은 스페인어를 공부하고, 그것을 아주 잘 이해한다.

Ej. – ¿Ves a Eduardo a menudo? 너는 에두아르도를 자주 보니?
– Sí, le veo a menudo. 응, 나는 그를 자주 봐.

> 스페인 마드리드와 카스티야 지역에서는 직접목적어가 남성인 경우에 'lo' 대신에 'le'를 사용하기도 한다. 이를 'leísmo'라고 부른다.

Ej. – Voy a vender mi coche. 나는 내 차를 팔려고 해.
– No lo creo. 나는 그것을 못 믿겠는데.

> 이때 대명사 lo는 앞의 문장을 받는다.

2.2. 간접 목적대명사(Complemento indirecto)

간접 목적대명사도 직접 목적대명사와 동일하게 동사의 앞에 위치한다. 보통 '~에게, ~한테'로 해석되고, 3인칭인 le와 les의 경우에는 그에 해당하는 간접목적어를 'a'와 중복해서 사용할 수 있다.

	단수		복수	
1인칭	me	나에게	nos	우리들에게
2인칭	te	너에게	os	너희들에게
3인칭	le (se)	그에게, 그녀에게 당신에게	les (se)	그들에게, 그녀들에게, 당신들에게

Ej. Carlos me escribe un correo electrónico. 카를로스는 나에게 메일을 쓴다.
Yo te doy una silla de madera. 나는 너에게 나무 의자 하나를 준다.
Tú le mandas un regalo a tu hermana. 너는 너의 여동생에게 선물을 보낸다.
Nosotros les compramos unas flores a ellas. 우리들은 그녀들에게 꽃들을 사 준다.

2.3. 간접 목적대명사＋직접 목적대명사

두 개의 목적어가 모두 대명사로 변환되었을 때는 '간접＋직접'의 순서로 나타낸다. 이러한 순서는 동사원형, 현재분사 그리고 긍정 명령문의 경우에도 동일하다. 한편 3인칭 간접 목적대명사인 'le, les' 뒤에 3인칭 직접 목적대명사인 'lo, la, los, las' 등이 연이어 오면 'le, les'를 'se'로 변환한다.

Ej. Carlos **me** escribe **un correo electrónico**.
= lo

Carlos me lo escribe. 카를로스는 나에게 그것을 쓴다.

Ej. Yo **te** doy **una silla de madera**.
= la

Yo te la doy. 나는 너에게 그것을 준다.

Ej. Tú **le** mandas **un regalo** **a tu hermana**.
= lo = le

→ Tú le lo mandas. (×)

→ Tú se lo mandas.

너는 그녀에게 그것을 보낸다.

> 3인칭 간접목적어 'a tu hermana'는 보통 간접 목적대명사 'le'와 함께 쓰인다.

Ej. Nosotros **les** compramos **unas flores** **a ellas**.
= las = les

→ Nosotros les las compramos. (×)

→ Nosotros se las compramos.

우리들은 그녀들에게 그것들을 산다.

Ej. Ellos **les** entregan **un paquete** **a ustedes**.
= lo = les

→ Ellos les lo entregan. (×)

→ Ellos se lo entregan.

그들은 당신들에게 그것을 전달한다.

Ej. Marta me quiere dar un libro.

→ Marta quiere darme un libro.

→ Marta quiere dármelo.

마르타는 그것을 나에게 주기를 원한다.

> 동사원형이 있는 문장에서는 목적대명사를 그 뒤에 하나의 단어처럼 붙여 쓸 수 있다. 그러나 이때는 두 개의 음절이 추가된 것이므로, 원래 dar 동사에는 없던 악센트를 표기해야 한다.

Ej. Estoy esperando a María.

→ La estoy esperando.

→ Estoy esperándola.

나는 그녀를 기다리고 있다.

Ej. Bésame mucho. 열렬히 키스해 줘.

Dígame. 나에게 말하시오.

3 부정어 Indefinidos 와 부정어 Negativos

서로 대립되는 부정어Indefinidos와 부정어Negativos의 의미는 아래와 같이 정리해 볼 수 있다.

품사	부정어 Indefinidos	부정어 Negativos
대명사	algo 어떤 것	nada 아무것
	alguien 누군가	nadie 아무도
형용사 대명사	alguno 몇 명의, 어떤 것의 alguno 몇 명, 몇 개	ninguno 어떤 사람의, 어떤 것의 ninguno 아무도, 어떤 것
부사	siempre 항상	nunca, jamás 결코 ~ (않다)
	casi 거의	apenas 거의 ~ (않다)
	también 또한	tampoco 역시 ~ (아니다)
접속사	o ~A o ~B A이거나 B이거나	ni ~A ni ~B A도 B도 (아니다)
전치사	con ~와 함께	sin ~없이

3.1. algo와 nada

Ej. – ¿Tienes algo para comer en casa?

– No, no tengo nada(=Nada tengo). Vamos a comer fuera.

너희 집에 먹을 만한 어떤 것이 있니?

아니, 아무것도 없어. 우리 밖에서 먹자.

> 부정어negativos가 동사의 앞에 위치할 수 있으며, 이때 'no'는 생략한다.

3.2. alguien과 nadie

Ej. – Oye, ¿en tu casa hay alguien?

– No, no hay nadie. Todos están de vacaciones en la playa.

야, 너희 집에 누군가 있니?

아니, 아무도 없어. 모두들 해변에서 휴가 중이야.

3.3. alguno와 ninguno

Ej. – ¿Quieres comprar algunas cosas?

– No, no voy a comprar nada. Pero voy a mirar algunas.

너는 어떤 물건들을 사고 싶니?

나는 아무것도 사지 않을 거야. 하지만 몇 가지만 볼 거야.

– ¿Quieres estudiar el domingo?

– Ningún estudiante quiere estudiar el domingo.

너는 일요일에 공부하고 싶니?

어떤 학생도 일요일에 공부하고 싶어 하지 않아.

> alguno와 ninguno 다음에 남성 단수 명사가 오면, '-o'가 탈락하고 원래 악센트 자리에 악센트 부호를 표시한다.

– ¿Hay muchos estudiantes en el aula? 강의실에 학생들이 많이 있니?

– Sí, hay algunos. / No, no hay ninguno. 응, 몇 명이 있어. / 아니, 아무도 없어.

3.4. siempre와 nunca 또는 jamás

Ej. Isabel siempre sube a la montaña todos los sábados.

이사벨은 항상 토요일마다 산에 오른다.

Carmen no me perdona nunca.

= Carmen nunca me perdona.

카르멘은 나를 절대로 용서하지 않는다.

Cecilia no lava los platos jamás.

= Cecilia jamás lava los platos.

쎄씰리아는 결코 접시를 씻지 않는다.

3.5. casi와 apenas

Ej. Casi lo puedo hacer.

나는 거의 그것을 할 수 있다.

José apenas estudia matemáticas.

호세는 수학을 거의 공부하지 않는다.

3.6. también과 tampoco

Ej. – Mi marido me regala unas flores por mi cumpleaños.

– El mío también me regala todos los años.

내 남편은 나의 생일마다 나에게 꽃을 선물해.

내 남편도 또한 나에게 매년 선물해.

– No quiero ir a la biblioteca hoy. 나는 오늘 도서관에 가기 싫어.

– Yo tampoco quiero ir. 나도 역시 가기 싫어.

3.7. 'o ~A o ~B'와 'ni ~A ni ~B'

Ej. – O es tonto o es inteligente, tienes que decirlo.

멍청한지 똑똑한지 너는 그것을 말해야 한다.

Aquel pobre hombre no tiene ni dinero, ni casa, ni trabajo.

저 불쌍한 사람은 돈도, 집도, 일도 없다.

3.8. con과 sin

– ¿Vas a ir al cine con tu novio? 너 애인이랑 극장에 갈 예정이니?

– No, Voy sin él. 아니, 나는 그 없이 갈 거야.

EJERCICIO _제6과 연습문제

1 빈칸에 알맞은 전치격 인칭대명사 및 직·간접 목적격 대명사를 쓰시오.

1) A : ¿Quieres tomar un café con leche?

B : No, no gracias. No ________ quiero ahora.

2) A : ¿De quién hablan ellas? ¿De mí?

B : No. Ellas no hablan de ________ sino de Juan.

3) A : ¿Por qué no vas a invitarla a ella?

B : Creo que ella no me quiere a ________ .

4) A : ¿Le dejas tu coche a tu hermano?

B : Sí, ________ ________ dejo.

5) A : ¿Qué quieres; carne o pescado?

B : Quiero carne. yo ________ como cada dos días.

6) A : ¿Les quieres comprar un sofá a tus padres?

B : Sí, la próxima semana voy a comprár ________ .

7) A : ¿Cuándo me vas a decir la verdad?

B : No ________ ________ voy a decir.

8) A : ¿Haces ejercicio?

B : ________ hago todos los días.

9) A : ¿Cuál silla quieres? ¿Quieres esta?

B : Si, ________ quiero. La que está en tu lado.

10) A : ¿Me puede enseñar esta corbata?

B : En seguida ________ ________ enseño.

EJERCICIO _제6과 연습문제

2 다음 문장에서 목적어에 해당하는 단어를 대명사로 바꾸어 문장을 다시 쓰시오.

1) El profesor López explica la tercera lección.

2) Mi mamá le regala una camisa a mi hermano.

3) El cartero me entrega un paquete.

4) Marta te quiere dar un perfume.

5) Juan necesita un coche automático para viajar.

6) El camarero le sirve una cerveza a un cliente.

7) Quiero tomar agua.

8) Tú le escribes un correo a tu mejor amigo.

9) Ustedes quieren ver a Jorge esta noche.

10) Ella le muestra el hacha a su marido.

3 빈칸에 알맞은 부정어를 쓰시오.

1) ¿Quieres comer algo?

No, no quiero comer ________ .

2) Isabel siempre sube a la montaña todos los domingos.

Pero yo no subo ________ a la montaña.

3) Los alumnos no estudian nada de español.

Y las alumnas no lo estudian ________ .

4) ¿Cómo es el profesor?

No es simpático ________ alto ________ guapo.

5) ¿Estudias con música?

No. Estudio ________ ella.

4 다음 문장을 스페인어로 작문하시오.

1) 나는 호세에게 한국어를 가르친다.

2) 그들은 그들의 낡은 차를 사촌에게 팔기를 원한다.

3) 너의 여자 친구가 나의 여자 친구에게 가방을 빌려준다.

4) 몇 명의 여학생들이 몇 명의 남학생들에게 꽃들을 선물한다.

5) 우리 가족은 나 없이 아침 식사를 한다.

EJERCICIO _제6과 연습문제

6) 당신도 역시 그 산에 오를 수 없다.

7) 나의 동료는 누군가에게 신문을 건넨다.

8) 카를로스는 절대 그것을 먹지 않는다.

9) 누가 나와 함께 중국으로 여행가기를 원합니까?

10) 페드로는 손님들에게 와인을 팔아야 한다.

11) 우리는 그녀에게 그것을 전달한다.

12) 마리아는 너에 대해서 좋게 말한다. 그리고 너를 좋아한다.

13) 카를로스는 언제 한국어를 공부하니?

14) 그는 일주일에 세 번 그것을 학교에서 공부한다.

15) 루이스는 거의 역사를 배우지 않는다. 그래서 그것에 대해서 말을 할 수 없다.

DIÁLOGO _제6과 대화문

Diálogo 1 En la cafetería

Pista 8

Ángel	:	¿Quieres tomar algo? Te invito.
Marta	:	Gracias por tu invitación. Pues quiero un café con leche.
Ángel	:	Y yo voy a tomar una cerveza porque tengo sed.
Marta	:	Aquí tenemos una mesa libre. ¿O quieres aquella?
Ángel	:	Quiero esta. Desde aquí puedo ver la calle.
Marta	:	De acuerdo. Entonces vamos a hablar del regalo para Daniel.
Ángel	:	¿Qué le quieres regalar a Daniel?
Marta	:	Le quiero dar algo especial.
Ángel	:	Creo que él quiere una maleta.
Marta	:	¡Vale! Se la podemos comprar.
Ángel	:	Mañana vamos a comprársela.
Marta	:	Entonces nos vemos mañana.
Ángel	:	Hasta mañana, chao.

여기서 Point

⇒ 'Te invito.'라는 문장에서 'a ti'를 첨가해도 상관없지만, 'Invito a ti.'라고 쓰게 되면 잘못된 문장이 된다. 왜냐하면 목적격 대명사가 사용된 경우에는 'a + 전치격 인칭대명사'를 중복해서 쓸 수 있지만 'Invito a Juan.'이라는 문장에서 Juan은 (직접목적격) 대명사가 아니기 때문이다. 따라서 'a Juan'이라고만 써야 한다.

⇒ 'Creo que~'는 사전적으로는 '~라고 믿는다'라고 해석되지만, 일반적으로 '~라고 생각하다'라는 의미로 주로 사용된다.

Diálogo 2 Entre hermanos

Pista 9

Hermano	:	¡Oye! ¿Vas a escribirles una carta a nuestros padres?
Hermana	:	Sí, se la voy a escribir. También voy a escribirte una.
Hermano	:	¿Por qué me escribes una carta? Puedes mandarme un mensaje.
Hermana	:	Por nada. Sólo quiero escribirte.
Hermano	:	¡Qué rara eres!
Hermana	:	Voy a ir para comprarle un regalo a mi novio. ¿Me acompañas?
Hermano	:	¿Puedes comprar el mío también?
Hermana	:	De acuerdo, okey. ¿Qué quieres de regalo?
Hermano	:	Te lo digo más tarde.
Hermana	:	Entonces voy a llamar por teléfono a una amiga mía.
Hermano	:	¡Vale! Te espero delante de la casa.
Hermana	:	¡Oye! ¿Puedes hacerme un favor?
Hermano	:	¿Cuál es?
Hermana	:	¿Puedes llevar tu coche? El mío está lejos de la casa.
Hermano	:	Me pagas la gasolina, ¿vale?
Hermana	:	Bien. Trato hecho.

여기서 Point

⇒ 'una'는 대명사로 앞의 명사 carta를 대신 받는다.

⇒ 'llamar' 동사는 직역하면 '~를 부르다'란 의미이다. 따라서 'Te llamo por teléfono.'라고 하면 '너를 전화로 부른다.'라고 해석되지만, 한국어로는 '너에게 전화한다.'로 이해해야 한다.

VOCABULARIO & EXPRESIÓN

제6과 어휘 및 표현

acompañar	동행하다
algo	어떤 것
alguien	누군가
alguno	몇 개의
apenas	거의 ~않다
automático	자동의
biblioteca	도서관
casi	거의 ~않다
cerveza	맥주
corbata	넥타이
delante de	~앞에
electrónico	전자의
especial	특별한
favor	부탁
fuera	밖에
gasolina	가솔린, 기름
invitación	초대
leche	우유
mandar	보내다
marido	남편
mensaje	메시지
mundo	세상
nada	아무것
nadie	아무도
ninguno	어떤 것
novio	애인
nunca	결코 ~않다
paquete	상자
perdonar	용서하다
perfume	향수
pescado	생선
próximo	다음의
siempre	항상
sin	~없이
raro	이상한
también	또한, 역시
tampoco	역시 ~않다
trabajo	일, 작업
vacaciones	휴가

LECCIÓN 7
제7과

학습목표

❖ 여기서는 시간, 날짜, 요일, 계절, 날씨, 장소와 방위 표현에 대해 알아보기로 한다. 각 표현의 구체적인 표현 방법과 월일, 요일, 날씨 등을 표현하기 위해 알아야 할 주요 단어를 중심으로 학습해 보자.

1 시간Hora 표현

시간은 스페인어로 'la hora'라고 한다. 따라서 숫자나 형용사를 써야 할 때는 여성형으로 사용한다. 시간 표현은 ser 동사를 이용하여 문장을 만들며, 구체적으로는 'ser + 여성관사 + 시간 + 분'의 순으로 표현한다. 특히 한 시인 경우에는 동사로 'es'를 사용하고, 나머지 시간은 'son'으로 표시한다.

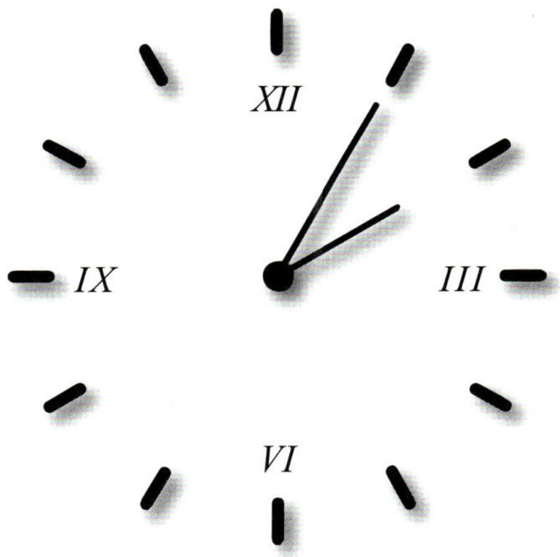

1.1. 시간 표현의 문답

► 질문: ¿Qué hora es?, ¿Qué hora tiene(s)?, ¿Tiene(s) hora? 몇 시입니까?

► 답변:

동사	여성관사	시간	분		
Es	la	una.			
Son	las	ocho	en punto.		
Son	las	cuatro	y	veinte	de la tarde.
Son	las	nueve	menos	cuarto	de la noche.
Son	las	once	y	media	más o menos.

Ej. – ¿Qué hora es ahora? 지금 몇 시입니까?

– Ahora son las dos y treinta y cinco de la tarde. 지금은 오후 2시 35분입니다.

– ¿Tienes hora? 몇 시야?

– Sí. Ahora es la una y tres minutos. 지금 1시 3분이야.

> ¿Tienes tiempo (de tomar algo)?는 '(뭐 마실) 시간이 있니?'란 의미이다.

– ¿Qué hora tienes ahora? 지금 몇 시니?

– Son las doce menos cuarto. 12시 15분 전이야.

> 15분을 quince라고도 하지만 cuarto라고 표현하기도 한다. 또한 30분은 treinta나 media로 표현하기도 한다.

1.2. 시간부사

시간에 대한 문답 중 '몇 시에 ~하다'라고 답변하게 될 때가 있다. 이 경우처럼 시간 표현이 '몇 시에'라는 의미의 시간부사로 쓰일 때는 전치사 'a'를 이용하여 나타낸다.

Ej. Tú tienes que ir a la escuela a las nueve de la mañana.
너는 아침 9시에 학교에 가야 한다.

¿Vosotros podéis llegar a las cuatro?
너희들은 4시에 도착할 수 있니?

– ¿A qué hora tengo que abrir la puerta? 저는 몇 시에 문을 열어야 합니까?

– Tienes que abrir la puerta a las dos y media. 너는 두 시 반에 문을 열어야 해.

– ¿A qué hora pueden visitar mi casa ellos?

– Ellos pueden visitar tu casa a las siete de la tarde.
그들은 몇 시에 나의 집에 방문할 수 있나요?
그들은 오후 일곱 시에 너의 집을 방문할 수 있어.

– ¿Trabajas mañana por la mañana?

– Sí. Trabajo de 9 a 12. Y también trabajo desde las 4 hasta las 8.
내일 아침에 일하니?
응. 9시부터 12시까지 일해. 또 4시부터 8시까지도 일해.

– ¿Quedamos sobre (= a eso de) las dos de la tarde? 우리 오후 두 시쯤에 만날까?

2 날짜 Fecha 표현

스페인어에서 날짜는 'ser + 일 + de + 월'의 순서로 표현한다. 시간과 마찬가지로 날짜를 표현하기 위해서는 각 월의 명칭을 먼저 알아야 한다.

1월	enero	7월	julio
2월	febrero	8월	agosto
3월	marzo	9월	septiembre
4월	abril	10월	octubre
5월	mayo	11월	noviembre
6월	junio	12월	diciembre

Ej. – ¿Qué fecha es hoy? 오늘은 며칠입니까?

– Hoy es (el día) quince de marzo. 오늘은 3월 15일입니다.

– ¿A cuántos estamos hoy? 오늘은 며칠입니까?

– Estamos a primero de noviembre. 오늘은 11월 1일입니다.

> 1일은 primero로 표현하지만, uno도 통용된다.

Ej. – ¿Cuándo llega Carmen a Daegu?

– Ella llega el diecisiete de agosto de dos mil catorce (2014).

카르멘은 언제 대구에 도착합니까?

그녀는 2014년 8월 17일에 도착합니다.

> 연도까지 표기한다면 'de + 연도'로 표기하고, 날짜의 의미로 '~에'를 표기한다면 전치사 없이 정관사 'el'을 사용하여 날짜를 나타낸다.

Ej. En (el mes de) diciembre voy a viajar a Busan.

12월에 부산을 여행할 것이다.

> 부사구로 월을 사용한다면, 전치사 'en'을 사용한다.

3 요일 Días de la semana 표현

요일은 'ser + 요일'의 순으로 표현한다. 이를 위해 먼저 요일의 명칭을 알아야 한다. 한편 요일의 명칭이 ser 동사의 보어로 사용되어 단순히 '무슨 요일이다.'라고 표현할 때는 전치사나 정관사를 사용하지 않는다. 하지만 '무슨 요일에'라는 의미의 부사구로 사용되면 정관사 'el'을 사용해야 한다.

월요일	lunes	매주 월요일	los lunes
화요일	martes	매주 화요일	los martes
수요일	miércoles	매주 수요일	los miércoles
목요일	jueves	매주 목요일	los jueves
금요일	viernes	매주 금요일	los viernes
토요일	sábado	매주 토요일	los sábados
일요일	domingo	매주 일요일	los domingos

Ej. – ¿Qué día (de la semana) es hoy? 오늘은 무슨 요일입니까?
– Hoy es miércoles. 오늘은 수요일입니다.
– ¿Cuándo llegan esos amigos a Corea? 그 친구들은 언제 한국에 도착하나요?
– Ellos llegan el jueves. 그들은 목요일에 도착합니다.
– ¿Qué días tienes la clase de español en la universidad?
– Yo tengo la clase de español los martes y los jueves.
학교에서 무슨 요일에 스페인어 수업 있냐?
나는 매주 화요일과 목요일에 스페인어 수업이 있어.

4 계절 Estaciones 표현

스페인어에도 사계절을 나타내는 단어가 있다. 지금이 무슨 계절인지를 물을 때는 estar 동사를 사용한다.

봄	여름	가을	겨울
la primavera	el verano	el otoño	el invierno

Ej.	– ¿En qué estación estamos ahora?	지금은 무슨 계절입니까?
	– Ahora estamos en otoño.	지금은 가을입니다.
	En verano llueve a menudo.	여름에는 자주 비가 내린다.
	En invierno nieva a veces.	겨울에는 눈이 가끔 내린다.

☞ 과거의 어느 계절을 표현할 때는 정관사를 사용한다. 예를 들어 'en el invierno de 2002'라고 하면 '2002년 겨울에'란 의미를 나타내게 된다.

5 날씨 Tiempo 표현

날씨를 표현할 때 hacer 동사를 주로 사용한다. 그러나 hay, estar 동사로 날씨를 표현하기도 한다. 날씨는 모두 3인칭 단수로 나타낸다.

Hace	(mucho) frío. calor. sol. viento. fresco.	(매우) 춥다. 덥다. 해가 난다. 바람이 분다. 선선하다.
Hace	(muy) buen/ mal tiempo.	(매우) 좋은/나쁜 날씨이다.
Llueve	(mucho).	비가 (많이) 온다.
Nieva	(mucho).	눈이 (많이) 온다.
Está	nublado, despejado.	구름이 꼈다, 날씨가 맑다.

Ej.	– ¿Qué tiempo hace hoy?	오늘 날씨 어때요?
	– Hoy hace frío. Por eso tengo frío.	날씨가 춥네요. 그래서 나도 추워요.
	– ¿Qué tiempo hace en verano en España?	스페인의 여름 날씨는 어때요?
	– Hace calor. Por eso el clima es seco.	날씨가 덥습니다. 그래서 기후가 건조합니다.
	– ¿Qué tiempo hace en primavera?	봄 날씨는 어때요?
	– Hace fresco. Y a veces llueve mucho.	날씨가 선선합니다. 그리고 가끔 비가 많이 내립니다.

6 장소와 방위 Lugares y direcciones 표현

6.1. 장소(Lugares)

여기	거기	저기	저기(아주 멀리)
aquí	ahí	allí	allá

Ej. Aquí vive una pareja de actores famosos. 여기에 유명한 배우 부부가 산다.
Ahí hay unos árboles muy altos. 거기에는 큰 나무들이 있다.
– ¿Qué vas a hacer allí tú sólo? 너 혼자서 저기서 무엇을 하려고 하니?

'solo'는 형용사로 쓰일 때는 '유일의, 단일의, 혼자의'라는 뜻으로 해석되고, 부사로 쓰일 때는 '혼자서, 오직, 단지, ~밖에' 등의 뜻으로 해석된다. 부사로 사용해도 solo로 쓴다. 또한, solamente도 사용 가능하다.

Ej. – ¿Allá en tu país, los estudiantes aprenden mucho español?
저기 너의 나라에서는 학생들이 스페인어를 많이 배우니?

6.2. 방위(Direcciones)

동	서	남	북
este	oeste	sur	norte

Ej. El sol sale del Este. 해는 동쪽에서 뜬다.
España está en el oeste de Europa. 스페인은 유럽 서쪽에 있다.
Quiero viajar al sur de América Latina. 나는 라틴 아메리카의 남쪽을 여행하고 싶다.
Los surcoreanos todavía no pueden visitar Corea del Norte.
남한 사람들은 아직 북한을 방문할 수 없다.

EJERCICIO _제7과 연습문제

1 다음 문장을 스페인어로 작문하시오.

1) 지금은 오후 4시 25분이다.

2) 지금은 몇 시입니까?

3) 11시 10분 전이다.

4) 오후 1시 15분이다.

5) 후안은 오후 3시에 도서관에 가려고 한다.

6) 시험은 2시 반부터 3시 45분까지이다.

7) 오늘은 며칠입니까?

8) 오늘은 7월 17일이다.

9) 나의 칠레 친구는 수요일에 한국에 도착한다.

10) 우리는 목요일 아침마다 회의가 있다.

11) 여름에는 매우 덥지만, 밤에는 선선하다.

12) 오늘은 날씨가 어때요?

13) 날씨가 좋습니다. 그리고 맑습니다.

14) 겨울에는 기후가 매우 건조하다.

15) 우리 가족은 동유럽을 여행하려고 한다.

16) 나는 오후 다섯 시쯤에 마리아를 볼 것이다.

17) 그들은 항상 오전 10시 30분에 교실에 도착한다.

18) 크리스마스는 12월 25일이다. 그리고 12월에는 날씨가 춥다.

19) 당신들은 토요일마다 영화관에 가는 것을 좋아한다.

20) 우리는 어느 계절에 스키를 탈 수 있나요?

EJERCICIO _제7과 연습문제

2 다음 질문에 자유롭게 답변하시오.

1) ¿A qué hora tienes la primera clase en este semestre?

2) ¿Qué días vas a la clase de español?

3) ¿En qué mes quieres celebrar tu boda y por qué?

4) ¿Qué tiempo hace en invierno en Corea?

5) ¿Cuándo es tu cumpleaños?

3 아래의 스페인어 문장을 보기의 단어를 사용해서 문장을 완성하세요.(중복 사용 가능)

de, a, el día, la, a eso de, los, menos, en, por, de la semana

1) Ahora son las cuatro ________ punto de la tarde.

2) Este mes los alumnos tienen que asistir a la clase ________ sábados.

3) Mañana ________ la mañana quiero ir a la playa.

4) Pedro y usted pueden quedar ________ las diez de la mañana.

5) Mi cumpleaños es ________ catorce de noviembre.

6) En ________ primavera hace fresco.

7) ¿Qué día ________ es hoy?

8) Mi cumpleaños es el ocho ________ septiembre.

9) Tengo que llegar a la escuela a las nueve ________ quince.

10) Marta quiere ver a José ________ las doce en punto de la noche.

DIÁLOGO _제7과 대화문

Diálogo

En la casa

Pista 10

Mamá	:	¡Mira! Ya son las nueve y media.
Hijo	:	Quiero dormir más.
Mamá	:	¿A qué hora tienes la primera clase?
Hijo	:	La tengo a la una en punto.
Mamá	:	¿Y qué fecha es hoy?
Hijo	:	Hoy es diecisiete de septiembre. ¿Por qué?
Mamá	:	Hoy es el aniversario de mi boda.
Hijo	:	¡Felicidades! ¿Vas a hacer algo especial con papá?
Mamá	:	Vamos a celebrarlo en un restaurante.
Hijo	:	¿Puedo ir con vosotros?
Mamá	:	No. Es nuestro día especial.
Hijo	:	¡Vale! Voy a estar en casa pero sin comer.
Mamá	:	Podemos ir a un restaurante en tu cumpleaños.
Hijo	:	Es el quince de noviembre. Tengo que esperar mucho.
Mamá	:	Pues este sábado vamos a comer con los tíos.
Hijo	:	¿Cuándo llegan a España?
Mamá	:	Ellos llegan el viernes.
Hijo	:	Pues el viernes no tengo clases y va a hacer buen tiempo.
Mamá	:	Entonces vamos juntos al aeropuerto a buscarlos.
Hijo	:	¡Bien! Ahora voy a jugar al tenis con Mario porque hace sol.
Mamá	:	Tienes que llevar una botella de agua fría. Vais a tener sed.
Hijo	:	Tengo la botella grande en la nevera. Pero en otoño no hace tanto calor como en verano.

DIÁLOGO _제7과 대화문

Mamá	:	Debes llegar a casa antes de las doce y media.
Hijo	:	No voy a llegar tarde. Puedo llegar a las doce en punto.
Mamá	:	Y este domingo tengo una cita con una amiga de la escuela.
Hijo	:	¿A qué hora es la cita?
Mamá	:	La cita es por la noche. Voy a estar con ella desde las seis hasta las diez de la noche.
Hijo	:	Tienes el fin de semana muy ocupado.
Mamá	:	Sí, es verdad. Estoy muy ocupada. El domingo tienes que comer sólo porque papá también tiene una reunión.
Hijo	:	Estoy acostumbrado a comer a solas.
Mamá	:	Bueno, ya tienes que ir a jugar al tenis.
Hijo	:	Ya voy. Hasta luego, mamá.

여기서 Point

⇒ 'La tengo a la una.'에서 'la'는 'clase'를 받는 대명사이다.

⇒ 'Es el quince de noviembre.'에서 'el'은 11월 15일이라고 정해진 날이기 때문에 정관사를 사용한 것이다.

⇒ 'buscar' 동사에는 '찾다'라는 의미도 있지만, '마중하다'라는 의미도 있다.

⇒ 'por la noche'는 시간 언급이 없을 때 사용하고, 시간 언급이 있으면 'de la noche'를 사용한다.

⇒ 'a solas'는 'sólo'와 같은 의미이다.

VOCABULARIO & EXPRESIÓN

제7과 어휘 및 표현

abril	4월
abrir	열다
agosto	8월
a veces	가끔
chubasco	소나기
clima	기후
cuarto	15분, 네 번째
despejado	맑은, 쾌청한
diciembre	12월
domingo	일요일
empresario	사업가
enero	1월
en punto	정각
fecha	날짜
febrero	2월
fresco	시원함
hora	시간
jueves	목요일
julio	7월
junio	6월
llegar	도착하다
lunes	월요일
martes	화요일
marzo	3월
más	더
mayo	5월
minuto	분
media	30분, 중간의
menos	덜
miércoles	수요일
niebla	안개
noche	밤
noviembre	11월
nublado	구름 낀
octubre	10월
sábado	토요일
septiembre	9월
sol	태양
tarde	오후
tiempo	날씨
todavía	아직
tormenta	태풍, 폭풍우
viento	바람
viernes	금요일

LECCIÓN 8
제8과

학습목표

- ❖ 이 과에서는 어간이 변화하는 여러 형태의 불규칙동사에 대해 살펴본다.
- ❖ 문장의 구조가 특이한 gustar 동사 및 이와 같은 유형의 동사에 대해 알아본다.
- ❖ '알다'라는 뜻의 두 동사 'saber'와 'conocer' 동사의 차이점을 익히고, 지각동사의 문장구조에 대해 살펴본다.

1 직설법 현재 불규칙동사[I] Presente de indicativo de los verbos irregulares

직설법 현재 표현에는 어간이 변화하는 동사들이 존재한다. 이러한 어간 변화는 '-ar, -er, -ir'형 동사 모두에서 일어난다. 그러나 1인칭과 2인칭 복수에서는 변화가 일어나지 않는다.

1.1. 어간 모음 '-e-'가 '-ie-'로 변화하는 동사

pensar 생각하다	querer 좋아하다	sentir 느끼다
pienso	quiero	siento
piensas	quieres	sientes
piensa	quiere	siente
pensamos	queremos	sentimos
pensáis	queréis	sentís
piensan	quieren	sienten

① -ar형

sentar	앉히다	despertar	깨우다
empezar	시작하다	calentar	데우다
comenzar	시작하다	cerrar	닫다
confesar	고백하다	negar	부정하다

Ej. Carlos sienta a su hijo en la silla.
카를로스는 그의 아들을 의자에 앉힌다.

Yo empiezo a trabajar desde mañana.

나는 내일부터 일을 시작한다.

Los padres despiertan a sus hijos cada mañana.

부모님들은 매일 아침 아이들을 깨운다.

Las enfermeras cierran las ventanas.

간호사들은 창문을 닫는다.

② -er형

entender	이해하다	defender	보호하다
perder	잃다	encender	불을 붙이다, 켜다

Ej. El conductor de autobús pierde sus llaves.

버스 기사는 그의 열쇠를 잃어버렸다.

Los científicos entienden bien la física.

과학자들은 물리학을 잘 이해한다.

Una alumna enciende la luz en el aula vacía.

한 여학생이 빈 강의실에 불을 켠다.

Los abogados defienden a su cliente.

변호사들은 그의 의뢰인을 변호한다.

③ -ir형

preferir	선호하다	mentir	거짓말하다
sentir	느끼다	convertir	변화시키다
advertir	주의를 주다	consentir	용인, 동의하다

Ej. Los jóvenes españoles prefieren el fútbol al béisbol.

스페인 젊은이들은 야구보다 축구를 더 선호한다(좋아한다).

¡Lo siento mucho!

매우 유감으로 생각합니다(매우 죄송합니다.)

Mis padres no consienten llegar tarde.

부모님들은 늦게 도착하는 것을 용인하지 않는다.

Los buenos chicos no mienten.

착한 아이들은 거짓말을 하지 않는다.

El frío convierte el agua en el hielo.

추위는 물을 얼음으로 변환시킨다.

1.2. '-o-'가 '-ue-'로 변하는 동사

contar 이야기하다	poder 할 수 있다	dormir 자다
cuento	puedo	duermo
cuentas	puedes	duermes
cuenta	puede	duerme
contamos	podemos	dormimos
contáis	podéis	dormís
cuentan	pueden	duermen

① -ar형

acordar	일치시키다	recordar	기억하다
costar	비용이 들다	encontrar	찾다, 발견하다
mostrar	보여 주다	colgar	걸다 / 전화를 끊다
soñar	꿈꾸다	almorzar	점심을 먹다

Ej. ¡Hola, recuerdo tu nombre! Eres Nacho, ¿verdad?

안녕! 나는 너의 이름을 기억해. 너 나초지, 맞지?

Los alumnos encuentran libros en la biblioteca.

학생들은 도서관에서 책들을 찾는다.

Elena cuelga su chaqueta en la percha.

엘레나는 옷걸이에 재킷을 건다.

Nosotros almorzamos a las dos de la tarde como siempre.

우리는 항상 그렇듯이 오후 두 시에 점심을 먹는다.

Carlos me muestra su maleta.

카를로스는 나에게 그의 가방을 보여 준다.

② -er형

poder	할 수 있다	soler	종종 ~하다
devolver	돌려주다	volver	돌아오다
morder	물다	llover	비가 오다

Ej. Los chicos pueden soñar.
소년들은 꿈을 꿀 수 있다.

Isabel le devuelve el libro a su amiga ahora.
이사벨은 지금 그의 친구에게 책을 돌려준다.

Los investigadores suelen trabajar por la noche.
연구자들은 종종 밤에 일한다.

Los estudiantes vuelven a la universidad con el comienzo del curso.
학생들은 학기 시작과 함께 학교로 돌아온다.

El perrito del vecino me muerde la pierna.
옆집 강아지는 나의 다리를 문다.

③ -ir형

morir	죽다	dormir	자다

Ej. Los hombres mueren al final.
결국 인간은 죽는다.

El bebé duerme como un ángel.
갓난아이들은 천사처럼 잔다.

1.3. '-e-'가 '-i-'로 변하는 동사

pedir 요청하다, 주문하다		
	단수	복수
1인칭	pido	pedimos
2인칭	pides	pedís
3인칭	pide	piden

servir	제공하다	seguir	뒤를 따르다
despedir	해고하다	elegir	선택하다
competir	경쟁하다	reír	웃다
impedir	방해하다	repetir	반복하다
medir	치수를 재다	vestir	옷을 입히다

seguir는 sigo로, elegir는 elijo로 1인칭일 경우에만 변화한다. 나머지 형태는 규칙적이다.
reír(río) 동사는 '-i-' → '-í-'로 악센트가 생겨난다.

Ej. El camarero sirve los cafés a los clientes.
웨이터는 손님들에게 커피를 제공(서빙)한다.

El jefe de la empresa despide a dos empleados.
회사 사장은 두 명의 직원을 해고한다.

Los equipos de fútbol compiten con los otros.
축구팀들은 다른 팀들과 경쟁한다.

Mi perro me impide estudiar.
내 강아지는 내가 공부하는 것을 방해한다(공부하는 나를 방해한다).

Sigo el camino recto para llegar a la boca del metro.
나는 전철역 입구에 도착하기 위해 길을 똑바로 계속 간다.

Yo elijo a Juan como nuestro delegado.
나는 후안을 우리들의 대표로 선택한다.

Río a carcajadas con el chiste de Quique.
나는 끼께의 농담에 큰 소리로 웃는다.

1.4. '-u-'가 '-ue-'로 변하는 동사

jugar 놀다, (a + 운동경기) ~를 하다		
	단수	복수
1인칭	juego	jugamos
2인칭	juegas	jugáis
3인칭	juega	juegan

Ej. Jugamos al tenis todos los sábados con unos amigos.
우리는 토요일마다 몇 명의 친구들과 테니스를 친다.

Mi familia juega a las cartas en días festivos.
우리 가족은 명절에 카드놀이를 한다.

2 gustar 동사

gustar 동사는 지금까지 보았던 일반적인 동사와는 다른 문장구조를 요구한다. 예를 들어 '나는 나의 차를 좋아한다.'라는 의미의 문장은 'Yo quiero mi coche.'로 표현할 수 있다. 또한 gustar를 사용할 수도 있다. 이때 mi coche는 문장의 문법적 주어가 되고, 동사 gustar는 mi coche가 주어이기 때문에 3인칭 변화형으로 나타난다. 그리고 '나는(yo)'라는 것은 간접목적격(me)으로 표시를 한다. 따라서 문장으로 나타내면, 'Me gusta mi coche.'로 표현할 수 있다.

	A에게	즐거움을 주다	B가
a mí	me	gusta	단수명사/ 동사원형
a ti	te		
a él, ella, usted, Juan, Ana, etc.	le		
a nosotros, -as	nos	gustan	복수명사/ 두 개 이상의 명사
a vosotros, -as	os		
a ellos, ellas, ustedes, etc.	les		

문법적으로는 'B가 A에게 즐거움을 주다'로 해석되지만, 일반적으로 'A는 B를 좋아하다'로 이해해야 한다.

Ej. Me gusta este cuadro. 나는 이 그림을 좋아한다.
Te gustan los libros. 너는 책을 좋아한다.
A Ana le gustan el café y el té. 아나는 커피와 차를 좋아한다.
Le gusta a Alejandro viajar y escuchar música.
알레한드로는 여행하는 것과 음악듣는 것을 좋아한다.

동사원형은 두 개가 오더라도 단수 'gusta'를 사용한다.

A Pedro y a mí nos gusta almorzar en la terraza.
페드로와 나는 테라스에서 점심 식사하는 것을 좋아한다.

2.1. gustar와 같은 유형의 동사들

encantar	아주 좋아하다	doler	아프다
faltar	모자라다, 남아 있다	importar	중요하다
apetecer	원하다		

Ej. – ¿Te gusta el fútbol? 너 축구 좋아하니?
– Sí, me encanta. Veo la Primera Liga todos los fines de semana.
응, 아주 좋아해. 나는 주말마다 스페인 리그를 봐.

– Me duelen los dientes. 나는 이가 아파.
– ¿Por qué no vas a ver al dentista? 왜 치과에 가지 않니?

– ¿Qué te apetece tomar? 너는 무엇을 먹고 싶니?
– Hoy me apetecen una caña y patatas fritas con alioli.
오늘 나는 맥주 한 잔과 알리올리 감자튀김을 먹고 싶어.

3 saber와 conocer 동사

3.1. saber 동사

① 일반적으로 어떤 정보나 사실 등을 알고 있을 때 사용

saber (인지를 통해서) ~알다, ~할 줄 알다		
	단수	복수
1인칭	sé	sabemos
2인칭	sabes	sabéis
3인칭	sabe	saben

1인칭만 불규칙적으로 변하고, 나머지 변화는 규칙적이다.

Ej. Sé la verdad de ese asunto. 나는 그 사건의 진실을 안다.
Sabemos quiénes son ellos. 우리는 그들이 누구인지 알고 있다.
–¿Sabe Ud. cuándo llega el juez? 당신은 판사가 언제 도착하는지 아시나요?
Juan sabe que Isabel aprende español e inglés.
후안은 이사벨이 스페인어와 영어를 배우는 것을 알고 있다.

que는 접속사이고, que 이하의 문장은 명사절의 역할을 한다.

② saber＋동사원형: ~할 줄 알다.

Ej. David sabe jugar al tenis. 다비드는 테니스를 칠 줄 안다.
Nosotros sabemos hablar inglés. 우리는 영어를 할 줄 안다.
Yo sé nadar en el mar. 나는 바다에서 수영할 줄 안다.
–¿Sabes conducir el coche? 너는 차를 운전할 줄 아니?
–Sí, lo sé. Y también la moto. 할 줄 알아. 또한 오토바이도 운전할 줄 알아.

③ saber de: ~(누구의 소식에 혹은 무엇에) 대하여 알다.

Ej. Tú sabes bien de los españoles. 너는 스페인 사람들에 대하여 잘 알고 있다.
¿Sabes algo de Luis? 너는 루이스에 대해 뭔가를 알고 있니?
Juan sabe muy de la pintura española. 후안은 스페인 회화에 대해 잘 안다.

④ saber a＋A: A의 맛이 나다.

Ej. Esta leche sabe a chocolate. 이 우유는 초콜릿 맛이 난다.

3.2. conocer 동사

① 사람, 도시, 책 등을 경험을 통해서 아는 경우에 사용

conocer (경험을 통해서) ~(사람)을 안다		
	단수	복수
1인칭	conozco	conocemos
2인칭	conoces	conocéis
3인칭	conoce	conocen

> 1인칭만 불규칙적으로 변하고, 나머지 변화는 규칙적이다.

Ej. Conozco a tu amiga Alicia.	나는 너의 친구 알리시아를 안다.
Conocemos ya al nuevo profesor.	우리는 이미 새로 오신 교수님을 안다.
¿Conoces a aquella chica de la bufanda?	너는 목도리를 한 저 여자아이를 아니?
– ¿Conocen Uds. Madrid?	당신들은 마드리드에 가 보았나요?
– Sí, la conocemos.	예, 가 보았습니다.

4 지각동사 **Verbos de percepción**

ver와 oír 동사 다음에 동사원형이 오면, 그 원형의 주체는 문장의 주어가 아니라 목적 보어를 사용하여 그 동사의 주체를 나타낸다. 목적 보어는 직접목적격 'me, te, lo, la' 등을 사용하거나 'a + 사람'을 사용한다. 그러나 불특정한 사람이라면 전치사 'a'를 사용하지 않는다.

Ej. Oigo cantar a María.	나는 마리아가 노래하는 것을 듣는다.
¿Me oyes cantar la canción?	너는 내가 노래하는 게 들리니?
Los chicos ven pasar al profesor.	학생들은 교수가 지나가는 것을 본다.
Juan ve pasar la gente en la calle.	후안은 거리에서 지나가는 사람을 본다.

> 이때 보는 사람이 불특정한 인물이라면, 전치사 'a'를 사용하지 않는다.

EJERCICIO _제8과 연습문제

1 빈칸에 동사 변화형을 알맞게 쓰시오.

1) Yo (pensar) ________ en ti.

2) Los chicos (sentir) ________ miedo por el perro grande .

3) El fuego (calentar) ________ la olla.

4) Los católicos (confesar) ________ sus pecados a los padres.

5) Marta (colgar) ________ el teléfono.

6) Vosotros (jugar) ________ al baloncesto los domingos.

7) El pueblo coreano (elegir) ________ a su presidente cada 5 años.

8) ¿Qué le (poder) ________ pedir tú a tu padre para tu cumpleaños?

9) En verano (llover) ________ mucho en una temporada.

10) – ¡Oye, Pedro! ¿A qué hora (almorzar) ________ tú?

11) Yo (preferir) ________ el café al té.

12) El dueño de la casa (atender) ________ a los invitados.

13) Los amigos de la universidad me (recordar) ________ .

14) Tú se lo (mostrar) ________ a tu hermano.

15) Juan (reír) ________ sin querer.

16) Ellos (encontrar) ________ un taxi libre por la noche.

17) -¿No me (oír) ________ bien tú? -Sí, te (oír) ________ bien.

18) ¿Qué (preferir) ________ tú: el café o el té?

19) Ella (seguir) ________ el camino recto para llegar a su casa.

20) Las chicas (volver) ________ a bailar otra vez en la fiesta.

EJERCICIO _제8과 연습문제

2 아래 〈보기〉의 동사 혹은 다른 필요한 단어를 빈칸에 알맞게 쓰시오.

〈보기〉

gustar, encantar, doler, importar, faltar, apetecer, conocer, saber, ver, oír

1) A ________ me gusta leer libros.
2) A tu amigo ________ gustan las frutas frescas.
3) A ________ nos encantan las canciones coreanas.
4) ¿Le ________ la cabeza a usted? ¿Por qué no va a ver al médico?
5) Yo ________ al nuevo entrenador.
6) Les ________ mucho este proyecto a ellos.
7) Yo ________ cuándo va Pedro a casa mañana.
8) ¿Qué te ________ tomar? Te invito.
9) ¿ ________ Ud. cocinar la comida mexicana?
10) Sí, nosotros la ________ , porque vivimos en esa ciudad.
11) Los padres ________ tocar el piano a su hija cada día.
12) Los niños ________ pelear a otros chicos.
13) Los extranjeros en Corea ________ cómo saludan los coreanos.
14) Esta sopa ________ a champiñón.
15) A mis alumnos ________ faltan tres días para el viaje a España

3 다음 문장을 스페인어로 작문하시오.

1) 너는 의사가 몇 시에 도착하는지 알고 있니?

2) 나는 수영장에서 자는 것을 좋아한다(gustar).

3) 엄마는 아이가 침대에서 내려오는 것을 본다.

4) 의사는 차 한 대를 사려고 생각한다.

5) 잠시 후에 그들은 일을 시작한다.

6) 이사벨은 손이 아프다(doler).

7) 너희들은 손님들을 모른다.

8) 우리는 여름보다 겨울을 선호한다(preferir).

9) 여행객들은 여행 후에 집으로 돌아온다.

10) 당신들은 종종 영화를 본다.

DIÁLOGO _제8과 대화문

Diálogo 1 Entre dos amigas

Pista 11

Clara	:	¿En qué piensas?
Luisa	:	Pienso en Carlos.
Clara	:	¿Pasa algo? ¿Hay algo entre vosotros?
Luisa	:	Es que me miente a veces. Siento algo raro.
Clara	:	¿Tiene otra chica?
Luisa	:	No lo sé. Puede que sí. No me atiende como antes.
Clara	:	Mañana lo voy a ver. ¿Le pregunto directamente en tu lugar?
Luisa	:	No sé qué voy a hacer. Últimamente no hablo con él.
Clara	:	A mí no me importa preguntarle qué pasa contigo.
Luisa	:	¿A qué hora vas a verlo mañana?
Clara	:	A las cuatro de la tarde. En la cafetería de la facultad.
Luisa	:	¡Bueno! Yo misma voy a preguntarle.
Clara	:	De acuerdo.

여기서 Point
⇒ 'pensar en A'는 'A를 생각하다'라는 의미이고, 'pensar que~'는 '~라고 생각하다'라는 의미이다.
⇒ 'en tu lugar'는 '너 대신에'라는 뜻이다.

Diálogo 2 Entre dos amigos

Pista 12

Fernando	:	¿Quieres ir al cine?
Raúl	:	Sí, quiero. ¿Qué película vamos a ver?
Fernando	:	Debemos elegir entre dos películas: una de acción o una de terror.
Raúl	:	A mí no me gustan nada las de terror.
Fernando	:	Entonces vamos a ver la de acción.
Raúl	:	¿Y cuánto cuesta la entrada? Tengo que sacar dinero. Vuelvo en seguida.
Fernando	:	La película empieza a las tres y media. Nos queda tiempo de tomar algo. Además me duelen los pies.
Raúl	:	A mí también. Y no me gusta estar de pie mucho tiempo.
Fernando	:	A mí tampoco. ¿Qué pedimos? Me apetece tomar una manzanilla. A ti, ¿qué te apetece? Te invito.
Raúl	:	¡Oh! Gracias. Entonces quiero una cerveza y una ración de patatas fritas. ¿Puedo pedir una botella de agua?
Fernando	:	¡Vale, vale! ¡Qué listo eres!
Raúl	:	Hay que aprovechar la ocasión. ¡Jajaja!
Fernando	:	Después de ver la película, le tengo que contar el argumento a mi hermana pequeña. Quiere saber de qué va la historia.
Raúl	:	A mí, en cambio, no me gusta saber la historia antes de ver una película.
Fernando	:	Por eso hay varios tipos de personas.

여기서 Point

⇒ 'nada'는 부사로 '전혀'라는 의미도 지닌다.

⇒ 'ración'은 식사의 1인분을 의미이지만, '~한 접시'의 의미로 사용되기도 한다. 따라서 'una ración de paella'라고 하면 '빠에야 한 접시'를 의미하게 된다.

⇒ 웃음소리를 나타내는 의성어로는 'jajaja, jojojo, jijiji' 등이 있다.

VOCABULARIO & EXPRESIÓN

제8과 어휘 및 표현

acordar	일치시키다
almorzar	점심을 먹다
ángel	천사
apetecer	원하다
argumento	줄거리, 논거
asunto	사건
atracción	매력, 유인
bebé	갓난아이
bibliotecario	도서관 사서
bufanda	목도리
calentar	데우다
cambio de	~대신에
carcajada	큰 웃음
cerrar	닫다
científico	과학자
colgar	걸다
comenzar a	시작하다
competir	경쟁하다
conductor	운전기사
confesar	고백하다
conocer	알다
consentir	용인, 동의하다
convertir en	변화시키다
culpa	잘못
debido a	~때문에
delegado	대표
delito	과오
despertar	깨우다
devolver	돌려주다
diputado	국회의원
doler	아프다
dormir	자다
elegir	선택하다
empezar a	시작하다
empresa	회사
encantar	아주 좋아하다
encender	불을 붙이다
encontrar	찾다, 발견하다
entender	이해하다
entrenador	코치
fijar	고정하다
física	물리
fútbol	축구
impedir	방해하다
importar	중요하다
investigador	연구자
jugar	놀다
juez	판사
ley	법
llover	비가 오다
mañana	아침
mentir	거짓말하다
morder	물다
morir	죽다
negar	거부, 부정하다
olla	냄비
parlamentario	국회의, 의회의
pecado	(종교적) 죄
pedir	요청하다
pelear	싸우다
pensar	생각하다
percha	옷걸이
perder	잃다
poder	~할 수 있다
preferir	선호하다
proyecto	프로젝트
querer	좋아하다
recordar	기억하다
recto	곧은
repetir	반복하다
saber	알다
seguir	뒤를 따르다
sentar	앉히다
sentir	느끼다
servir	제공하다
soler	종종 ~하다
temporada	시기
tenis	테니스
valentía	용기
vecino	이웃
volver	돌아오다

Nota

LECCIÓN 9
제9과

학습목표

❖ 여기서는 비교급과 최상급에 대해 알아보고, 앞서 살펴보았던 불규칙동사에 대해 추가로 익혀 본다. 비교급에는 우열비교와 동등비교가 있으며, 최상급에도 여럿 중 어떤 것이 가장 좋다고 할 때의 최상급과 단순히 가장 좋음을 나타내는 절대 최상급이 있다.

1 비교급 Comparativos

비교급은 비교 대상과 비교하여 성질이나 상태가 더 심하거나 덜한 것을 나타내는 표현으로, 우열비교와 동등비교로 나누어 살펴볼 수 있다. 비교를 나타내기 위해서는 원급 문장이 필요하다. 예를 들어 '나는 엘레나보다 키가 크다.'라고 하기 위해서는 '나는 키가 크다.'라는 문장이 있어야 한다.

1.1. 우열비교

우열비교는 'A는 B보다 더/덜 ~하다' 등의 상태를 나타낸다. 우열비교를 표현하는 다양한 방법은 아래와 같다.

A + 동사 + más/menos + 형용사 + que + B
부사
명사

- ▸ más A(형용사) de lo que B　　B한 것보다 더 A하다
- ▸ más A(명사) de + 정관사 + que B　　B한 것보다 더 A하다
- ▸ más/ menos de + 수량　　~이상, ~이하
- ▸ no + 동사 + más ~ que　　단지 ~ 이다 / ~ 밖에 없다

Ej. Yo soy alto.
→ Yo soy más alto que Elena.

Ej. Seúl es más grande que Daegu.
서울은 대구보다 크다.

Alfonso es 5 centímetros más alto que su hermana.

알폰소는 그의 여동생보다 5센티미터 더 크다.

Ana es menos guapa que Isabel.

아나는 이사벨보다 덜 예쁘다.

Ej. Daniel habla más rápido que yo.

다니엘은 나보다 빨리 말을 한다.

Mi hermano sale de casa más temprano que Fernando.

내 동생은 페르난도보다 일찍 집에서 나간다.

Ej. Pilar tiene más libros que Yolanda.

필라르는 욜란다보다 책이 더 많다.

> 또 다른 예로 'Pilar tiene más libros que revistas.'라고 하면 '필라르는 잡지보다 책이 더 많다.'라는 뜻이 된다.

Juan compra más verduras que María.

후안은 마리아보다 채소를 더 산다.

Ej. El español es más difícil de lo que dicen las personas.

스페인어는 사람들이 이야기하는 것보다 더 어렵다.

Ella es más guapa de lo que mi amigo me dice.

그녀는 나의 친구가 말하는 것보다 더 예쁘다.

Ej. Pedro trae más lápices de los que necesitan

페드로는 필요한 것보다 연필을 더 가져온다.

Carmen tiene más flores de las que pienso.

카르멘은 내가 생각한 것보다 꽃들을 더 갖고 있다.

> 이 문장에서 사용된 전치사 'de'는 que와 중복을 피하기 위한 변형이다. más 뒤에 오는 단어가 형용사라면 'lo'를 사용하고, 명사라면 각 명사에 해당하는 정관사를 사용한다.

Ej. Tú llevas más de 50 euros.

너는 50유로 이상을 가지고 있다.

No tengo más que dos hijas.

나는 단지 두 명의 딸이 있다(나는 딸이 두 명 밖에 없다).

1.2. 동등비교

동등비교는 'A는 B만큼 ~하다'라는 표현을 나타내는 것으로, 그 방법은 아래와 같다.

A + 동사 + tan + 형용사 + como + B
부사
tanto 명사

► A + 동사 + tanto como + B A는 B만큼 ~하다

► Tanto + A + como + B A뿐만 아니라 B도~

Ej. Yo soy alto.
→ Yo soy tan alto como Elena.

Ej. Este coche es tan caro como aquel. 이 차는 저것만큼 비싸다.
Aquel edificio es tan hermoso como este. 저 건물은 이것만큼 아름답다.

Ej. Ignacio corre tan rápido como un atleta. 이그나시오는 육상선수만큼 빨리 달린다.
Pedro canta tan bien como usted. 페드로는 당신만큼 노래를 잘한다.

Ej. Este alumno lee tantos libros como aquella alumna.
이 남학생은 저 여학생만큼 책을 읽는다.

> 이 문장에서는 'libros'가 명사이고 복수이기 때문에 형용사 'tanto'는 'tantos'로 써야 한다.

Pilar tiene tanta suerte como Carlos.
필라르는 카를로스만큼 운이 좋다.

Ej. Alex estudia tanto como tú (estudias).
알렉스는 너만큼 많이 공부한다.

Ej. Tanto los coreanos como los mexicanos comen comida picante.
한국 사람뿐만 아니라 멕시코 사람도 매운 음식을 먹는다.

> 여기서 'tanto'는 접속사로 사용된 것이므로, 명사의 성이나 수에 따라 변화하지 않는다.

1.3. 불규칙 비교급·최상급 형태

일반적으로 비교급은 'más/menos + 형용사/부사'의 형태로 표현되지만, 질적인 면을 비교할 때는 'más bueno/bien' 대신에 'mejor'를 사용하고, 'más malo/mal' 대신에 'peor'를 사용한다. 그리고 나이가 많고 적음은 'mayor'와 'menor'를 사용한다.

형용사	비교급	최상급
bueno	más bueno/bien → mejor	정관사 + mejor
malo	más malo/mal → peor	정관사 + peor
	mayor	정관사 + mayor
	menor	정관사 + menor

☞ El niño es más bueno que otros. '그 아이는 다른 아이들보다 품성이 좋다'라는 의미로 해석할 수도 있다.

Ej. Mi móvil es mejor que el tuyo. 내 휴대폰은 너의 것보다 좋다.
Marta baila mejor que Isabel. 마르타는 이사벨보다 춤을 잘 춘다.
Ana canta mejor que nadie. 아나는 누구보다도 더 노래를 잘 부른다.

Ej. La cosecha de este año es peor que la del año pasado.
올해의 수확은 작년보다 못하다.
Ese cantante canta peor que un aficionado.
그 가수는 아마추어보다 노래를 못 부른다.

Ej. El metro es lo mejor para ir a otro lugar en la ciudad.
지하철은 도시에서 이동하는 데는 가장 좋다(최고이다).
El récord de este equipo es el peor.
이 팀의 기록은 가장 나쁜 기록이다(최악이다).

Ej. Yo soy mayor que tú.
나는 너보다 나이가 많다.
María es la mayor de sus hermanos.
마리아는 남매 중에서 맏이이다(장녀이다).

1.4. 최상급

최상급은 비교의 대상이 되는 것 중 성질이나 상태의 정도가 가장 큰 것을 나타내는 표현으로, 'A는 B 중에서 가장 ~하다'라는 의미를 나타낸다. 스페인어에서 최상급을 표현하는 방법은 다음과 같다.

- ▶ A + **동사** + **정관사** + (**명사**) + más/menos + **형용사** + de/entre + B
- ▶ A + **동사** + **정관사** + mejor/peor + **명사** + de/entre + B
- ▶ A + **동사** + uno/a de los/las + **복수명사** + más/menos + **형용사** + de/entre + B

Ej. Yo soy alto.
→ Yo soy el más alto de mis amigos.

Ej. Ana es la (chica) más guapa de su clase.
아나는 그녀의 반에서 가장 예쁘다(예쁜 여자이다).

Brasil es el (país) más grande de América Latina.
브라질은 남미에서 가장 크다(큰 나라이다).

El río Nilo es el (río) más largo del mundo.
나일 강은 세계에서 가장 길다(긴 강이다).

Este verano es el más caluroso jamás registrado.
이번 여름은 기록상 가장 덥다.

Ej. Este chico es el mejor estudiante de su clase.
이 아이가 그의 반에서 가장 뛰어난 학생이다.

Marta es la peor atleta de su escuela.
마르타는 그녀의 학교에서 가장 저조한 육상선수이다

Ej. Este equipo es uno de los equipos más potentes entre todos los equipos.
이 팀은 모든 팀 중 가장 강력한 팀 중의 하나이다.

El español es una de las lenguas más difíciles entre todas(las lenguas).
스페인어는 모든 언어 중에서 가장 어려운 언어 중의 하나이다.

Cervantes es uno de los autores más famosos del mundo.
세르반테스는 세상에서 가장 유명한 작가 중의 한 명이다.

1.5. 절대 최상급

절대 최상급은 다른 것과 비교하지 않고, 자체적으로 최상임을 표현하는 방법이다. 따라서 비교 대상이 존재하지 않는다. 절대 최상급을 표현하기 위해서는 형용사에 '-ísimo' (간혹 -érrimo)라는 접미사를 추가한다. 이 형태 자체가 'muy + 형용사'의 의미이므로, 'muy'와 함께 사용하지 않는다.

▶ 어미가 모음이면, 모음 탈락 후	+	bueno	buenísimo
▶ 어미가 자음이면, 원형	+	azul	azulísimo
▶ 악센트가 있으면, 악센트 탈락 후	+	fácil	facilísimo

Ej. El hijo de Carlos es guapísimo. 카를로스의 아들은 아주 잘 생겼다.
Este coche es buenísimo. 이 차는 아주 좋다.

> '-ísimo'는 고어적 표현이기 때문에 bueno의 고어 bono + -ísimo 형태인 'bonísimo'도 사용 가능하다. (nuevo → novo → novísimo)

Los jugadores de baloncesto son altísimos. 농구선수들은 키가 아주 크다.

2 직설법 현재 불규칙동사[II] Presente de indicativo de los verbos irregulares

2.1. 1인칭이 '-go, -igo'로 변하는 동사들

poner 놓다	salir 나가다	decir 말하다	venir 오다	traer 가져오다	oír 듣다
pongo	salgo	digo	vengo	traigo	oigo
pones	sales	dices	vienes	traes	oyes
pone	sale	dice	viene	trae	oye
ponemos	salimos	decimos	venimos	traemos	oímos
ponéis	salís	decís	venís	traéis	oís
ponen	salen	dicen	vienen	traen	oyen

Ej. Las camareras ponen las mesas en la terraza cuando hace buen tiempo.
날씨가 좋을 때, 웨이트리스들은 테라스에 탁자들을 놓는다.

– ¿Qué tengo que traer? 뭘 갖고 와야 하지?
– Traes el móvil y el portátil. 핸드폰이랑 노트북을 가져와.
Estos días salgo con una colombiana. 나는 요즘 콜롬비아 여자와 사귄다.
Juan viene con Ana. 후안은 아나와 함께 온다.

2.2. 1인칭이 '-zco'로 변하는 동사들

parecer ~처럼 보이다	ofrecer 제공하다	producir 생산하다	conducir 운전하다
parezco	ofrezco	produzco	conduzco
pareces	ofreces	produces	conduces
parece	ofrece	produce	conduce
parecemos	ofrecemos	producimos	conducimos
parecéis	ofrecéis	producís	conducís
parecen	ofrecen	producen	conducen

aparecer	나타나다	traducir	번역하다
establecer	세우다	introducir	도입하다
reconocer	확인하다	reducir	줄이다

Ej. Me parece estupendo ayudar a las personas.
나는 사람을 몰래 도와주는 것은 멋지다고 생각한다.

Ofrezco mi fortuna a cambio de tu esfuerzo.
나는 너의 열정 대신에 나의 재산을 제공한다.

El gobierno no reduce los impuestos.
정부는 세금을 내리지 않는다.

Hay que introducir nuevas tecnologías para crecer.
성장을 위해서 새로운 기술을 도입해야 한다.

Traduzco más novelas que poesías.
나는 시보다 소설을 더 많이 번역한다.

2.3. 1인칭이 '-zo'로 변하는 동사들

vencer 이기다	
venzo	vencemos
vences	vencéis
vence	vencen

ejercer	수행하다	convencer	설득하다

Ej. Siempre venzo a mi amigo en el juego.
나는 게임에서 항상 내 친구를 이긴다.

Mis padres me convencen de nuevo.
나의 부모님들이 나를 다시 설득한다.

2.4. 기타 불규칙 동사들

coger 잡다	distinguir 구별하다	construir 건축하다	enviar 보내다	actuar 행동하다
cojo	distingo	construyo	envío	actúo
coges	distingues	construyes	envías	actúas
coge	distingue	construye	envía	actúa
cogemos	distinguimos	construimos	enviamos	actuamos
cogéis	distinguís	construís	enviáis	actuáis
cogen	distinguen	construyen	envían	actúan

① coger와 유사한 동사들

proteger	보호하다	exigir	요구하다
dirigir	운영하다	corregir	수정, 채점하다
elegir	선택하다	fingir	~처럼 꾸미다

Ej. Tú nunca sabes distinguir entre lo bueno y lo malo.
너는 절대로 좋은 것과 나쁜 것을 구별하지 못한다.

Protejo a mi familia a toda costa. 나는 무슨 일이 있어도 나의 가족을 보호할 것이다.

Elijo lo que me viene mejor. 나는 나에게 가장 좋은 것을 선택한다.

elegir와 corregir는 '-e-'가 '-i-'로 변화하는 동사이다.

Los profesores corrigen los exámenes de los alumnos.
교수님들은 학생들의 시험지를 채점한다.

② distinguir와 유사한 동사들

extinguir	(불을) 진화하다	seguir	따르다, 향하다

Ej. Los bomberos extinguen el fuego. 소방관들이 불을 진화한다.

Sigo esta calle para llegar al ayuntamiento. 시청에 가기 위해 이 길로 따라가야 한다.

③ construir와 유사한 동사들

atribuir	부여, 귀착하다	concluir	결론짓다
huir	도망가다	destruir	파괴하다
incluir	포함하다	sustituir	교체하다

Ej. Los comerciantes concluyen un contrato con los otros.
상인들은 다른 상인들과 계약을 맺는다.

El entrenador me sustituye por otro jugador.
감독님은 나를 다른 선수로 교체한다.

El precio de esta nevera incluye los impuestos.
이 냉장고의 가격에는 세금이 포함된다.

Pedro atribuye la misión a Luis.
페드로는 루이스에게 임무를 부여한다.

④ enviar와 유사한 동사들

confiar	믿다, 맡기다	guiar	안내하다

Ej. Confío en ti de nuevo.

나는 다시 너를 믿는다.

Los guías guían a los turistas extranjeros.

가이드들은 외국 관광객들을 안내한다.

⑤ actuar와 유사한 동사들

continuar	계속하다	graduar	(등급을) 매기다

Ej. Las series de televisión continúan el próximo año.

TV 시리즈는 내년에도 계속된다.

Él me gradúa la vista.

그는 나에게 시력을 측정한다.

EJERCICIO _제9과 연습문제

1 한국어의 뜻을 고려하여 다음 빈칸에 알맞은 단어를 쓰시오.

1) 내 동생은 나보다 키가 더 크다.
Mi hermano menor es ________ alto que yo.

2) 카를로스는 아나보다 채소를 덜 먹는다.
Carlos come menos verduras ________ Ana.

3) 이 학생들은 저 학생들만큼 스페인어를 잘 말한다.
Estos alumnos hablan español tan bien ________ aquellos alumnos.

4) 페르난도는 반에서 가장 뚱뚱한 학생이다.
Fernando es ________ alumno más gordo de la clase.

5) 우리 가족은 당신의 가족만큼 채소를 먹는다.
Mi familia come ________ verduras como su familia.

6) 당신의 디자인은 알리시아의 것보다 좋다.
Su diseño es ________ que el de Alicia.

7) 너의 딸은 매우 상냥하다.
Tu hija es ________ .

8) 호세는 우리 형제 중에서 장남이다.
José es el ________ de mis hermanos.

9) 나의 아버지는 누구보다도 더 일을 잘 하신다.
Mi padre trabaja mejor que ________ .

10) 그 영화는 세상에서 가장 유명한 영화중의 하나이다.
Esa película es ________ de las películas más famosas del mundo.

2 빈칸에 알맞은 동사변화형을 쓰시오.

1) Yo (poner) ________ mi móvil en la mesa.

2) Los profesores de español (traducir) ________ *Don Quijote* al coreano.

3) Nosotros (construir) ________ un puente.

4) Tú (venir) ________ de la oficina.

5) Yo (oír) ________ gritar a mi madre.

6) Ellos (enviar) ________ la carta a su abogado.

7) Los romanos (establecer) ________ varias ciudades en España.

8) Mariana (decir) ________ que su hijo llega a Madrid mañana.

9) Yo (elegir) ________ mi estilo de la vida.

10) ¿A qué hora (salir) ________ vosotras?

11) Ellas (aparecer) ________ en el teatro.

12) Los barcos (huir) ________ de la fuerte tormenta.

13) Yo (ejercer) ________ mis cualidades en los estudios.

14) Usted (reconocer) ________ varias posibilidades.

15) Los chicos (actuar) ________ como adultos.

16) Yo (decir) ________ la verdad de ese problema.

17) Marta y yo (venir) ________ de la clase de inglés.

18) Hoy vosotros (concluir) ________ el discurso sobre la historia.

19) Yo (dirigir) ________ la obra de una construcción.

20) Pedro (producir) ________ su influencia en redes sociales.

3 다음 문장을 스페인어로 작문하시오.

1) 학생들은 교수님에게 메일을 보낸다.

2) 왜 그들은 이 나라에서 나가고 싶을까?

3) 우리는 우리의 잘못을 시정해야 한다.

4) 그녀는 당신을 믿는다.

5) 적군들은 다리를 파괴한다.

6) 내 친구 페드로는 네가 생각하는 것보다 더 영리하다.

7) 아나는 기분 좋은 것처럼 꾸민다.

8) 너는 마리아만큼 연필을 갖고 있다.

9) 우리는 학교에 가기 위해 버스를 탄다(잡는다).

10) 영어뿐만 아니라 스페인어도 어려운 언어이다.

DIÁLOGO _제9과 대화문

Diálogo 1 El coche y la moto

Pista 13

David	:	¿Este coche es tuyo?
Julio	:	Sí, es mi nuevo coche. El mío es más grande que el tuyo.
David	:	Es verdad. Pero el mío es más cómodo que el tuyo.
Julio	:	Bueno, bueno. El tuyo corre tan rápido como el mío.
David	:	¿Conduces bien?
Julio	:	Sí, conduzco bien. También aparco tan bien como un taxista.
David	:	¡Mira! Por ahí viene Pedro. ¿Qué traes en la mano?
Pedro	:	Traigo la llave de mi nueva moto.
David	:	La moto es más peligrosa que el coche.
Pedro	:	Pero la moto es lo mejor para aparcar en la ciudad.
Julio		Estoy de acuerdo contigo.
Pedro	:	Puedo dejar mi moto en cualquier sitio. Y la moto me ofrece una sensación diferente del coche.
David	:	Pero tienes que reducir la velocidad en la ciudad.
Pedro	:	Reduzco bastante en la ciudad.
Julio	:	Confío en ti, Pedro.

여기서 Point

⇒ '¡Mira! Por ahí viene Pedro.'라는 문장의 순서를 살펴보면 의문문이 아니지만, 주어인 Pedro가 동사 뒤에 위치하는 것을 볼 수 있다. 이는 '페드로가 이쪽으로 온다.'라는 의미가 강조되었기 때문이다.

⇒ 'la moto es lo mejor'라는 표현에서 lo mejor는 무엇과 비교하기 위한 것이 아니라 '가장 좋다'라는 것을 나타내기 때문에 중성 관사 'lo'를 사용한 것이다.

⇒ 보통 'De acuerdo.'라고 자주 사용하지만, 완전한 문장은 'Estoy de acuerdo contigo.'이다.

Diálogo 2 El tiempo

Pista 14

Isabel	:	¡Qué calor hace hoy! Hoy hace más calor que ayer.
Min-Su	:	Pero las nubes vienen por ahí.
Isabel	:	Es verdad. Parece que va a llover.
Min-Su	:	¿En España llueve mucho en verano?
Isabel	:	Creo que en España llueve menos que en Corea.
Min-Su	:	¿Qué estación te gusta más?
Isabel	:	A mí me gusta más el otoño. El otoño es mi estación favorita.
Min-Su	:	A mí también. El otoño es la mejor estación del año.
Isabel	:	Por cierto, ¿ahora entiendes bien el español?
Min-Su	:	Sí. Ahora lo entiendo mejor que antes porque mis profesores me exigen mucho y me corrigen bien los errores.
Isabel	:	¡Qué buena suerte tienes!
Min-Su	:	Tengo que escribir más de cinco ensayos por semana.
Isabel	:	¿Tienes alguna duda sobre el español? Puedes preguntarme.
Min-Su	:	Sí, sí. Gracias.

여기서 Point

⇒ 'En España llueve menos que en Corea.'라는 문장은 '스페인에는 한국보다 비가 적게 온다.'라는 의미이기 때문에 전치사 'en'이 필요하다.

⇒ 'A mí también.'은 앞 문장이 긍정문일 때 '역시 그렇다'로 해석되며, 앞 문장이 부정문일 때는 'A mí tampoco.'로 표현한다.

⇒ 'por semana'는 'a la semana'와 같이, '일주일에'라는 의미이다.

VOCABULARIO & EXPRESIÓN

제9과 어휘 및 표현

a escondidas	몰래
actuar	행동하다
aficionado	아마추어
alboroto	소동
aparcar	주차하다
atleta	육상선수
ayuntamiento	시청
bastante	충분하게(충분한)
bombero	소방관
calma	고요
cantante	가수
centímetro	센티미터
comerciante	상인
compraventa	매매
concluir	결론짓다
conducir	운전하다
confiar	믿다
construir	건축하다
continuar	계속하다
corregir	수정, 채점하다
cosecha	수확
destruir	파괴하다
dificultad	어려움
dirigir	운영하다
diseño	디자인
edificio	건물
elegir	선택하다
enviar	보내다
equipo	팀
establecer	설립하다
estupendo	멋진
financiero	재정의
fortuna	재산, 부
impuesto	세금
incluir	포함하다
huir	도망가다
jugador	운동선수
móvil	핸드폰, 움직이는
nevera	냉장고
ofrecer	제공하다
parecer	~처럼 보이다
película	영화
peligroso	위험한
picante	매운
poesía	시
poner	놓다
portátil	노트북, 이동의
posibilidad	가능성
potente	강력한
presunto	용의의, 추정의
producir	생산하다
rápido	빨리, 빠른
reconocer	확인하다
récord	기록
reducir	줄이다
salir	나가다
suerte	행운
sustituir	교체하다
tecnología	기술
traer	가져오다
turista	관광객
velocidad	속력, 속도
venir	오다
verdura	채소

LECCIÓN 10
제10과

학습목표

❖ 부정과거와 불완료과거의 특징과 용법에 대해 알아본다. 구체적으로는 부정과거와 불완료과거 표현에서의 규칙동사와 불규칙동사에 대해 소개하고, 구체적인 용법을 익힌다.
❖ 부정과거와 불완료과거를 비교하여 살펴보고, 그 특징에 대해 알아본다.

1 부정과거 Pretérito indefinido

부정과거는 어떤 행동이나 상황이 과거의 한 시점에서 시작되어 끝났음을 알 수 있는 경우에 사용한다. 곧 과거의 어떤 시점에서 이미 끝난 사건이나 일 등을 표현한다. 또는 화자가 현재 시점과 연결되지 않는 과거의 일을 서술할 때도 사용한다. 따라서 과거 시점을 정확히 알려주는 시간부사와 함께 사용한다.

화자가 표현하는 시제와 실제로 상황이 발생한 시점이 일치하지 않는 경우도 있다.

Ej. Deseaba tomar un café. → 커피를 마시고 싶습니다.
(문법상으로 불완료과거이지만 현재시점을 표현)

Por poco me caigo. → 하마터면 넘어질 뻔했다.
(문법상으로 현재이지만 과거시점을 표현)

1.1. 규칙동사

현재동사의 변화가 규칙적이라고 해서 부정과거에서도 규칙적으로 변하는 것은 아니다. 따라서 각각의 동사가 어떻게 변하는지는 사전을 통해 익혀야 한다.

hablar 말하다	comer 먹다	vivir 살다
hablé	comí	viví
hablaste	comiste	viviste
habló	comió	vivió
hablamos	comimos	vivimos
hablasteis	comisteis	vivisteis
hablaron	comieron	vivieron

1.2. 불규칙동사

현재동사의 불규칙과 마찬가지로 어간에서 불규칙이 일어나거나 드물게 어미에서 불규칙이 일어나는 경우도 있다. 다음의 표에서 볼 수 있듯이 사용 빈도가 높은 동사들이 불규칙적으로 변화하므로 반드시 기억해야 한다.

① 어간과 어미가 모두 불규칙적으로 변하는 경우

estar	estuv-	-e -iste -o -imos -isteis -ieron
tener	tuv-	
poder	pud-	
poner	pus-	
querer	quis-	
venir	vin-	
saber	sup-	
hacer	hic-	
andar	anduv-	
haber	hub-	

hacer의 3인칭 단수는 'hizo'이다. haber의 부정과거는 사실상 'hay'의 과거 'hubo'만 사용된다.

decir	dij-	-e -iste -o -imos -isteis -eron
traer	traj-	
traducir	traduj-	

dar	d-	-i -iste -io -imos -isteis -ieron
ver	v-	

ir ser	fui fuiste fue fuimos fuisteis fueron

② 불규칙 동사의 다양한 예

예1)

음가를 유지하기 위해 1인칭에서만 변하는 경우		
buscar	buscé (×)	busqué
pagar	pagé (×)	pagué
alzar	alzé (×)	alcé

sacar	jugar	abrazar
tocar	colgar	empezar
explicar	negar	rechazar
colocar	encargar	esforzar
chocar	pegar	gozar

예2)

-ir 동사 중 3인칭 단·복수에서 불규칙적으로 변하는 경우		
sentir	sintió	sintieron
pedir	pidió	pidieron
dormir	durmió	durmieron
morir	murió	murieron

advertir mentir convertir servir

예3)

-er, -ir 동사 중 3인칭 단·복수에서 불규칙적으로 변하는 경우		
leer	leyó	leyeron
caer	cayó	cayeron
oír	oyó	oyeron
huir	huyó	huyeron

construir	concluir	poseer
destruir	sustituir	creer

1.3. 부정과거 표현의 용법

① 동사의 동작이 과거의 한 시점에 일어난 것을 표현하는 경우

Ej. Ayer ella tomó la comida a las dos de la tarde.
어제 그녀는 오후 2시에 점심을 먹었다.

El martes pasado tuve el examen de filosofía.
지난주 화요일에 나는 철학시험이 있었다.

– ¿A dónde fuiste el verano pasado?
– Fui a la costa del Este. Lo pasé muy bien allí.
작년 여름에 너는 어디 갔니?
나는 동해안에 갔어. 거기서 아주 잘 놀았어.

– ¿Qué hizo usted ayer por la tarde? 어제 오후에 당신은 무엇을 했습니까?
– Hice un viaje corto por la ciudad. 나는 간단히 시내 구경을 했습니다.

– En aquel momento le quise entregar las flores a ella, pero no pude.
그 당시에 나는 그녀에게 꽃들을 전해 주고 싶었지만, (전해 주지) 못했다.

El año pasado hubo varios conciertos de música clásica.
작년에 여러 클래식 콘서트가 있었다.

② 계속적인 동작이나 상태일지라도 상황이 끝난 것을 표현하는 경우

Ej. Yo viví 12 años en Madrid.
나는 12년 동안 마드리드에 살았다.

Ayer por la mañana Juan estuvo en mi casa durante dos horas.
어제 아침에 후안은 내 집에 두 시간 동안 있었다.

Anteayer leí novelas policíacas en casa todo el día.
그저께 나는 하루 종일 집에서 탐정소설을 읽었다.

Carlos y Carmen pasaron una semana en Cancún.
카를로스와 카르멘은 칸쿤에서 일주일을 보냈다.

③ 과거의 사실들을 서술하는 경우

Ej. Juan nació en 1986 en Madrid. Estudió literatura hispánica y terminó sus estudios en 2012. Fue a Corea para buscar una nueva vida. Obtuvo un trabajo en la universidad. Pero no le gustó la comida coreana, y volvió a su país.

2 불완료과거

불완료과거란 과거의 습관적이고 반복된 행위나, 과거의 어느 한정된 시간 동안 지속된 행위를 가리키는 표현이다. 따라서 과거시제의 인물이나 장소 혹은 사건 등을 묘사할 때 사용되거나, 과거에서 본 미래 상황을 표현할 때 사용한다.

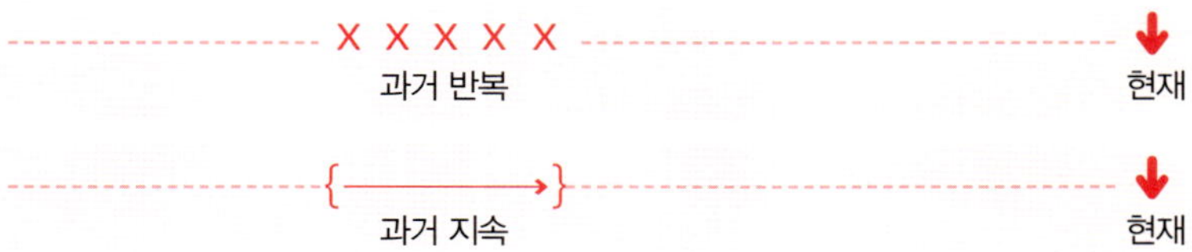

2.1. 규칙동사

hablar	comer	vivir
hablaba	comía	vivía
hablabas	comías	vivías
hablaba	comía	vivía
hablábamos	comíamos	vivíamos
hablabais	comíais	vivíais
hablaban	comían	vivían

2.2. 불규칙동사

ser	ir	ver
era	iba	veía
eras	ibas	veías
era	iba	veía
éramos	íbamos	veíamos
erais	ibais	veíais
eran	iban	veían

불완료과거에서는 위의 세 동사만 불규칙적으로 변화한다.

2.3. 불완료과거 표현의 용법

① 과거의 습관적이고 반복된 행위를 표현하는 경우

Ej. Cuando yo era niño, jugaba con mis amigos todas las tardes.
나는 어렸을 때 매일 오후에 친구들과 놀았었다.

Dábamos un paseo a menudo por el parque con mi novia.
나는 애인이랑 자주 공원을 산책했었다.

Antes iba mucho al cine para matar el tiempo.
예전에는 시간을 보내려 영화관에 자주 갔었다.

② 지속된 행위를 표현하는 경우

Ej. Ellos miraban la televisión cuando yo entré en el salón.
내가 거실에 들어갔을 때 그들은 TV를 보고 있었다.

¿Qué hacían ellos cuando empezó a llover?
비가 오기 시작했을 때 그들은 뭘 했습니까?

¿Dónde estabas cuando te llamé?
내가 너에게 전화했을 때 어디에 있었니?

③ '~을 하겠다고 말했다', '~을 하고 있었다고 말했다', '~을 했다고 말했다' 등을 표현할 때는 '부정과거 + que + 불완료'형태를 사용한다.

Ej. Juan me dijo que venía mañana. (=Juan me dijo que vendría* mañana.)
후안은 나에게 내일 오겠다고 말했다.

> 후안이 온다는 것은 말하는 시점보다 미래를 의미한다. 즉 현재시점에서는 후안이 아직 오지 않았으므로, 이때는 가능법 vendría를 선호한다.

Marta dijo que te esperaba(=esperaría) esta tarde en su oficina.
마르타는 오늘 오후에 그녀의 사무실에서 너를 기다리겠다고 말했다.

José me dijo que estaba estudiando español.
호세는 스페인어를 공부하고 있었다고 말했다. (과거 진행형)

Pedro dijo que había pagado ya el alquiler del piso.
페드로는 이미 월세를 냈다고 말했다. (대과거)

④ 과거의 인물이나 상황을 묘사하는 경우

Ej. – ¿Cómo **era** el chico de ayer?

– **Era** alto y guapo. **Tenía** el pelo corto como un soldado. **Llevaba** gafas y un abrigo gris. Hablamos de muchas cosas. Además **hacía** muy buen tiempo. Así que fuimos a dar un paseo por la costa.

⑤ 이루지 못한 과거의 의도나 행위를 표현하는 경우

Ej. El domingo pasado íbamos a ir de acampada, pero no pudimos ir por la lluvia.
지난 주 일요일에 캠핑을 하려고 했지만, 비 때문에 가지 못했다.

⑥ 정중한 표현인 경우

Ej. – ¿Qué querían tomar ustedes? 무엇을 드시겠습니까?
– Yo quería (=quiero) tomar una caña. 나는 맥주 한 잔을 원합니다.

⑦ 놀라움을 표현하는 경우

Ej. – ¿No te ibas? 야! 여기 있었어? 안 갔어?

예문의 상황은 친구가 간다고 말해서 화자는 친구가 이미 간 줄 알았는데, 친구가 아직 가지 않은 것을 발견하고 놀라움의 표현으로 사용한 것이다.

3 부정과거와 불완료과거의 비교

부정과거와 불완료과거의 차이는 아래의 예문을 통해 살펴보자.

Ej. Estudio español. 나는 스페인어를 공부한다.
(과거부터 지금까지의 습관적인 행위이자, 가까운 미래까지도 포함하는 경우)

Estudié inglés anoche. 나는 어젯밤에 영어를 공부했다.
(과거의 한 순간에 끝난 행위로, 이미 완료된 경우)

Estudiaba francés antes. 나는 불어를 공부했었다.
(과거의 습관적 행위로, 이제는 알 수 없는 경우)

3.1. 부정과거에는 시간이나 횟수 등의 제한 존재

Ej. Tuve que esperar una hora. 나는 한 시간 동안 기다려야만 했다.
Tenía que esperar todas las tardes. 나는 오후마다 기다려야만 했다.
Ella vivió tres años en Barcelona. 그녀는 3년 동안 바르셀로나에 살았다.
Ella vivía en Barcelona entonces. 그때 그녀는 바르셀로나에 살았었다.

3.2. 의미가 달라지는 동사

conocer, saber 동사는 의미가 달라진다.

Ej. Yo la conocía. 나는 그녀를 알고 있었다. (예전의 어느 시점부터)
Yo la conocí. 나는 그녀를 알게 되었다. (모르다가 어느 시점에)

Ej. Sabíamos qué te pasaba. 우리는 너에게 무슨 일이 있는지를 알고 있었다.
Supimos qué te pasaba. 우리는 너에게 무슨 일이 있는지를 알아냈다.

3.3. 사용되는 부사의 차이

부정과거	불완료과거
ayer, anteayer, anoche, el otro día, el mes pasado, hace dos días	siempre, antes, entonces, todos los días, de vez en cuando, con frecuencia, cada día

EJERCICIO _제10과 연습문제

1 주어진 문장에 알맞게 동사를 변형하시오.

1) Ayer por la tarde Juan (hablar) __________ con su novia por teléfono. Pero luego ella (enviar) ________ un mensaje a otro hombre.

2) ¿Dónde (estar) ________ usted la semana pasada?

3) Anoche (haber) ________ una manifestación en el centro.

4) En el año 2012 nosotros (volver) ________ de EE. UU.

5) Cuando yo era niño, (ir) ________ a pescar al río con mi tío.

6) Ayer por la tarde Carlos (ver) ________ a Marta pasear por el parque.

7) Ellos (vivir) ________ trece años en Perú.

8) Antes Corea (importar) ________ muchos electrodomésticos.

9) ¿Dónde (estar) ___________ tú cuando (comenzar) ___________ el concierto?

10) El sábado pasado nosotros (querer) _________ hacer un viaje con unos primos, pero no (poder) ________ por la lluvia.

11) Ayer Pedro me dijo que (ir) ________ a ir al día siguiente.

12) – ¿Cómo (ser) _________ el chico? – Era guapo. (tener) _________ el pelo rubio.

13) José me dijo que ya (pagar) ________ el alquiler mañana.

14) – Por favor, (desear) ________ tomar una taza de manzanilla.

15) – ¿La conocías de antes? – No, la (conocer) ________ ayer. En la fiesta de cumpleaños de Luis, me la (presentar) ________ él.

2 다음 문장을 스페인어로 작문하시오.

1) 나는 어제 그 사실을 알았다.

2) 페드로가 마리아의 집에 도착했을 때, 그녀는 책을 읽고 있었다.

3) 교수님은 학생들의 제안을 거절했다.

4) 예전에 우리는 매주 토요일에 영화를 봤지만, 지금은 매주 일요일에 본다.

5) 우리는 지난주에 이 문제들을 해결해야만 했다.

6) 그 당시에 그들은 이탈리아에 살았었다.

7) 나의 딸은 공부를 했다고 나에게 말했다.

8) 우리는 대학생이었을 때, 맥주를 자주 마셨었다.

9) 작년 여름에 나는 소설책을 번역했다.

10) 너희들은 한 시간 동안 기차를 기다렸다.

11) 저 두 나라는 서로를 증오한다.

12) 나는 돈을 지불하는 것을 깜빡 잊었다.

13) 그들은 밤새 한 발짝도 움직이지 않고 가만히 집에 머물렀다.

14) 모든 사람들이 버스에서 도망쳤다.

15) 루이스는 마르타와 많이 닮았다.

DIÁLOGO _제10과 대화문

Diálogo 1 El fin de semana pasado

Pista 15

Profesor	:	¿Qué hicisteis el fin de semana pasado?
Alumno 1	:	Fui a ver una película con unos amigos y comimos palomitas.
Alumna 1	:	Yo estuve en casa. No quise salir porque hacía mucho calor.
Alumno 2	:	Yo hice la tarea de traducción. Antes de hacerla, saqué a mi perro a la calle con mi hermana y compramos una botella de agua.
Alumna 2	:	Tuve una visita de mis primos. Ellos viven en Austria y llegaron el miércoles pasado.
Profesor	:	Di un paseo por mi barrio con mi mujer. Luego estuvimos en la terraza de una cafetería. Nos gustó mucho tomar una cerveza ahí.
Alumno 2	:	Después de volver a casa, mi hermana tocó el piano y yo leí un libro. Más tarde vimos la televisión juntos.
Alumno 1	:	Como me invitaron a las palomitas, los invité a las bebidas. Al salir del cine, empezó a llover y un amigo dijo que tenía que ir a casa.
Alumna 1	:	Cuando vino mi padre, puso el aire acondicionado, así que dormí en el salón hasta las 4 de la tarde.
Alumna 2	:	Fuimos al centro comercial para comprar algo. Pero no pudimos comprar nada porque nadie llevaba ni tarjetas ni efectivo.
Profesor	:	El camarero nos ofreció una tapa gratis y le dimos las gracias.
Alumna 1	:	Mi padre me despertó y me contó lo que le pasó en el gimnasio.
Alumno 1	:	Cuando volví a casa, estaba mi sobrino y lo abracé porque es simpatiquísimo.

Alumno 2	:	Mi hermana me trajo una taza de café y me pidió ayuda.
Alumna 2	:	Y salimos de ahí. Luego fuimos a casa porque no podíamos hacer nada.

여기서 **Point** ⇒ 'tener una visita'는 '방문을 받다.' 즉 누군가 찾아 왔다라는 의미로 이해해야 한다. '나는 엘레나와 점심식사가 있다'라고 할 때는 'Tengo una comida con Elena.'라고 하면 된다.

⇒ 'Nos gustó~'는 'Nos gusta~'의 과거 표현이다.

⇒ 'tapa'에는 '덮개'라는 의미도 있지만, '안주'라는 의미도 있다. 스페인에서 맥주를 시키면 서비스 안주인 'tapa'를 제공한다.

Diálogo 2 De niño

Pista 16

Ana	:	¿Qué hacías cuando eras niño?
Daniel	:	De niño, jugaba todos los días con mis amigos. Sobre todo en verano íbamos al río y al valle. ¿Y tú?
Ana	:	Visitaba a mis primos. En invierno solíamos esquiar y patinar. Y claro que hacíamos el hombre de nieve.
Daniel	:	Me dijiste que Luis te presentó a un chico, ¿no? ¿Cómo era?
Ana	:	Sí. Era un chico guapo y simpático. Llevaba barba y gafas. De niño, vivía en EE.UU. y hablaba muy bien el inglés. Pero no era mi tipo.
Daniel	:	Pero me dijiste que querías salir con chico guapo.
Ana	:	Sí. Te lo dije cuando hablábamos de la pareja ideal.
Daniel	:	Ya lo sé. Tu pareja ideal está delante de ti.

여기서 **Point** ⇒ 'de niño'는 '어릴 적에'라는 의미로, 'cuando era niño'와 동일한 뜻으로 쓰인다.

⇒ 'el hombre de nieve'는 '눈사람'을 가리킨다.

⇒ 'salir con A'라는 표현에는 단순히 'A와 함께 나가다'란 의미도 있지만, 'A와 사귀다'란 뜻도 있다.

VOCABULARIO & EXPRESIÓN

제10과 어휘 및 표현

abrazar	포옹하다
acampar	캠핑하다
aire acondicionado	에어컨
alquiler	임대료, 렌트
anoche	어젯밤
anteayer	그저께
barba	턱수염
barrio	동네
bebida	음료수
chocar	충돌하다
colocar	배치하다
comercial	상업의
electrodoméstico	전자제품
encargar	맡기다
entregar	전달하다
esforzar	힘을 주다
esquiar	스키를 타다
gafas	안경
gimnasio	헬스장, 체육관
gozar	즐기다
gratis	무료의, 무료로
hispánico	스페인의, 히스패닉의
hombre de nieve	눈사람
ideal	이상적인
importar	수출하다
literatura	문학
manifestación	데모, 시위
matar	죽이다
mentir	거짓말하다
obtener	얻다, 획득하다
palomitas	팝콘
pareja	한 쌍, 커플
patinar	스케이트를 타다
pegar	때리다
servir	제공하다
siguiente	다음의
soldado	군인
rechazar	거절하다
rubio	금발의
taza	(커피) 잔
terraza	테라스
traducción	번역

Nota

LECCIÓN 11
제11과

학습목표

- 재귀대명사와 재귀동사의 형태와 용법에 대해 알아본다. 특히 재귀동사를 만드는 방법에 유의하여 살펴보자.
- 무인칭의 'se + 동사'는 구체화할 필요가 없는 주어일 때, 사용된다.
- 재귀수동은 수동태와 비슷하지만, 구조는 달리 사용된다. 'se + 동사 + 주어'의 형태로 표현한다.
- 무의지의 se는 'se + 간·목 + 동사 + 주어'의 구조로, 어떤 일이 저절로 벌어졌다는 뉘앙스를 표현할 때 사용된다.

1 재귀대명사 Pronombre reflexivo

어떤 동작을 하는 사람 자신을 가리키는 대명사로, '자기, 당신' 등의 의미로 사용된다. 재귀대명사는 동사의 의미와 문장 구성에 따라 직접목적격 혹은 간접목적격으로 사용된다.

	단수	복수
1인칭	me	nos
2인칭	te	os
3인칭	se	se

'se'는 3인칭 단수와 복수의 재귀대명사로 사용되기도 하고, '~se'처럼 동사원형에 결합해 그 동사가 재귀동사임을 알려 주는 대표적 대명사로 사용되기도 한다.

2 재귀동사 Verbo reflexivo

재귀동사란 어떤 동작의 작용이 주어 자신에게 되돌아옴을 나타내는 동사이다. 스페인어에서 재귀동사는 '재귀대명사 + 타동사'의 형태로 표현한다. 예를 들어 '일으키다, ~를 깨우다'란 의미의 타동사 'levantar'를 재귀대명사와 함께 사용하면, '일어나다'란 의미의 재귀동사 'levantarse'로 변한다. 이때 동사의 인칭 변화형과 재귀대명사의 인칭이 일치해야 한다. 재귀대명사도 대명사이므로 동사 앞에 위치한다.

	단수	복수
1인칭	me levanto	nos levantamos
2인칭	te levantas	os levantáis
3인칭	se levanta	se levantan

Ej. Yo levanto a mi hija. 나는 나의 딸을 깨운다.

이 문장에서 'levanto'는 타동사로 쓰였으므로, 'hija'가 목적어가 된다.

Yo me levanto. 나는 일어난다.

이 문장은 문법상 '내가 나를 깨우다.'라고 이해할 수 있다. 즉 동사의 행위가 자신에게 영향을 미치는 것이다. 이렇듯 동사의 행위가 주어에게 일어나는 동사를 재귀동사라고 부른다.

(a) Me lavo. 나는 씻는다.

(b) Me lavo la cara. 나는 얼굴을 씻는다.

(a) 문장에서 'me'는 직접목적어로 쓰였지만, (b) 문장의 'me'는 간접목적어이고, 'cara'가 직접목적어가 된다. 즉 문법적으로는 '나는 나에게 얼굴을 씻어 준다.'라고 해석되지만, 우리말로는 '나는 얼굴을 씻는다.'라고 이해해야 한다.

2.1. 재귀대명사의 위치

Ej. Te pones el abrigo. 너는 외투를 입는다.

동사 앞에 위치한다.

Te lo pones. 너는 그것을 입는다.

직접 목적대명사가 오면 '재귀(간접)+직접'의 순서로 위치한다.

Quieres ponerte el abrigo. 너는 외투를 입기를 원한다.

문장에 동사원형이 있으면 동사 앞에 위치할 수도 있지만, 일반적으로 동사원형에 붙여 사용한다.

Estás poniéndote el abrigo. 너는 외투를 입고 있는 중이다.

현재진행의 문장에서는 동사 앞에 위치하거나 현재분사에 붙여 사용한다. 이때 원래의 단어에서 한 음절이 늘어나기 때문에 현재분사에 악센트 부호를 표기해야 한다.

Ponte el abrigo.	외투를 입어라.
Póntelo.	그것을 입어라.

'pon'은 'poner'의 긍정 명령이다. 긍정 명령문에서 재귀대명사는 반드시 명령형에 붙여 사용해야 한다. 직접목적격이 있으면 '재귀+직접'의 순서로 위치한다. 이때 음절이 늘어나므로 명령어에 악센트 부호를 표기해야 한다.

2.2. 재귀동사의 종류

① 재귀동사로만으로 사용되는 동사

acordarse de	기억하다	arrepentirse de	후회하다
jactarse de	으스대다	atreverse a	감히 ~하다
quejarse de	불평하다	suicidarse	자살하다
cansarse de	지치다	darse cuenta de	깨닫다, 알다
encargarse de	책임지다	olvidarse de	잊다

Ej. Me arrepentí de haber estudiado español. 나는 스페인어를 공부한 것을 후회했다.

– ¿Cómo te atreviste a decir eso a tu jefe? 너는 어떻게 감히 그것을 너의 상사에게 말했니?

David no se dio cuenta de haber aprobado el examen.
다빗은 시험을 통과한 것을 알지 못했다.

Él se olvidó de traer las entradas de cine. 그는 영화입장권 가져오는 것을 잊었다.

② 타동사가 자동사로 바뀌는 경우

acostar	재우다	⇒	acostarse	잠을 자다
bañar	목욕시키다	⇒	bañarse	목욕하다
casar	결혼시키다	⇒	casarse	결혼하다
divertir	즐겁게 하다	⇒	divertirse	즐기다, 재밌게 놀다
duchar	샤워시키다	⇒	ducharse	샤워하다
llamar	~를 부르다	⇒	llamarse	이름이 ~이다
peinar	머리를 빗어 주다	⇒	peinarse	머리를 빗다
vestir	옷을 입히다	⇒	vestirse	옷을 입다

Ej. Me acuesto muy tarde.
나는 늦게 잔다.

> Yo acuesto a mi bebé. 나는 갓난아이를 재운다

Los chicos se divirtieron mucho en el parque de atracciones.
아이들은 놀이공원에서 즐겁게 놀았다.

Isabel se bañaba los martes y los jueves.
이사벨은 화요일과 목요일마다 목욕을 했었다.

Alicia se casa conmigo la semana que viene.
알리시아는 다음 주에 나와 결혼한다.

> El cura casa a los novios. 신부님은 신랑, 신부를 결혼시킨다.

Mis amigos se visten de gala.
나의 친구들은 옷을 멋지게 입는다.

③ '자동사 + 재귀대명사'의 경우: 강조 혹은 의미 변화

callarse	잠자코 있다	parecerse a	~와 닮다
dormirse	잠들다	reírse de	~을 비웃다
huirse	도망쳐버리다	marcharse	가버리다
irse	가버리다	salirse	나가버리다
quedarse	머물다	morirse	죽어버리다

Ej. El hombre se calló toda la noche sin responder ni una palabra.
남자는 한마디도 대답하지 않고 밤새 조용히 있었다.

José se durmió sin querer durante la clase.
호세는 수업 시간 동안 자신도 모르게(원하지 않았지만) 잠이 들어버렸다.

Me voy de aquí a las cuatro de la tarde.
나는 여기서 오후 4시에 가 버린다(떠난다).

Tú te pareces a tu padre.
너는 너의 아버지와 닮았다.

Mis hermanos se rieron de mí.
나의 형들은 나를 비웃었다.

Los dinosaurios se murieron por el cambio climático.

공룡들은 기후 변화로 죽어 버렸다.

④ 직접목적어를 필요로 하는 불완전 자동사인 경우

lavarse	~를 씻다	quitarse	~를 벗다
ponerse	~를 입다	afeitarse	~를 깎다

Ej. Usted se lava la cara todas las mañanas.

당신은 매일 아침 세수를 한다(얼굴을 씻는다).

La actriz se pone el vestido para la fiesta.

여배우는 파티를 위해 드레스를 입는다.

El barbero se afeitó la barba y después afeitó a los clientes.

이발사는 (자신의) 턱수염을 깎고, 그리고 난 후에 손님들의 턱수염을 깎았다.

Esas señoras no quisieron quitarse la bufanda porque hacía frío.

날씨가 추웠기 때문에, 그 부인들은 목도리를 벗고 싶지 않았다.

⑤ 자신의 감정이나 행동을 표현하는 재귀동사

arrojarse	~에 뛰어들다	expresarse	(감정을) 표현하다
alegrarse de	~에 기뻐하다	entregarse	(온 힘을) 바치다
dedicarse a	~에 종사하다	presentarse	~에 나타나다
preguntarse	자문(自問)하다	decirse	~라고 말하다

Ej. Nosotros nos dedicamos a la venta de automóviles.

우리는 자동차 판매에 종사한다.

Los bomberos se arrojan al fuego para salvar a la gente.

소방관들은 사람을 구하기 위해 불에 뛰어든다.

El pintor se entregó su obra a su amada.

화가는 사랑하는 사람에게 자신의 작품을 바쳤다.

Me preguntaba si ella querría tomar algo conmigo.

나는 그녀가 나와 무언가를 한잔 마시기를 원할지 자문해 보았다.

Él se presentó a las siete de la tarde.

그는 오후 다섯시에 나타났다.

Me alegro mucho de verte.

나는 너를 봐서 아주 기쁘다.

querría는 querer의 가능 시제이다.

3 무인칭의 se와 재귀수동의 se se impersonal y pasiva refleja

무인칭을 나타내는 재귀대명사 se와 재귀수동을 나타내는 재귀대명사 se는 형태가 비슷하여 구별하기가 매우 어렵다. 어떤 상황에서는 구별되지 않기도 한다. 하지만 상황에 맞게 사용하며 구별할 수 있도록 문법적인 차이를 알아두자.

3.1. 무인칭의 se

구체적인 주어를 사용하지 않아도 되는 경우에 사용하며, 이때 문장 자체가 수동형인 것은 아니다.

Manolo	vende	piso
⬇	⇓	⇓
Se	vende	piso

아파트를 팝니다.

'Se vende piso.'라고 할 때, 이 문장은 '누가' 아파트를 파는가가 아닌, 누군가 아파트를 '파는 것'에 초점을 둔 것이기 때문에 무인칭을 나타내는 'se'를 사용하였다.

Ej. Aquí se habla español.

여기는 스페인어를 사용합니다.

En este restaurante se come bien.

이 식당에서는 음식이 맛있다(이 식당에서는 음식을 잘 먹는다).

3.2. 재귀수동의 se

재귀수동 대명사는 'se'만 사용된다. 문장의 원래 주어가 'se'로 변화되어 그 주어가 사라지고, 동사는 수동적 의미의 목적어인 명사(수동형 주어)의 수에 따라 변한다.

El mecánico	reparó	los coches
⬇	⇩	⇩
Se	repararon	los coches.
Se	reparó	la bicicleta.

자동차들이 수리되었다.
자전거가 수리되었다.

> 능동문의 주어를 'se'로 바꾼다.
> 목적어로는 항상 사물만 오고, 사람은 사용되지 않는다.
> 목적어는 수동형 주어로 이해해야 한다.
> 동사는 수동형 주어의 수에 따라 변한다.

Ej. Se cierran las puertas todas las noches. 밤마다 문이 닫힌다.
Se vendió el coche muy barato. 차가 아주 싸게 팔렸다.

> 이 문장에서 'vender barato'는 '싸게 팔다'라는 뜻이다. 이때 'barato'는 형용사지만 부사적으로 해석된다.

Ej. Se rechazó la protesta de los estudiantes. 학생들의 항의는 거부되었다.
Se repartieron los paquetes urgentes. 특송 소포들이 발송되었다.
Se publicaron las notas de los finales. 기말고사 점수가 발표되었다.
Se informó de que había un accidente de tráfico en las carreteras.
도로에서 교통사고가 났었다고 보도되었다.

> 수동문의 의미적 차이는 다음의 예문들을 통해서 이해할 수 있다.
> a) Se abrió la puerta.
> => 재귀수동 표현으로 '저절로 열렸다'는 의미로 사용
> b) La puerta fue abierta por A.
> => 수동태로 '누군가 혹은 무언가에 의해 열렸다'는 의미로 사용
> c) La puerta estaba abierta.
> => 이미 열린 상태를 나타낼 때 사용

4 무의지의 se

무의지 표현은 'se + 간접 목적대명사 + 동사 + 주어'의 형태로 나타낸다. 어떤 동작이나 행위가 저절로 일어났다든가, 자신의 책임이 아님을 전달하려 할 때 사용된다.

Ej. Me olvidé de traer el libro. 나는 책을 가져오는 것을 잊었다.

Se me olvidó traer el libro. 나는 책을 가져오는 것을 깜빡 잊었다.

> 첫 번째 문장의 주체는 책을 안 가져온 것이 온전히 자신의 책임이라고 생각한다면, 두 번째 문장의 주체는 책을 가져와야 한다는 것을 잘 알고 있었고, 그렇게 하려 했으나 자신의 의지에 반하여 잊고 왔음을 전달하고자 한다. 그리고 문장구조는 gustar 동사와 유사하다.

Ej. Los platos cayeron por el viento. 바람에 의해 접시들이 떨어졌다.

Dejaste caer los platos. 너는 (일부러) 접시들을 떨어뜨렸다.

Se me cayeron los platos. (내가 지나가는데) 접시들이 떨어졌다.

Ej. Ayer por la tarde se me ocurrieron buenas ideas.

어제 오후에 (뜻밖에) 좋은 생각이 떠올랐다.

Se le rompieron las piernas a Juan.

후안은 (생각지도 못하게) 다리가 부러졌다.

Se nos saltó la risa cuando vimos a Pedro.

우리는 페드로를 보았을 때, (참으려 했지만) 웃음이 터졌다.

5 상호의 se **se recíproco**

상호동사라는 새로운 유형의 동사가 존재하는 것이 아니라, 'nos, os, se' 등의 재귀대명사 복수형을 사용하여 양측이 '서로 ~하다'라는 의미를 나타낸다.

Ej. Yo golpeo a mi amigo. → Mi amigo me golpea. ⇄ Nosotros nos golpeamos.

나는 나의 친구를 때린다. 나의 친구는 나를 때린다. 우리는 서로를 때린다.

> 만약 'Nosotros golpeamos.'라고 한다면, 이 문장은 목적어를 필요로 하게 된다. 즉 '우리는 ~를 때리다'란 의미의 'Nosotros golpeamos a Juan.'라고 표현해야 한다. 하지만 상호동사를 사용하면, '서로 때리다'라는 의미를 'nos'를 이용해 표현할 수 있다.

Ej. Todos se saludaron unos a otros antes de empezar el partido.

경기를 시작하기 전에, 모두 서로서로에게 인사를 나누었다.

Ellos se odian entre sí. 그들은 서로를 증오한다.

> 'Ellos odian a sus enemigos.'라고 하면, '그들은 적들을 증오한다.'는 의미가 된다.

Juan y María se escriben una carta cada mes. 후안과 마리아는 매월 편지를 주고받는다.

EJERCICIO _제11과 연습문제

1 빈칸에 알맞은 단어를 쓰시오.

1) Yo ________ levanto a las siete de la mañana.

2) Las enfermeras ________ lavan las manos antes de la operación.

3) Marta y yo queremos casar ________ el año que viene.

4) – Me acuerdo ________ ti. Eres Manolo, ¿verdad?

5) ________ das cuenta de que ese hombre te mintió.

6) Después de tantos años, mi padre se ________ la barba.

7) ________ vende piso.

8) Se ________ periódicos (신문이 팔린다).

9) Nos saludamos cada mañana cuando ________ vemos.

10) Aquel caballero ________ pone el traje para la fiesta.

2 다음 〈보기〉의 동사 중에서 각 문장에 가장 어울리는 동사를 찾아 쓰시오.

〈보기〉

ponerse, quejarse de, olvidrse de, encargarse de, divertirse, quedarse, llamarse, dedicarse a, parecerse a, alegrarse de, cansarse de, acordarse de, lavarse, irse, callarse, entregarse con

1) Juan ________ a su padre. Es que son iguales.

2) Ayer Pedro ________ la chaqueta gris.

3) – Oye, me ________ de tu nombre. ¿Cómo te ________ ?

4) Cuando éramos jóvenes, ___________ mucho en la playa.

5) Él ________ con todo su esfuerzo y por fin llegó a ser abogado.

6) En aquella empresa yo ________ de repartir los productos.

7) Los niños no ________ las manos todas las noches antes de dormir.

8) – ¿Te ________ de esa chica de ayer? Creo que se llamaba Susana.

9) La semana pasada le dije a mi jefe “adiós”. Porque ________ de trabajar por la noche.

10) – ¿Por qué ________ de tu trabajo antes? Era un trabajo bueno.

11) El año pasado ________ a acabar la tesis. Ahora la tengo en mi mano.

12) Es que ellos ________ sin despedirme.

13) – Pedro me dijo que no quería salir, que quería quedar ______ en casa.

14) Todo el mundo ________ cuando entró el juez.

15) Nosotros ________ mucho de ver nuestro equipo.

3 다음 문장을 스페인어로 작문하시오.

1) 카를로스는 방에서 나가 버렸다.

2) 그 소식들은 신문에 발표되었다.

3) 그는 집에 도착하자마자, 넥타이를 풀었다.

4) 우리는 스페인어를 배우는 것을 후회한다.

EJERCICIO _제11과 연습문제

5) 여기서 박물관이 보인다.

6) 나는 작년에 너와 함께 강가에서 재밌게 놀았다.

7) 어젯밤 알리시아와 토마스는 서로 포옹하고 키스를 했다.

8) 저 여자 배우는 그 영화에서 감정 표현에 어려움이 있었다.

9) 페르난도는 그의 새 차를 으스댔다.

10) 후안은 스페인어 공부하는 것에 지쳤다.

11) 저 두 나라는 서로를 증오한다.

12) 나는 돈을 지불하는 것을 깜빡 잊었다.

13) 그들은 밤새 한 발짝도 움직이지 않고 가만히 집에 머물렀다.

14) 모든 사람들이 버스에서 도망쳤다.

15) 루이스는 마르타와 싸우는 것에 지쳤다.

DIÁLOGO _제11과 대화문

Diálogo 1 Entre amigos

Pista 17

Miguel	:	¡Oye! ¿A qué hora te levantaste?
Andrés	:	Me levanté muy tarde porque ayer salí con unos amigos y me divertí mucho. Llegué a casa a medianoche.
Miguel	:	Yo también iba a salir con los amigos del colegio. Pero mi mejor amigo me dijo que no podía salir. Entonces me quedé en casa.
Andrés	:	¡A propósito! ¡Qué zapatos tan modernos! ¿Dónde los compraste?
Miguel	:	Se venden en la zapatería de la esquina. ¿Quieres probártelos?
Andrés	:	Sí, quiero saber cómo me quedan los zapatos.
Miguel	:	Te quedan muy bien.
Andrés	:	Ahora me arrepiento de haber comprado unas zapatillas de deporte.
Miguel	:	Creo que cierra la tienda a las 9 de la tarde. Podemos ir a comprarlos. Además está de rebajas.
Andrés	:	Pero se me olvidó traer mi cartera. Es que me doy cuenta de eso ahora. Entonces me voy a casa para traerla.
Miguel	:	De acuerdo. Tú compras los de color marrón y así nos los podemos intercambiar.
Andrés	:	¡Qué buena idea!

여기서 Point

⇒ 'quedarse'는 '남다'란 의미이다. 따라서 'Me quedé en casa.'라고 하면, '나는 집에 남았다/있었다.'란 의미로 해석된다.
'quedar'는 '~와 만나다'란 의미이다. 따라서 'Quedé con Luis ayer.'라고 하면, '나는 어제 루이스와 만났다.'란 의미가 된다. 또한 '우리 몇 시에 만날까?'라는 표현은 '¿A qué hora quedamos?'로 나타낼 수 있다.

⇒ 'estar de rebajas'는 '세일 중이다'란 뜻이다. 'hay descuento'도 동일한 뜻으로 사용된다.

DIÁLOGO _제11과 대화문

Diálogo 2 En la pensión

Pista 18

Dueña	:	¡Hola! Yo soy la dueña de la casa.
Nami	:	¡Hola! Soy Nami y soy coreana.
Dueña	:	Te enseño la casa. Aquí está tu habitación. Aquí hay un baño.
Nami	:	¿Puedo bañarme todos los días?
Dueña	:	Es que no hay bañera. Pero sí que puedes ducharte. ¡Oye! Me dijiste que eres coreana, pero pareces española.
Nami	:	¡Ah! Mi madre es española y se casó con un coreano. Pero yo vivo en Corea. Ahora vengo a España para perfeccionar mi español.
Dueña	:	¡Qué bien! Por eso te expresas tan bien en español.
Nami	:	Me defiendo bien con el español, pero tengo que intentar mejorarlo. ¿Sabes dónde se venden cargadores de móvil?
Dueña	:	En casa hay varios.
Nami	:	¡Gracias! Tengo que lavarme las manos. Las tengo muy sucias.
Dueña	:	Creo que tienes que quitarte la bufanda porque hace calor en casa.
Nami	:	Es verdad. Ahora me quito la bufanda y los guantes.
Dueña	:	Te espero en el comedor.

여기서 Point

⇒ 'pareces española'는 '스페인 여자처럼 보이다/생기다.'란 의미이다. 만약 재귀동사로 사용되어 'te pareces a tu madre'라고 하면 '너는 너의 어머니와 닮았다(처럼 생겼다)'란 의미가 된다. 이처럼 특정인을 지목할 때는 전치사 'a'를 사용한다.

⇒ 'me defiendo'는 '방어하다'란 의미이지만, 때로는 '~을 잘하다'란 의미로도 사용된다.

VOCABULARIO & EXPRESIÓN

제11과 어휘 및 표현

abrigo	외투	entregarse	(온 힘을) 바치다
acordarse de	기억하다	expresarse	(감정을) 표현하다
acostarse	잠을 자다	fuego	불
afeitarse	면도하다	golpear	때리다
alegrarse de	기뻐하다	intercambiar	교환하다
arrepentirse de	후회하다	lavar	닦다, 씻다
atracción	매력	lavarse	(자신을) 씻다
atreverse a	감히 ~하다	levantar	깨우다, 올리다
arrojarse	~에 뛰어들다	levantarse	일어나다, 깨다
automóvil	자동차	llamarse	이름이 ~이다
barba	턱수염	mecánico	기술자
barbero	이발사	medianoche	자정
bañarse	목욕하다	odiar	증오하다
callarse	잠자코 있다	olvidarse de	잊다
cansarse de	피곤하다, 지치다	operación	수술
cargador de móvil	충전기	parecerse a	~와 닮다
casarse	결혼하다	perfeccionar	완벽히 하다
climático	기후의	ponerse	입다
darse cuenta de	깨닫다, 알다	presentarse	~에 나타나다
decirse	~라고 말하다	protesta	항의
dedicarse a	종사하다	quedarse	머물다, 남다
defenderse	방어하다	quejarse de	불평하다
deporte	스포츠, 운동	sin querer	의도치 않게
dinosaurio	공룡	tráfico	교통, 왕래
divertirse	즐기다	urgente	긴급한, 속달의
ducharse	샤워하다	venta	판매
encargarse de	책임지다	vestirse	옷을 입다

LECCIÓN 12
제12과

학습목표

- ❖ 현재분사와 과거분사의 다양한 변화형과 용법에 대해 알아본다. 또한 부정사의 다양한 용법에 대해 학습하고, 이들 내용을 활용한 기간 표현에 대해 익힌다.
- ❖ 현재분사는 estar 동사와 함께 사용되어 진행의 상황을 나타내기도 하고, 독립적으로 사용하여 조건, 원인 등의 의미로 사용되기도 한다.
- ❖ 과거분사는 haber 동사와 함께 사용되어 완료의 상황을 나타내거나, 형용사처럼 사용된다. 또한 동사 ser와 함께 사용하여 수동태를 나타내기도 한다.
- ❖ 동사원형인 부정사는 명사적 기능을 한다.
- ❖ 'hace + 기간 + que + ~'의 형태로 기간 표현을 나타낸다.

1 현재분사 Gerundio

현재분사의 인칭이나 시제는 주동사의 동사를 따른다. 현재분사도 동사 변화형의 하나이므로, 부정사와 마찬가지로 목적어나 보어를 취할 수 있다. 변화 형태는 다음과 같다.

1.1. 규칙 변화

hablar	comer	vivir
-ando	**-iendo**	**-iendo**
habl**ando**	com**iendo**	viv**iendo**

1.2. 불규칙 변화

① 어간 모음 '-e-'가 '-i-'로 변하는 동사

decir	diciendo	말하다
sentir	sintiendo	느끼다
pedir	pidiendo	주문하다
repetir	repitiendo	반복하다
venir	viniendo	오다

② 어간 모음 '-o-' 가 '-u-'로 변하는 동사

dormir	durmiendo	자다
morir	muriendo	죽다
poder	pudiendo	~할 수 있다

③ '-iendo'가 '-yendo'로 변하는 동사

caer	cayendo	넘어지다
creer	creyendo	믿다
leer	leyendo	읽다
traer	trayendo	가져오다
oír	oyendo	듣다
ir	yendo	가다

1.3. 현재분사의 용법

① 현재 진행형: 'estar + 현재분사'

스페인어에서는 현재 동사도 진행의 의미를 나타내기 때문에, 현재분사의 진행형이 자주 등장하지는 않는다. 따라서 진행 행위를 강조하는 경우에 주로 사용된다.

Ej. Estoy esperando a Marta. — 나는 마르타를 기다리고 있는 중이다.
– ¿Qué estás haciendo ahora? — 지금 무엇을 하고 있는 중이니?
– Estoy leyendo el libro. — 나는 책을 읽고 있는 중이야.
Nosotros estamos comiendo. — 우리는 지금 먹고 있는 중이다.

② 부사적 용법: '동사 + 현재분사'의 형태로 결합하면 '~하면서, ~해서' 등으로 해석되며, 동시적 행위를 표현한다.

Ej. Nosotros comimos juntos hablando. — 우리는 이야기를 하면서 함께 밥을 먹었다.
Yo estudio matemáticas escuchando música. — 나는 음악을 들으면서 수학 공부를 한다.
Tuvimos que cruzar el río nadando. — 우리는 수영을 해서 강을 건너야 했다.
Quiero estar en buena forma perdiendo peso. — 나는 살을 빼서 몸의 상태가 좋기를 바란다.

③ ir, venir, seguir, llevar 등의 동사와 사용: 진행 중인 동작을 표현한다.

Ej. Va anocheciendo. 점점 어두워진다.

Vengo buscando trabajo. (과거부터) 나는 일자리를 계속 찾고 있다.

Ellos siguen llamando a la puerta. 그들은 계속 문을 두드리고 있다.

Llevo 3 meses estudiando español. 나는 3개월째 스페인어를 공부하고 있다.

④ 분사 구문으로 사용되어 조건, 양보, 원인, 설명 등을 나타내기도 한다. 이때 현재분사의 인칭과 시제는 주동사의 인칭과 시제를 따른다.

Ej. Investigando un poco más profundamente, tú puedes sacar una buena tesis.
좀 더 깊이 연구하면, 너는 좋은 논문을 만들 수 있다.

Siendo sensato, él solía cometer errores.
현명하지만, 그는 종종 실수를 저질렀다.

Estando contigo, yo hice lo que yo quería.
너랑 같이 있어서, 나는 내가 원하는 것을 했다.

El cónsul, viendo al embajador enojado, dejó de charlar con su amigo.
영사는 화가 난 대사를 보고 나서 그의 친구와 잡담하는 것을 그만두었다.

⑤ estaba + 현재분사: 과거의 어느 시점 전후에 지속적으로 이루어진 동작이나 행위를 표현한다.

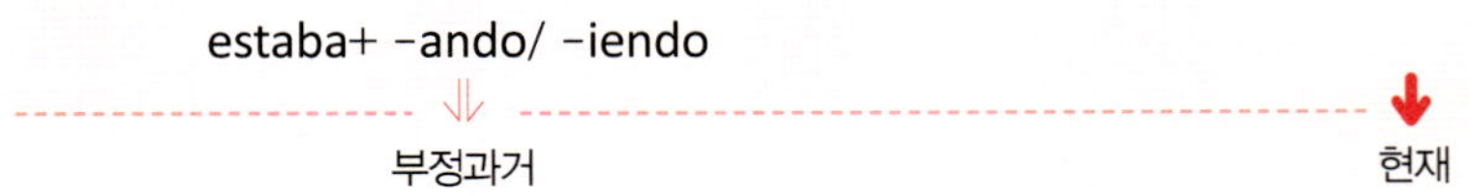

Ej. – ¿Dónde estabas cuando te llamé ayer?
어제 너에게 전화했을 때, 어디에 있었니?

– Estaba durmiendo en otra habitación.
나는 다른 방에서 잠을 자고 있었어.

Cuando me visitaron mis amigos, yo estaba estudiando inglés.
나의 친구들이 나를 찾아 왔을 때, 나는 영어를 공부하고 있었다.

2 과거분사 Participio

과거분사는 기본적으로 동사의 과거적 의미와 결과적 의미를 함께 내포한다. ser 동사를 이용하여 수동태를 나타내거나, estar 동사와 함께 사용해 주어의 상태를 표현한다. 여기서는 과거분사의 형용사적, 명사적, 부사적 용법 및 분사 구문과 수동태의 활용에 대해 살펴볼 것이다. 한편 haber 동사와 함께 쓰여 현재 완료형을 나타내는 경우는 뒤에서 다시 다룰 것이다.

2.1. 규칙 변화: '-ar' 동사는 어미를 '-ado'로 바꾸고, '-er' 및 '-ir' 동사는 어미를 '-ido'로 바꾼다.

hablar	comer	vivir
-ado	**-ido**	**-ido**
habl**ado**	com**ido**	viv**ido**

2.2. 불규칙 변화

① 과거분사의 어미가 '-to'로 변하는 동사

abrir	abierto	열다
cubrir	cubierto	덮다
escribir	escrito	쓰다
descubrir	descubierto	발견하다
morir	muerto	죽다
poner	puesto	놓다
resolver	resuelto	해결하다
romper	roto	부수다
ver	visto	보다
volver	vuelto	돌아가다

② 과거분사의 어미가 '-cho'로 변하는 동사

decir	dicho	말하다
hacer	hecho	~하다
satisfacer	satisfecho	만족시키다

2.3. 과거분사의 용법

① 형용사적 용법

과거분사가 형용사의 역할로 사용되는 것을 말한다. 과거분사 형태의 형용사가 이미 형용사로 사용되는 경우도 많다. 예를 들어 'Estoy cansado.'란 표현에서 'cansado'는 'cansar'의 과거분사이지만, 일반적으로 '피곤한'이라는 의미의 형용사로 사용된다. 이처럼 과거분사가 형용사적 용법으로 사용된 경우에는, 형용사가 수식하는 명사의 성·수와 일치해야 한다.

Ej.	el edificio vendido	팔린 건물
	la situación dada	주어진 상황
	los capítulos estudiados	공부한 장들
	Juan está ocupado.	후안은 바쁘다.
	La puerta estaba abierta.	문이 열려 있었다.
	El libro está escrito en coreano.	책은 한국어로 쓰였다.
	Tengo la botella de agua comprada.	나는 (돈을 주고) 산 물병을 갖고 있다.
	Pedro encontró una silla rota.	페드로는 부서진 의자를 발견했다.

② 명사적 용법

과거분사가 명사처럼 사용되는 것을 말한다. 이때는 '관사 + 과거분사'의 형태로 사용되며, 이미 명사화된 단어들도 존재한다.

la comida	음식	el/la querido(-a)	애인
la bebida	음료	el/la conocido(-a)	지인
la entrada	입구	el pasado	과거
la salida	출구	el tratado	조약

Ej.	lo dicho	말한 것
	lo hecho	한 것
	lo visto	본 것
	los recién llegados	방금 도착한 사람들

③ 부사적 용법

일반 동사와 함께 사용하여 부사적 의미로 사용된다.

Ej. Las chicas vinieron a casa cansadas. 여자 아이들은 피곤해서 집으로 왔다.
José salió de la oficina muy satisfecho. 호세는 만족해서 사무실을 나갔다.
Mi madre me gritó enfadada. 어머니는 화가 나서 나에게 소리를 치셨다.

④ 분사 구문을 구성하여 시간 혹은 이유를 나타내는 과거 표현에 사용한다. 이때 과거분사는 명사의 성·수와 일치해야 한다.

Ej. Terminada la clase, los alumnos salieron al jardín.
수업이 끝나자마자, 학생들은 정원으로 나갔다.
Declarado el alto de fuego, los soldados se retiraron del frente.
사격 중지가 선포되었으므로, 군인들은 전선에서 물러났다.

⑤ 수동태

주어의 수동적인 행위를 나타낼 때 사용되는 문형으로, '주어 + ser + 과거분사 + por + A'의 형태로 사용되어 '주어가 A에 의해서 ~되어지다'라는 뜻을 나타낸다. 이때 주어로는 사람이나 사물이 모두 올 수 있다.

Ej. La princesa es querida por el príncipe.
공주는 왕자에 의해서 사랑을 받는다.
La ciudad fue descubierta por los enemigos.
도시는 적군에 의해서 발견되어졌다.
Esos problemas son resueltos por los genios.
그 문제들은 천재들에 의해서 해결되어졌다.
El periodista fue enviado por su jefe.
기자는 그의 상사에 의해서 보내졌다.

'estar + 과거분사(형용사)'의 형태는 수동태가 아니라, 행위나 동작의 완료된 상태를 표현하는 문형이다. 예를 들어 'La puerta está abierta.'라는 문장은 '누가 문을 열었는가'보다는 '문이 열려진 상태'에 초점을 둔 표현이다.

3 부정사 Infinitivo

부정사는 동사의 명사적 기능을 나타낸다. 문장 내에서 인칭 변화가 이루어진 부정사는 동사의 형태를 띄고 있으나, 주어·목적어·보어를 대신하는 명사적 용법으로 사용된 것이다.

3.1. 부정사의 명사적 용법

① 주어·목적어·보어의 기능

Ej. Ver es creer. 보는 것이 믿는 것이다.

Me gusta cantar. 나는 노래하는 것을 좋아한다.

> 이 문장에서 cantar는 문법상의 주어이다.

El estudiar es un deber de los estudiantes. 공부하는 것은 학생들의 의무이다.

Lo mejor es no hacer nada. 가장 좋은 것은 아무것도 하지 않는 것이다.

Lo importante es hacer lo máximo posible. 중요한 것은 가능한 최선을 다하는 것이다.

② 부정사가 주어로 사용될 때는 관사 'el'를 수반한다. 이때 부정사가 동사의 본질을 잃지 않아 부사를 동반하기도 하며, 명사화 되어서 형용사의 수식을 받을 수도 있다.

Ej. El ser simpático ayuda a la convivencia con otras personas.
친절한 사람이 되는 것은 다른 사람과의 공존에 도움이 된다.

Mi hablar gracioso la hacía reír. 나의 익살스러운 이야기는 그녀를 웃기곤 했다.

No me gusta ese ironizar constante. 그 끊임없이 빈정거리는 것이 나는 싫다.

3.2. 'Es + 형용사 + 동사원형'의 문형에서는 부정사가 주어 역할을 한다.

Ej. Es importante estudiar español. 스페인어를 공부하는 것은 중요하다.

Es difícil creer lo que pasó ayer. 어제 벌어진 일을 믿기가 어렵다.

Es bueno para la salud desayunar todas las mañanas.
매일 아침 식사를 하는 것은 건강을 위해 좋다.

3.3. 지각동사와 함께 사용될 때, 부정사의 의미상의 주어는 목적 보어가 된다.

Ej. Oí llorar a mi hija.
　나는 딸이 우는 것을 들었다.

La semana pasada vi bailar a mis amigos.
　지난주에 나의 친구들이 춤추는 것을 보았다.

3.4. 주동사가 의지, 사역, 충고, 조언 등을 나타낼 때 부정사를 사용하고, 이때도 부정사의 의미상의 주어는 목적 보어가 된다.

Ej. La profesora les hizo aprender otra lengua a sus alumnos.
　여교수님은 그의 학생들에게 다른 언어를 공부하라고 시켰다.

– ¿Me deja pasar, por favor?
　죄송합니다, 지나가도 되나요? (당신은 내가 지나가는 것을 허락하나요?)

Marta te aconseja limpiar la habitación.
　마르타는 너에게 방을 청소할 것을 충고한다.

El médico le recomendó a Ana hacer ejercicio.
　의사는 아나에게 운동하는 것을 권고했다.

Mi padre no me permite salir por la noche.
　아버지는 내가 밤에 놀러 가는 것을 허락하지 않으신다.

> 이러한 문장들은 접속법을 이용하여 복문으로 구성할 수도 있다.
> *Ej.* Mi padre no me permite salir por la noche.
> Mi padre no me permite que yo salga por la noche.

4 기간 표현

4.1. 과거의 어느 시점부터 시작해서 지금도 계속되고 있는 기간을 표현한다.

Hace + 기간 + que + 현재동사 현재동사 + desde hace + 기간	'~한 지 ~되었다'

Ej. Hace 3 meses que estudiamos español.

= Estudiamos español desde hace 3 meses.

우리는 스페인어를 공부한 지 3개월 됐다.

> 현재 진행형과 함께 사용하여 'Hace 3 meses que estoy estudiando español.'과 같이 표현할 수도 있다. 또한 앞에서 보았듯이, 'Llevo 3 meses estudiando español.'이라고 해도 동일한 의미를 나타낸다.

Hace 2 años que el estudiante de intercambio vive en Daegu.

= El estudiante de intercambio vive en Daegu desde hace 2 años.

교환학생은 대구에 산 지 2년 됐다.

Hace 100 días que David sale con Alicia.

= David sale con Alicia desde hace 100 días.

다빗이 알리시아와 사귄 지 100일 됐다.

4.2. 과거의 어느 시점에 행위가 끝난 후, 지금까지의 기간을 표현한다.

Hace + 기간 + que + 부정과거 부정과거 + hace + 기간	'~한 지 ~되었다'

Ej. Hace 3 semanas que vi a Pilar.

= Vi a Pilar hace 3 semanas

나는 필라르를 본 지 3주 되었다.

> 'hace + 기간'이 뒤에 위치할 때는 desde를 쓰지 않는다. 왜냐하면, 4.1.에서의 표현은 그 시점부터 어떤 행위가 지속되는 상황을 의미하는 것이지만, 4.2.에서의 표현은 행위가 끝난 과거의 어느 시점이 '얼마 전이다'라는 의미를 나타내기 때문이다.

Hace 4 meses que mi amigo conoció a Pedro.

= Mi amigo conoció a Pedro hace 4 meses.

내 친구는 4개월 전에 페드로를 알았다.

4.3. 과거에 행한 행위가 과거의 어느 시점까지 지속된 기간을 표현한다.

Hacía + 기간 + que + 불완료과거	'~한 지 ~되었다'
불완료과거 + desde hacía + 기간	'~동안 ~했었다'

Ej. Hacía 12 años que Juan no volvía a Madrid.

= Juan no volvía a Madrid desde hacía 12 años.

후안은 12년 동안 마드리드에 돌아오지 않았었다.

Hacía media hora que yo esperaba a mi novia.

= Yo esperaba a mi novia desde hacía media hora.

나는 30분 동안 나의 애인을 기다렸었다.

☞ 이 경우 불완료과거 대신에 대과거가 와도 상관없다. 대과거로는 'Hacía media hora que yo había esperado a mi novia.'라고 표현할 수 있다.

현재분사 과거분사 부정사 기간 표현

EJERCICIO _제12과 연습문제

1 다음 동사의 현재분사와 과거분사의 불규칙 변화형을 쓰시오.

동사	현재분사	동사	과거분사
decir		abrir	
ir		cubrir	
leer		hacer	
dormir		escribir	
sentir		volver	
poder		decir	
creer		ver	
oír		poner	
venir		satisfacer	
morir		morir	

2 한국어 문장을 참고하여, 적절한 동사 변화형을 쓰시오.

1) 너는 지금 무엇을 하고 있는 중이니?

¿Qué ________ haciendo ahora?

2) 우리는 3개월째 스페인어를 배우고 있다.

Llevamos 3 meses ________ español.

3) 저 책은 프랑스어로 쓰였다.

Aquel libro está ________ en francés.

4) 모임이 끝나자마자, 모두들 카페테리아로 갔다.

________ la reunión, todos fueron a la cafetería.

5) 그들은 계속 마리아의 문을 두드렸다.

Ellos siguieron ________ a la puerta de María.

6) 점심은 엘레나에 의해 준비되었다.

El almuerzo fue ________ por Elena.

7) 담배를 피우는 것은 건강에 위험하다.

________ es peligroso para la salud.

8) 나는 후안과 싸우고 있는 너의 아들을 보았다.

Vi a tu hijo ________ con Juan.

9) 스페인어를 공부하는 것은 어렵다.

Es difícil ________ español.

10) 너희들은 2년 전부터 대구에서 살고 있다.

Vosotros vivís en Daegu ________ hace 2 años.

11) 우리는 한 학기 동안 스페인어를 공부했었다.

Nosotros ________ español desde hacía un semestre.

12) 당신은 한 달 전에 당신의 집을 팔았다.

Hace un mes que usted ________ su casa.

13) 누가 루이스에게 벽에 페인트칠을 하라고 시켰니?

¿Quién le ________ pintar la pared a Luis?

14) 너는 잃어버린 물병을 찾았다.

Tú encontraste la botella de agua ________ .

15) 사장은 화가 나서 사무실을 나갔다.

El jefe salió de la oficina ________ .

EJERCICIO _제12과 연습문제

3 다음 문장을 스페인어로 작문하시오.

1) 우리는 뛰어서 길을 건너야 했다.

2) 팔린 건물은 정원을 갖고 있다.

3) 청중 앞에서 말을 잘하기는 어렵다.

4) 그녀는 계속 아파트를 찾고 있다.

5) 우리는 4년 전에 아르헨티나에 갔다.

6) 한국어로 번역하는 것이 필요하다.

7) 그들은 지금 TV에서 다큐멘터리를 보고 있다.

8) 영화가 끝나자마자, 사람들은 영화에 대해 말하기 시작했다.

9) 방금 도착한 사람들은 페루 사람들이었다.

10) 어제 너는 이사벨과 내가 이야기하는 것을 보았어?

DIÁLOGO _제12과 대화문

Diálogo 1 Un viejo amigo

Pista 19

Isabel	:	¿Qué estás haciendo ahora?
Pilar	:	Estoy viendo un documental en la tele.
Isabel	:	¿Y qué estabas haciendo anoche cuando te llamé?
Pilar	:	¿A qué hora me llamaste?
Isabel	:	Eran las nueve más o menos.
Pilar	:	¡Ah! Estaba durmiendo porque estaba cansada.
Isabel	:	Te llamé mientras cenaba con Juan. Él quería verte. Me dijo que llevaba un mes buscándote.
Pilar	:	Yo también estaba buscando su número de teléfono. Cuando visité su ciudad, él no estaba en la ciudad. Hace medio año que no lo veo.
Isabel	:	Cenamos en su apartahotel. Juan preparó la cena.
Pilar	:	¡Qué lástima! Él es buen cocinero. Antes a veces lo veía cocinar.
Isabel	:	Tienes razón. La comida estaba estupenda. Terminada la cena, fuimos a tomar café y fue agradable hablar con él.
Pilar	:	¡Oye, mira afuera! Está lloviendo mucho. ¿No llueve en tu barrio? Te llamo yo más tarde porque tengo las ventanas abiertas.
Isabel	:	De acuerdo. Espero tu llamada.

여기서 Point

⇒ 'tele'는 'televisión'의 줄임말로, 구어체에서 사용하기도 한다('peli'는 'película').

⇒ 'lo(=Juan) veía cocinar.'는 '그가 (후안이) 요리하는 것을 보았었다.'라는 의미이다. 이 표현에서는 지각동사를 기억하자!

⇒ 'tener + 명사 + 과거분사(형용사)'의 형태도 유용하게 쓰인다. 'tengo las ventanas abiertas'라는 표현은 '나는 열린 창문을 갖고 있다.'로 해석하기보다는 '창문이 열려 있다.'로 해석해야 한다. 다른 예를 들면, 'Tengo la lección estudiada.'라는 문장은 '나는 과를 공부했다.'라는 의미로 이해해야 한다.

Diálogo 2 Nuestra lectura

Pista 20

Enrique	:	¿Conoces a aquel hombre?
Antonio	:	Sí, lo conozco. Es un escritor respetado por muchas personas.
Enrique	:	¿Cuál es su libro más conocido?
Antonio	:	El título de su libro más famoso es *La Justicia*.
Enrique	:	Ya lo sé. Estos días se lee mucho.
Antonio	:	Ahora estoy leyéndolo. Lo bueno de su libro es que es apto para todos. Me gusta su manera de ironizar con la sociedad.
Enrique	:	Pues mañana voy a comprarlo.
Antonio	:	Leído el libro, te lo puedo prestar.
Enrique	:	Gracias. Hace mucho tiempo que no leo ningún libro bueno.
Antonio	:	¡Bueno, chico! ¿Vamos a tomar algo? Hace dos días que vi un bar nuevo abierto.
Enrique	:	¡Vale! Te invito a una caña para celebrar nuestra lectura.
Antonio	:	¡Genial! ¡Marchando a por la caña!

여기서 Point

⇒ '*La Justicia*'처럼 책의 제목은 이탤릭체로 표기하고, 수기로 나타낼 때는 밑줄을 긋는다.

⇒ '¡Marchando a por la caña!'라는 문장에서 'marchando a por~'는 '~을 향하여'라는 의미이고, 'caña'는 '맥주 한 잔'을 가리킨다.

VOCABULARIO & EXPRESIÓN

제12과 어휘 및 표현

anochecer	어두워지다
apto	적절한
caer	떨어지다
cónsul	영사
convivencia	공존
constante	끊임없이
creer	믿다
cruzar	건너다
cubrir	덮다
declarar	선포하다
descubrir	발견하다
desayunar	아침식사하다
documental	다큐멘터리
embajador	대사
enemigo	적군
enojado	화난
forma	형태
frente	전선
genio	천재
gracioso	익살스러운
investigar	연구하다
ironizar	비꼬다
justicia	정의
música	음악
nadar	수영하다
pedir	주문하다
periodista	신문기자
princesa	공주
principe	왕자
profundamente	깊이, 깊게
recién	최근의, 지금 막
resolver	해결하다
retirarse	물러나다
romper	격파하다, 부수다
satisfacer	만족시키다
sensato	현명한
sentir	느끼다
sociedad	사회
soldado	군인
tratado	조약

LECCIÓN 13
제13과

학습목표

- 현재완료와 과거완료의 표현 및 용법에 대해 알아본다. 현재완료는 'haber 현재+과거분사'의 형태로 표현하며, 과거완료는 'haber 불완료 (había)+과거분사'의 형태로 나타낸다. 대과거라고도 하는 과거완료 표현은 어떤 과거의 시점보다 앞선 과거를 나타낼 때 사용된다.
- 여러 가지 접속사에 대해 익히고, 이를 다양한 표현에 응용해 본다.
- 관사[II]에서는 앞서 배운 정관사와 부정관사의 형태가 문장 안에서 다양하게 활용되는 용법에 대해 익힌다.

1 현재완료 Pretérito perfecto de indicativo

'haber 현재 + 과거분사'의 형태로 행위의 완료, 경험 등을 표현한다.

→ 이번 달
→ 이번 주
→ 오늘
현재

1.1. 현재완료의 형태: 'haber 현재완료 + 과거분사'

	단수		복수	
1인칭	he	hablado	hemos	hablado
2인칭	has	hablado	habéis	hablado
3인칭	ha	hablado	han	hablado

1.2. 현재완료의 용법

① 현재까지 포함된 시점에 어떤 행위가 완료되었을 때

Ej. Hoy me he levantado muy temprano.
나는 오늘 매우 일찍 일어났다.

> 'he levantado' 사이에는 어떤 단어도 위치하지 못한다.

Esta semana nosotras hemos ido varias veces a la cafetería.
이번 주에 우리는 여러 번 카페테리아에 갔다.

> ‘varias veces’가 있어서 ‘iba’를 사용해야 할 것처럼 보이기도 하지만, ‘esta semana’, 즉 이번 주에 벌어진 일이기 때문에 현재완료로 나타낸다. ‘iba’는 과거의 반복된 습관을 나타낼 때 사용한다.

Este siglo han ocurrido grandes acontecimientos.

이번 세기에는 중요한 사건들이 벌어졌다.

> ‘este siglo’처럼 광범위한 기간을 나타내더라도, 현재 시점을 포함하면 현재완료로 표현한다.

Ayer mi hija pequeña leyó muchos libros, pero hoy no ha leído nada.

어제 나의 작은 딸은 많은 책을 읽었는데, 오늘은 아무것도 읽지 않았다.

② 현재와 가까운 시점임에도 완료된 행위를 의미할 때

Ej. Esteban ha estudiado la historia de Corea hace un rato.

조금 전까지 에스테반은 한국사를 공부했다.

> ‘hace un momento, hace poco’ 등도 현재완료와 함께 사용한다.

Mi sobrina les ha enviado un correo a sus padres.

나의 조카는 그의 부모님에게 메일을 보냈다.

> ‘acabar de 동사원형’의 의미와 동일하게 사용되는 경우가 많다. 예를 들면, ‘acaba de enviar’ 등으로 표현할 수 있다.

③ todavía, siempre, ya, aún, nunca, alguna vez 등과 어울려 완료를 나타낼 때

Ej. Todavía no he terminado mis tareas.

나는 아직 나의 과제를 끝내지 못했다.

Isabel siempre ha querido venir a Corea.

이사벨은 항상 한국에 오기를 원했다.

Nunca he conocido a una persona tan tacaña.

나는 그렇게 구두쇠인 사람을 알지 못했다.

– ¿Alguna vez has probado la paella valenciana?

– Sí, la probé el año pasado en Valencia.

너는 발렌시아식 빠에야를 먹어 본 적이 있니?

응, 작년에 발렌시아에서 먹어 봤어.

④ 과거의 어느 시점을 밝힐 필요 없이, 단지 과거의 경험을 나타낼 때

Ej. En toda mi vida he viajado a cuatro países.
일생 동안 나는 4개국을 여행했다.

Todavía usted no ha estado en mi país.
당신은 아직 나의 나라에 가 보지 못했다(있어 보지 못했다).

– ¿Ya habéis visto esa película que está de moda?
너희들은 지금 유행하는 그 영화를 이미 봤니?

1.3. 부정과거와 현재완료의 차이

부정과거는 현재 시점과는 연관이 없는 과거에 벌어진 일들을 표현한다. 반면 현재완료는 현재 시점과 연관이 있는 일을 나타낸다.

Ej. – ¿Qué hiciste la semana pasada? 너는 지난주에 뭐 했니?
– Fui a ver a un amigo español. 나는 스페인 친구를 보러 갔어.

– ¿Qué has hecho esta mañana? 오늘 아침에 너는 뭐 했니?
– He ido a la estación de trenes para buscar a un amigo.
나는 친구를 마중하러 기차역에 갔어.

2 과거완료(대과거) Pretérito pluscuamperfecto

'haber 불완료과거 + 과거분사'의 형태로, 특정한 과거 시점보다 앞서 벌어진 시점을 나타내는 표현이다.

2.1. 과거완료의 형태: 'haber 불완료과거 + 과거분사'

	단수		복수	
1인칭	había	hablado	habíamos	hablado
2인칭	habías	hablado	habíais	hablado
3인칭	había	hablado	habían	hablado

2.2. 과거완료의 용법

① 두 가지 과거 시점 중, 먼저 이루어진 상황을 표현할 때

Ej. Cuando Carlos llegó a la escuela, la clase ya había terminado.
카를로스가 학교에 도착했을 때, 수업은 이미 끝났다.

Yo me había dejado efectivo en casa por eso no pude comprar ninguna cosa.
나는 집에 현금을 두고 와서, 아무 물건도 사지 못했다.

Ana me dijo que había comprado el billete de avión para volver a España.
아나는 나에게 스페인으로 돌아갈 비행기 표를 샀다고 말했다.

Usted comentó que Pedro había cometido un grave error.
당신은 페드로가 심각한 실수를 저질렀다고 코멘트했다.

② 화자의 선택에 의해 비교적 먼 과거를 표현할 때

Ej. Habíamos visto a un antiguo amigo. ⇄ Vimos a un antiguo amigo.
우리는 옛 친구 한 명을 보았다.

> 이 경우에는 부정과거를 사용하는 것도 가능하다.

3 접속사 Conjunciones

3.1. 단어와 단어 혹은 문장과 문장을 연결하거나, 종속절을 만들 때 사용한다.

► y: 그리고, ~와

Ej. Quiero comprar las sillas y las mesas. 나는 의자와 탁자를 사고 싶다.
Mi padre habla francés e inglés. 아버지는 프랑스어와 영어를 말한다.

► o: 혹은, ~아니면

Ej. – ¡Ser o no ser, esa es la cuestión! 사느냐 죽느냐, 그것이 문제로다!
Tengo siete u ocho bolígrafos. 나에게는 일곱 혹은 여덟 개의 볼펜이 있다.

► ni: ~도 아니고, ~조차도

Ej. Estos días no escribo ni cartas ni correos.
요즘에 나는 편지도 메일도 안 쓴다.

No puedes ni imaginar cómo era la situación.

너는 상황이 어떠했는지 상상조차도 못한다.

> 'ni'는 조동사 앞에 자리할 수 있다.

▸ pero: 그러나

Ej. Mis hijas quieren ir a España, pero mi mujer quiere ir a México.

나의 딸들은 스페인에 가기를 원하지만, 나의 아내는 멕시코에 가기를 원한다.

Isabel es simpática, pero no estudiosa.

이사벨은 착하지만 공부를 잘하지는 못한다.

▸ sino: ~이 아니라

Ej. Miguel no es gordo sino delgado. 미겔는 뚱뚱한 것이 아니라 날씬하다.

> no A sino (que) B: A가 아니라 B이다.

▸ no solo A sino (que) también B: A뿐만 아니라 B도

Ej. Ese hombre no solo fuma sino que también bebe alcohol.

그 남자는 담배를 피울 뿐만 아니라 술도 마신다.

Fernando solía estudiar no sólo inglés sino también ruso.

페르난도는 종종 영어뿐만 아니라 러시아어도 공부를 했었다.

▸ más bien: 오히려

Ej. Cristina no me ignoró, más bien me quiso ayudar.

크리스티나는 나를 무시한 것이 아니라 오히려 나를 돕기를 원했다.

▸ puesto que: ~함으로(써), ~하니까

Ej. Puesto que me dijiste la verdad, yo también te la digo.

네가 나에게 진실을 말했으니까, 나도 너에게 진실을 말하겠다.

▸ ya que: ~하는 이상

Ej. Tenemos que esforzarnos al máximo, ya que depende de nosotros.

우리들에게 달려 있는 이상, 우리는 최선을 다해야 한다.

▸ como: ~처럼, ~해서, ~때문에

Ej. Como no vinieron tus padres, tienes que quedarte en la residencia.

너의 부모님들이 오시지 않았기 때문에, 너는 기숙사에 남아야 한다.

► en tanto que: ~인 동안

Ej. En tanto que eres universitario, tienes que disfrutar de la vida del campus.
대학생인 동안, 캠퍼스의 생활을 즐겨야 한다.

► apenas: ~을 하자마자, 거의 ~하지 않다

Ej. Apenas los chicos bajaron del autobús, se marchó con mucha prisa.
소년들이 버스에서 내리자마자, 급하게 떠났다.

En plena noche sin luna, apenas se ven los caminos.
달이 없는 한밤중에는 길들이 보이지 않는다.

► tanto/tan A que B: 너무 A해서 B하다

Ej. Yo estaba tan cansado que no pude ducharme por la noche.
나는 너무 피곤해서 밤에 샤워도 할 수 없었다.

Ella tiene tanto dinero que no sabe cómo gastarlo.
그녀는 돈이 너무 많아서 그것을 어떻게 쓸 줄을 모른다.

► de modo que(=de manera que, así que): ~하기에, ~하므로, 그래서

Ej. Nos vamos temprano de modo que podemos llegar a tiempo.
우리는 일찍 출발하기에, 시간 안에 도착할 수 있다.

La estudiante mexicana no quiso ir a la excursión, de modo que fue Carmen.
멕시코 여학생이 소풍 가기를 원하지 않아서, 카르멘이 갔다.

3.2. 접속사 que의 다양한 용법

① 명사적 용법 중 보어로 사용되는 경우

Ej. Lo cierto es que el testigo no estuvo allí.
확실한 것은 증인이 거기에 없었다는 것이다.

② 문장을 명사화하여 주어로 사용되는 경우

Ej. Que no fuiste a verla a ella fue un problema grave.
네가 그녀를 보러 가지 않은 것이 심각한 문제였다.

③ 내용을 강조하는 경우

Ej. ¡Que no vas a ir a la escuela! 학교에 안 가겠다고!

¡Que te quiero mucho! 너를 많이 사랑한다고!

4 관사[II] Artículos

4.1. 정관사의 용법

① 명사 전체를 한정하며 추상명사나 부정사 앞에 사용할 때

Ej. Los hombres tienen que comer para vivir. 인간은 살기 위해 먹어야 한다.

El alcohol perjudica seriamente la salud. 술은 건강을 심각하게 해친다.

Generalmente las flores son bonitas. 보통 꽃들은 예쁘다.

La idea brillante crea la vida cómoda. 훌륭한 아이디어는 편안한 삶을 창조한다.

El hablar bien otro idioma es difícil.

외국어를 잘 말하는 것은 어렵다.

Actualmente es muy importante (el) convivir con otras personas.

현재에는 다른 사람과 조화롭게 사는 것이 매우 중요하다.

> 'ser' 동사의 주어가 길면 문장의 뒤에 배치하고, 관사를 생략하기도 한다.

② 존칭(타이틀) 앞에 사용할 때

Ej. El señor González es mi profesor.

곤살레스 씨는 나의 교수님이시다.

La señorita Martínez debe de ser mexicana.

마르티네스 양은 멕시코 여자임에 틀림없다.

– ¿Cómo está, señora Jiménez. Está bien, ¿no?

– ¡Ah! Señor Núñez. Estoy estupenda. Gracias.

히메네스 부인, 안녕하세요? 잘 계시지요?

아! 누녜스 씨. 저는 아주 잘 있습니다. 고맙습니다.

> 존칭이 대화문 내의 호칭일 때는 정관사를 생략한다.

③ 신체의 한 부분이나 소유한 물건을 지칭할 때

Ej. Las suecas tienen los ojos azules normalmente.
대개 스웨덴 여자들은 파란 눈을 갖고 있다.

> 그들의 눈이라고 생각하여 소유 형용사 'sus'를 사용하면 안 된다.

Ayer me dolió la cabeza. 어제 나는 머리가 아팠다.

A mi hija se le dobló el tobillo. 나의 딸이 발목을 삐었다.

Tuvimos que levantar la mano cuando teníamos alguna duda.
우리는 어떤 의문이 있을 때마다 손을 들어야만 했다.

– Hoy no quiero ponerme la corbata porque hace bastante calor.
오늘은 아주 덥기 때문에, 나는 넥타이를 매기 싫다.

④ 시간, 식사, 운동경기, 연령 등을 말할 때

Ej. Son las seis y media. 여섯 시 반이다.

Después de la cena, hemos jugado al tenis. 저녁식사 후에, 우리는 테니스를 쳤다.

A los veinte años me fui a España. 스무 살 때 나는 스페인으로 갔다.

> 'Tengo veinte años.'라는 문장처럼 'tener'를 사용하여 나이를 표현할 때는 관사를 생략한다.

4.2. 부정관사의 용법

① 수의 개념으로 사용할 때

Ej. Ella vendió unos libros. 그녀는 몇 권의 책을 팔았다.

Tengo unos cuadros muy famosos. 나는 유명한 그림 몇 점을 갖고 있다.

② 비유를 나타낼 때

Ej. Pedro habló como un político. 페드로는 (정치가가 아닌데도) 정치가처럼 말했다.

> Pedro habló como político. 페드로는 정치가로서 말했다.

– No te comportes como un tonto. 바보처럼 행동하지 마라.

> 'comportarse'의 부정명령 형태이다.

4.3. 관사의 생략

① 'ser' 동사의 보어로 사용될 때

Ej. Ella es colombiana. 그녀는 콜롬비아 여자이다.
Mi padre es cocinero. 나의 아버지는 요리사이다.

> 하지만 수식을 받는다면 관사를 사용한다. Mi padre es un cocinero muy famoso.

② 'hay, tener' 동사의 목적어로 사용될 때

Ej. Hay libros. 책들이 있다.
Tengo libros. 나는 책들을 갖고 있다.

③ 물질명사가 목적어로 등장할 때

Ej. Hemos bebido vino en la comida. 우리는 점심식사에 포도주를 마셨다.
Antonio escribe novelas. 안토니오는 소설을 쓴다.

> 'Antonio publicó una novela.'라고 하면 '안토니오는 소설 한 권을 출간했다.'라는 의미가 된다.

Pepe siempre come carne. 페페는 항상 고기를 먹는다.

④ 형용사구로 사용되는 '명사 + de, en, con' 다음의 경우

Ej. el café con leche 라테 커피
el profesor de español 스페인어 교수
el libro escrito en inglés 영어 책(영어로 쓴 책)

⑤ hablar, aprender, estudiar 등과 사용될 때

Ej. Queremos hablar español cuanto antes. 되도록 빨리 우리는 스페인어를 말하고 싶다.
Estudio chino desde hace 3 años. 3년 전부터 나는 중국어를 배우고 있다.
Tenemos que aprender bien el español cuanto antes.
되도록 빨리 우리는 스페인어를 제대로 배워야 한다.

> 'bien'이라는 부사가 삽입되면 정관사를 사용할 수 있으며, 강조의 의미이다.

4.4. 중성관사 'lo'의 용법

① lo + 형용사

Ej. Lo bueno es que se cambia cada mes. 좋은 것은 매월 바뀠다는 것이다.
Lo más fácil era estudiar. 가장 쉬웠던 것은 공부하는 것이었다.

② lo de + 명사

Ej. – ¿Sabes lo de Juan? Me refiero a lo de ayer.
후안의 일을 알고 있니? 어제의 일을 언급하는 거야.

③ lo + 과거분사

Ej. – ¡Hombre! Lo ocurrido ya es pasado.
이 사람아! 일어났던 일은 벌써 과거야.

lo dicho 말했던 것　　lo hecho 했던 것

④ lo que + 동사 = 명사화

Ej. lo que ella dijo 그녀가 말했던 것
lo que hago 내가 한 것
No me gustó lo que ella me dijo. 나는 그녀가 나에게 말한 것이 마음에 들지 않았다.
Lo que hizo tu padre es por ti. 너의 아버지가 한 일은 너 때문이다.
Lo que comiste ayer fue carne de cordero.
네가 어제 먹은 것은 양고기였다.

4.5. 중성대명사 'lo'

중성관사와 모양은 같지만, 주로 'ser, estar, parecer' 동사의 보어를 대신할 때 사용된다.

Ej. – Carmen es simpática, ¿no? 카르멘은 상냥하지요, 그렇지요?
– Sí, lo es. 예, 그렇습니다.
Estoy cansadísimo. Lo estoy desde hace tres horas.
나는 매우 지쳐 있다. 세 시간 전부터 이렇게 지쳐 있다.
Pienso que el maestro está enfadado, aunque no lo parece.
비록 그렇게 보이지는 않지만, 나는 선생님이 화가 나 있다고 생각한다.

EJERCICIO _제13과 연습문제

1 문장에 알맞은 동사의 변화형을 쓰시오.

1) Hoy me ________ muy temprano. (levantarse)

2) Esta semana nosotros ________ tres veces a la biblioteca. (ir)

3) Este verano ________ mucho calor en Daegu. (hacer)

4) Cuando María llegó a la escuela, sus compañeros ya ________ . (llegar)

5) – ¿Qué has hecho esta mañana? – ________ un libro. (leer)

6) Todavía yo no ________ esta marca de vino español. (probar)

7) ¿Alguna vez ________ tú un Ferrari? (conducir)

8) Antes de comenzar el partido, el estadio ya ________ lleno. (estar)

9) Pepe me dijo que ________ con Susana. (romper)

10) Hace un rato que usted ________ nuestro problema. (resolver)

2 다음 스페인어 문장을 해석하시오.

1) No puedo ni hablar de ese tema.

2) Él hablaba tan de prisa que nadie lo comprendió.

3) Juan no se parece a su padre, más bien se parece a su tío.

4) Apenas terminaste tus deberes, te fuiste a jugar al tenis.

5) En tanto que estás estudiando, es mejor no escuchar la radio.

6) Ya que no vamos a usarlo, podéis usarlo.

7) Como Pedro no había llegado a tiempo, no pudo entrar en ese concierto.

8) Luis no solo estudia mucho sino que también juega bien al fútbol.

9) Tú tienes que resolver este problema, puesto que no hay más remedio.

10) Ellos estaban tan cansados que no quisieron tomar la cena.

3 밑줄 친 부분에 알맞은 관사(정관사, 부정관사, 중성관사)를 쓰시오.

1) ________ hombres tienen que trabajar hoy en día.
2) Los estudiantes aprenden ________ español.
3) Luis es ________ de mis amigos.
4) No puedo creer ________ que ella me dijo.
5) Ayer bebimos ________ vino.
6) – ¿Cómo está ________ señor López?
7) Fernando es muy guapo. Tiene ________ ojos grandísimos.
8) ________ más difícil era entenderte.
9) A ________ treinta y dos años, él se casó con una mujer italiana.
10) Tenemos que recordar ________ ocurrido en el pasado.

EJERCICIO _제13과 연습문제

4 다음 문장을 스페인어로 작문하시오.

1) 오늘 아침에 나는 늦게 일어났다.

2) 방금 전에 우리는 우리의 과제를 끝냈다.

3) 페드로는 나에게 책을 집에 두고 왔다고 말했다.

4) 루이스는 아직 아르헨티나 소고기를 먹어 보질 못했다.

5) 네가 스페인에 가기를 원하니까, 그것을 허락하겠다.

6) 그들이 그저께 산 것은 고장난 시계였다.

7) 나는 지금 아주 바쁘다. 이번 주 내내 이렇게 바쁘다.

8) 스페인어에서 가장 어려운 것은 동사이다.

9) 어제 너는 너무 화가 나서, 일찍 집으로 가버렸다.

10) 당신들은 한마디 답변도 없이 밤새 의자에 앉아 있었다.

DIÁLOGO _제13과 대화문

Diálogo 1 Dieta

Pista 21

Elena	:	¿Qué has comido hoy?
Carmen	:	Hoy he comido solo ensalada, ya que estoy a dieta.
Elena	:	¡Que otra vez estás a dieta! Hace poco que has hecho una, ¿no?
Carmen	:	Esta vez la hago en serio. Esta mañana no solo he corrido por el parque sino que tampoco he desayunado. ¡Bueno, solo café!
Elena	:	Me parece estupendo hacer una dieta. Pero una buena dieta no es comer poco sino comer equilibradamente.
Carmen	:	Te he entendido bien. ¿Tú alguna vez has hecho dieta?
Elena	:	También la había hecho antes pero no conseguí perder peso.
Carmen	:	Por cierto, ¿has hablado con Pedro de la tarea?
Elena	:	El jueves pasado hablé con él pero no nos hemos puesto de acuerdo.
Carmen	:	Ni yo. He llamado a Juan y ni siquiera he podido hablar con él. Estoy tan cansada que quiero dejar de ser su compañera de equipo.
Elena	:	Estos dos chicos nunca nos han ayudado en nada, más bien nos han creado problemas.
Carmen	:	¡Ay! ¡Pobres de nosotras! ¿Qué le vamos a hacer? Así es la vida.
Elena	:	¡Qué hombres!

여기서 Point

⇒ 'no solo A sino que tampoco B'는 'A뿐만 아니라 B도 역시 아니다'라는 의미이다.

⇒ 'no A sino B'는 'A가 아니라 B이다'란 뜻이다.

⇒ '¡Pobres de nosotras!'는 '불쌍한 우리들' 정도로 이해하면 된다. 또한 '¡Pobres de mí!'라고 하면 '불쌍한 나로군!'이라는 의미가 된다.

⇒ 'ni siquiera'는 '~조차도 아니다'라는 뜻이다.

Diálogo 2 Un viejo amigo

Pista 22

Adela	:	¡Oye! ¿Sabes lo que pasó la semana pasada?
Eva	:	¿Qué es lo que pasó?
Adela	:	No puedes ni imginar lo que ocurrió. Por fin han roto Ramón y Juana.
Eva	:	¡Mentira! No puedo creerlo. Pero si parecían la pareja perfecta. ¿Y sabes por qué?
Adela	:	Dicen que a Juana no le ha gustado lo que le ha dicho Ramón a otra chica. También se dice que esta vez es ya la tercera vez.
Eva	:	¡Bueno! Vamos a hablar de los nuestros. ¿Qué tal Rafael?
Adela	:	Está bien. Se ha comportado bien conmigo estos días. ¿Y Víctor?
Eva	:	Ya sabes que hoy por la mañana se ha marchado a Alemania para dos meses. Ya lo echo de menos.
Adela	:	Esta ya es la cuarta vez, ¿no? ¿Qué hace allí?
Eva	:	La verdad es que no sé muy bien lo que hace en Alemania.
Adela	:	Rafael me ha dicho que tenía un viaje de negocios a Corea por primera vez. Lo bueno de su trabajo es que viaja por todo el mundo.
Eva	:	Hasta ahora, ¿cuántos países ha visitado?
Adela	:	Deben de ser más de una docena de países.
Eva	:	¡Qué envidia!

여기서 Point

⇒ 'No puedes ni imginar.'에서 'ni'는 강조의 의미로 사용되었다.
⇒ 'Pero si~'는 '~이었잖아, ~했잖아' 등으로 해석할 수 있다.
⇒ para 다음에 기간을 나타내는 단어를 쓰면, '~동안'이라는 의미를 나타낸다.
⇒ docena는 12개로 이루어진 1다스를 의미한다.

VOCABULARIO & EXPRESIÓN

제13과 어휘 및 표현

actualmente	현재에는
adiestramiento	훈련
apenas	거의 ~않다
aún	아직
billete	표
broma	농담
carácter	성격
carne	고기
conque	그래서
cordero	양
cuestión	문제
dieta	다이어트
docena	12개의, 1다스의
duda	의문
efectivo	현금
envidia	부러움
equilibradamente	균형 있게
excusa	핑계
generalmente	보통, 대개
imaginar	상상하다
lágrima	눈물
más bien	오히려
negocio	거래, 사업
perjudicar	해를 끼치다
perfecto	완벽한
pleno	완전한, 중앙의
político	정치인
pues que	~이니까
puesto que	~하니까
referirse a	~을 언급하다
remedio	대책, 수단
siempre	항상
siglo	세기
sobrino	조카
sueco	스웨덴 사람
tacaño	구두쇠의
testigo	증인
tobillo	발목
todavía	아직
ya que	~하는 이상

LECCIÓN 14
제14과

학습목표

❖ 관계사의 다양한 형태와 표현에 대해 알아본다. 관계사란 관련이 있는 두 개의 문장을 하나의 문장으로 연결하기 위해 사용하는 품사로, 스페인어의 관계사에는 'que, quien, cuando, donde, como, cuanto' 등이 있다.
❖ 관계대명사, 관계형용사, 관계부사 등에 대해 자세히 익힌다.
❖ 수사[II]에서는 100 이상의 수사에 대해 알아본다.

1 관계사 Relativos

	단수		복수		중성
	남성	여성	남성	여성	
대명사	(el) que el cual quien	(la) que la cual quien	(los) que los cuales quienes	(las) que las cuales quienes	lo que lo cual
형용사	cuyo	cuya	cuyos	cuyas	-
대명사, 형용사	cuanto	cuanta	cuantos	cuantas	cuanto
부사	donde, cuando, como				

1.1. 관계대명사(Pronombre relativo)

관계대명사에는 형용사절로서 형용사나 형용사구가 표현하지 못하는 경우 선행사를 수식하는 경우와 명사를 대신하여 주어로 사용되는 두 가지 경우가 있다. 따라서 보통 두 개의 문장이 하나의 문장으로 이어진 형태로 제시된다. 관계대명사는 의문대명사와 형태가 동일하나, 의문대명사와 달리 악센트가 없다는 점을 기억하자.

① que

que는 선행사로 사물과 사람이 모두 올 수 있다. 선행사의 성·수에 따라 형태가 변하지 않고, 관계절에서의 역할과도 무관하게 사용된다.

a) 선행사가 사물인 경우

Ej. Yo compré el coche.
El coche es caro.

→ Yo compré el coche (que es caro). 나는 비싼 차를 샀다.

> 위의 문장에서는 coche가 중복되므로, 관계대명사 que를 사용해 관계절을 만들었다. 이 관계절이 선행사인 coche를 수식하고 있어, 형용사적 용법으로 사용되었음을 알 수 있다. 한편 que는 관계절 내에서는 주격에 해당한다.

→ El coche que compré (yo) es caro. 내가 산 차는 비싸다.

> 이때 que는 관계절 내에서 목적격에 해당한다.

Ej. Yo compré las casas.

Las casas son bonitas.

→ Yo compré las casas que son bonitas.

→ Las casas que compré (yo) son bonitas.

내가 산 집들은 예쁘다.

que 앞에 전치사가 오는 경우도 있다. 이는 결합되기 전의 두 문장 중 한 문장이 전치사를 동반하고 있기 때문이다.

Ej. Juan habla de la tarea.

La tarea es difícil.

→ La tarea de la que habla Juan es difícil. 후안이 말한 숙제는 어렵다.

> tarea를 관계사인 que로 변환하고, 그 앞의 전치사 'de'는 관계사 'que'와 함께 선행사 뒤에 위치시킨다. 따라서 이때 관계사 que는 전치격에 해당한다.

Ej. Fue un proyecto muy importante.

Los especialistas participaron en el proyecto.

→ Fue un proyecto muy importante en el que participaron los especialistas.

전문가들이 참여했던 것은(프로젝트는) 매우 중요한 프로젝트였다.

b) 선행사가 사람인 경우

Ej. La maestra que vino a enseñar a mi hija me conoce.

내 딸을 가르치러 온 선생님은 나를 안다.

> 위 문장에서는 관계사 que를 quien으로 바꾸지 못한다. 이를 바꾸게 되면 설명절이 되기 때문이다.

Ej. El chico que vi ayer en el gimnasio es Marcos.

= El chico a quien vi ayer en el gimnasio es Marcos.

내가 어제 체육관에서 본 소년은 마르코스이다.

> 'Vi al chico ayer.'이란 문장에는 전치사 'a'가 사용되지만, 직접 목적격이라면 'a'를 생략한다. 왜냐하면 관계절의 주어가 'yo'라는 것이 확실하고, 'que'가 목적격이라는 것도 확실하기 때문이다. 이처럼 사람이 선행사이면 '전치사+que'는 사용하지 않고, 대신 '전치사+el que, la que' 등을 사용해야 한다. 혹은 '전치사+quien'을 사용하기도 한다.

El chico del que habla Nacho es español.

나초가 말한 그 소년은 스페인 남자이다.

c) 선행사가 부정어인 경우

이 경우는 부정사가 관계사와 함께 사용되며, 마치 형용사처럼 앞의 명사를 수식하므로 형용사적 용법이라고 한다.

▶ **명사 + (전치사) + 관계사 + 동사원형**: ~할

Ej. Yo no tengo casa en que vivir.

나는 살 집이 없다.

Carlos no tiene un lugar adonde ir.

카를로스는 갈 곳이 없다.

Isabel no tiene ni una pluma con que escribir.

이사벨은 쓸 펜조차도 없다.

▶ **부정어(不定語) + que + 동사원형**: ~해야 할

Ej. Hay otras cosas que investigar.

연구해야 할 다른 것들이 있다.

En aquel momento no teníamos nada que hacer.

그때 우리는 아무것도 해야 할 일이 없었다.

Te dimos algo que estudiar.

우리는 너에게 공부해야 할 것을 주었다.

② quien

선행사로 사람만 올 수 있으며, 선행사의 수에 의해서만 변화한다. quien이 관계절에서 주격으로 사용될 때는 설명절의 용법으로만 쓰인다. 제한절에서는 '전치사 + quien'의 형태로 사용된다.

a) 설명적 용법으로 사용되는 경우

Ej. Pedro, quien estudió en la universidad, llegó a ser abogado.
대학에서 공부했던 페드로는 변호사가 되었다.

위 문장의 quien은 관계절에서 주어 역할을 하므로, 이를 설명절이라고 부른다.

Yo les envié un regalo a mis padres, quienes viven en otra ciudad.
나는 부모님에게 선물을 보냈고, 그들은 다른 도시에 살고 계신다.
(부모님은 다른 도시에 살고 계시는데, 나는 그들에게 선물을 보냈다.)

b) 제한절 '전치사 + quien'의 형태로 사용되는 경우(=el que, la que, los que, las que)

Ej. El hombre a quien tienes que saludar está en el salón.
네가 인사를 해야 할 사람은 거실에 있다.
(El hombre está en el salón. + Tienes que saludar al hombre.)

El profesor de quien hablamos nosotros ayer se fue a su país.
어제 우리가 이야기한 그 교수는 그의 나라로 갔다.
(El profesor se fue a su país. + Nosotros hablamos del profesor.)

¿Dónde vive la chica con quien sale Carlos?
카를로스랑 사귀는 여자가 어디에 살고 있니?
(¿Dónde vive la chica? + Carlos sale con la chica.)

La persona por quien estoy interesado debe ser honesta.
내가 관심 있는 사람은 정직해야 한다.
(La persona debe ser honesta. + Estoy interesado por la persona.)

c) 선행사가 내포되어 명사적 용법으로 사용되는 경우

Ej. Quien habla mucho sabe poco. 말이 많은 자는 조금밖에 모른다.

Este hombre es quien(=el que) baila mejor. 이 남자가 춤을 잘 추는 사람이다.

Isabel es quien(=la que) estudia más en la clase.
이사벨은 반에서 공부를 많이 하는 사람이다.

d) 'ser + 전치사 + quien'의 형태로 사용되는 경우

Ej. Este estudiante es a quien tengo que enseñar español.
이 학생이 내가 스페인어를 가르쳐야 하는 학생이다.

Tú no eres con quien estoy enfadado. Lo es Mario.
내가 화가 난 사람은 네가 아니다. 마리오이다.

③ el que, la que, los que, las que 등은 사람과 사물 모두 선행사로 올 수 있고, 주로 전치사가 동반되는 경우에 사용한다. 또한 두 개의 명사가 있을 때 선행사를 확실히 구별해 준다. 선행사가 내포된 경우에도 사용 가능하다.

Ej. La universidad en la que estudiamos es famosa.
우리가 공부하는 대학은 유명하다.

El bolígrafo con el que escribo es de Juan.
내가 쓰고 있는 볼펜은 후안의 것이다.

La chica con la que sale Andrés es rubia.
안드레스와 사귀는 여자아이는 금발이다.

Los que no tienen coche, pueden venir conmigo.
차가 없는 사람들은 나와 함께 갈 수 있다.

El novio de ella, el que visitó Madrid, va a cenar aquí.
그녀의 애인은 마드리드를 방문했는데, 그는 여기서 저녁식사를 할 것이다.

> 만약에 ella가 마드리드를 방문했다면, la que로 쓰면 된다.

④ el cual, la cual, los cuales, las cuales 등은 el que 등과 동일하게 사용된다. 단 선행사가 내포된 경우에는 사용하지 않는다.

Ej. Llegaron a Daegu Tomás y Alicia, la cual perdió su maleta.
토마스와 알리시아가 대구에 왔는데, 그녀(알리시아)는 가방을 잃어버렸다.

La ventana por la cual entró el gato estaba abierta.
고양이가 들어온 창문은 열려 있었다.

⑤ lo que, lo cual은 서로 동일하게 사용되고, 앞의 문장 전체 혹은 일부를 받는다. lo cual은 선행 문장이 없으면 사용하지 않는다.

Ej. Los alumnos estudian mucho, por lo que (cual) estoy contento.
학생들이 열심히 공부를 해서, 나는 그것이 만족스럽다.

Ana no ha venido a verme, lo que (cual) lamento mucho.
아나가 나를 보러 오지 않았는데, 나는 그것을 매우 유감으로 느낀다.

Lo que me encantó fue que mi hija había sacado buenas notas.
내가 매우 좋았던 것은 나의 딸이 좋은 성적을 얻은 것이었다.

Lo que piensas es bueno. (o)

Lo cual piensas es bueno. (x)

⑥ quien, el que, el cual의 용례상의 차이

문장에서 어떤 관계사를 선택하는가는 화자의 의지에 따라 달라지지만, 보편적으로 다음의 사항에 따라 선택한다.

Ej. La chica con quien(= la que, la cual) sale Nacho es rubia.

> 선행사가 사람이고 전치사가 con, de, en, a일 때, quien을 사용한다.

La universidad en (la) que estudiamos es famosa.

> 선행사가 사물이면 que를 사용하고, 정관사도 생략할 수 있다.

El centro dentro del cual se celebra el acto tiene una sala grande.

> 두 개 이상의 전치사로 이루어진 경우라면, '정관사+cual'을 선호한다.

1.2. 관계형용사(Adjetivo relativo)

① cuyo, cuya, cuyos, cuyas

소유형용사 'su, suyo' 대신 사용하여, 두 개의 문장을 하나로 결합하는 역할을 한다. cuyo 등은 선행사에 의해 소유의 의미를 나타내지만, 그 역할은 뒤에 오는 명사를 수식하는 것이므로 명사의 성·수와 일치해야 한다.

Ej. Ayer vi a Juan, cuya profesión es abogado.

어제 나는 후안을 보았는데, 그의 직업은 변호사이다.

(Ayer vi a Juan. Su profesión es abogado.)

Fuimos a la cafetería nueva, cuyo diseño nos gustó mucho.

우리는 새로 생긴 카페에 갔는데, 우리는 그 디자인을 좋아했다.

(Fuimos la cafetería nueva. Nos gustó mucho su diseño.)

Salgo con una chica mexicana, cuyos padres viven en Monterrey.

나는 멕시코 여자와 사귀는데, 그녀의 부모님은 몬테레이에 살고 계신다.

(Salgo con una chica mexicana. Sus padres viven en Monterrey.)

② cuanto, cuanta, cuantos, cuantas

수량을 의미할 때 사용하고, '~하는 모두' 혹은 '전부'의 의미를 나타낸다.

Ej. Ignacio compró cuantas gorras había en la tienda.

이그나시오는 가게에 있던 모자 전부를 샀다.

Puedo darte todo cuanto tengo ahora.

나는 너에게 지금 내가 갖고 있는 모두를 줄 수 있다.

'todo'는 강조를 의미한다. 이 문장에 사용된 관계형용사 'cuanto'는 중성으로 변화하지 않는다.

1.3. 관계부사(Adverbio relativo)

① donde(장소를 의미할 때 사용)

Ej. El piso donde (= en que) vivo está en segunda planta.

내가 사는 아파트는 2층에 있다.

David fue a un concierto, donde perdió su cartera.

다비드는 콘서트에 갔는데, 그곳에서 그의 지갑을 잃어버렸다.

Ana me indicó el sitio por donde habían salido los ratones.

아나는 나에게 쥐들이 나간 장소를 알려 주었다.

Aquí es donde comí el almuerzo con Clara ayer.

여기가 어제 클라라와 점심을 먹은 곳이다.

② cuando(시간이나 때를 의미할 때 사용)

Ej. Fue entonces cuando ocurrió el accidente.
그때가 사고가 벌어진 때이다.

Ahora es cuando tenemos que estudiar español.
지금이 우리가 스페인어를 공부해야 할 때이다.

③ como(방법을 나타낼 때 사용)

Ej. Ya sé la manera como puedo salir de aquí.
이제 여기서 어떻게 나가는지(나가는 방법) 안다.

Me encantó el modo como se actuaba Elena.
나는 엘레나가 행동하는 방식이 매우 좋았다.

2 수사[II] Numerales

2.1. 100 이상의 수 표현

100	cien(to)	600	seiscientos/-as
200	doscientos/-as	700	setecientos/-as
300	trescientos/-as	800	ochocientos/-as
400	cuatrocientos/-as	900	novecientos/-as
500	quinientos/-as	1000	mil

'quinientos, setecientos, novecientos' 등은 불규칙하게 표현된다.

Ej. ciento sesenta y nueve 169
cien mil 십만(100,000)
cien chicos 백 명의 소년들

숫자 100은 ciento라고 쓴다.

Ej. doscientos cincuenta y tres soldados　253명의 군인
quinientos quince euros　515유로
setecientas cuarenta y una sillas　741개의 의자
novecientas doce páginas　912페이지

Ej. 10,000　diez mil　일만
30,000　treinta mil　삼만

mil은 복수형이 존재하지 않는다.

Ej. 100,000　cien mil　십만
1,000,000　un millón　백만
8,000,000　ocho millones　8백만
40,000,000　cuarenta millones　4천만

Ej. docenas de personas　수십 명의 사람들
cientos de personas　수백 명의 사람들
miles de personas　수천 명의 사람들
millones de personas　수백만의 사람들

2.2. 서수(11°~90°)

11°	undécimo/-a	30°	trigésimo/-a
12°	duodécimo/-a	40°	cuadragésimo/-a
13°	decimotercero/-a	50°	quincuagésimo/-a
17°	decimoséptimo/-a	60°	sexagésimo/-a
20°	vigésimo/-a	70°	septuagésimo/-a
22°	vigésimo/-a segundo/-a	80°	octogésimo/-a
26°	vigésimo/-a sexto/-a	90°	nonagésimo/-a

EJERCICIO _제14과 연습문제

1 다음의 수 표현을 스페인어로 써 보시오.

1) 347 → ______
2) 101송이의 꽃들 → ______
3) 555 → ______
4) 715유로 → ______
5) 974명의 여학생 → ______
6) 24,000원 → ______
7) 408강의실 → ______
8) 2015년 → ______
9) 10,000 → ______
10) 2,345,678 → ______
11) 5백7십만 → ______
12) 2천8백만 → ______
13) 4천5백만 → ______
14) 수천 명의 관객들 → ______
15) 수십 명의 의사들 → ______
16) 제24회 → ______

2 적절한 관계사를 이용하여 두 개의 문장을 하나의 문장으로 만드시오(앞의 문장을 중심으로 할 것).

1) Tengo un coche. El coche tiene dos puertas.

2) Aquel es Antonio. Tenemos que hablar con él.

EJERCICIO _제14과 연습문제

3) Conozco a ese policía. Él me puso una multa ayer.

4) El fiscal está en su oficina. Tienes que decirle la verdad a él.

5) La muchacha se fue a su país. Fernando habló mal de ella.

6) El piso es grande. Vivimos en el piso.

7) La pluma es antigua. El profesor escribe con esa pluma.

8) Anoche quedé con Alicia. Su padre vive en México.

9) La ciudad tiene muchos habitantes. Dentro de la ciudad hay dos lagos.

10) El mes pasado vino un chico nuevo. Sus hermanas son amigas mías.

3 빈칸에 알맞은 단어를 쓰시오.

1) Este camarero _________ trabaja en mi restaurante tiene su clientela.

2) Visitaron Corea Julio y Teresa, ____ _____ era maestra en la escuela.

3) La puerta ____ ____ _____ salió el ladrón estaba rota.

4) ________ habla mucho sabe poco.

5) Antonio pasó vacaciones en esa playa, ________ conoció a su esposa.

6) Te quiero dar algo ________ estudiar.

7) Visité Nueva York el mes pasado, en ________ ciudad viven varias razas.

8) ________ mil menos treinta mil son setenta mil.

9) Pedro vendió ________ manzanas había en su frutería.

10) Alicia, ________ compró una casa grande, es rica.

4 다음 문장을 스페인어로 작문하시오.

1) 내가 공부했던 것은 나에게 좋은 기회를 제공했다.

2) 우리가 어제 시내에서 보았던 사람은 콜롬비아 사람이다.

3) 이 분이 네가 소포를 전달해야 하는 분이다.

4) 나는 한국의 역사책을 읽고 있는데, 그 역사는 복잡하다.

5) 지금이 우리가 새로운 삶을 시작해야 할 때이다.

EJERCICIO _제14과 연습문제

6) 그가 말한 문제는 매우 심각하다.

7) 아나는 함께 여행할 사람이 없습니다.

8) 호세는 그의 친구들 사이에서 많은 책을 읽는 사람이다.

9) 공부하기 싫어하는 사람들은 좋은 점수를 얻을 수 없다.

10) 내가 네가 프라이드 치킨을 먹는 방법이 마음에 들었다.

DIÁLOGO _제14과 대화문

Diálogo 1 En la empresa

Pista 23

Jefe	:	¡Hola! ¿Ya has hecho los informes que te pedí la semana pasada?
Empleado	:	Sí, se los he entregado a la secretaria esta tarde cuando se ha ido usted a la reunión.
Jefe	:	Muy bien. Tuve que reunirme con los franceses a quienes les debemos entregar esos informes.
Empleado	:	Conozco a uno de ellos cuyo nombre es Nicolás. Es el que visitó nuestra oficina en mayo.
Jefe	:	¡Correcto! Ese es el que nos pidió esos informes que hemos estado haciendo durante estos días.
Empleado	:	¿Qué tal fue la reunión?
Jefe	:	Pienso que ha salido muy bien. Aunque había una discusión con la hermana de Marcos, con el que yo trabajé en otra empresa.
Empleado	:	¿Y han hablado del otro proyecto en el cual participan los científicos?
Jefe	:	Sí. Y creo que van a incluir lo que investigamos.
Empleado	:	¡Qué bien! Lo que hicimos no fue en vano.
Jefe	:	Ahora es cuando tenemos que esforzarnos más.
Empleado	:	Sí, jefe. También ahora es cuando hay que celebrarlo con cerveza.
Jefe	:	De acuerdo. Vamos a ir.
Empleado	:	Entonces vamos a la *Cervecería Pepe*, donde se come muy bien.

여기서 **Point**

⇒ 'durante estos días'에서 'durante' 대신에 'en'을 사용해도 의미는 동일하다.
⇒ 'lo que investigamos'는 '우리가 연구하는 것'이란 의미이다. 이처럼 'lo que + 동사'의 형태는 '~하는 것'이라는 뜻을 나타낸다.
⇒ 'no fue en vano.'는 '헛되지 않았다'라는 의미이다.

Diálogo 2 La novia

Pista 24

Javier	:	¿De dónde es la chica con quien sales?
Roberto	:	Es una argentina cuyo nombre es Amanda. Es que me gusta hablar con ella porque su entonación es diferente de la nuestra.
Javier	:	¿Cuánto tiempo llevas saliendo con ella?
Roberto	:	Llevo medio año. La conocí a través de su hermano Pedro, quien fue mi compañero de universidad.
Javier	:	¿Por dónde la llevas los fines de semana?
Roberto	:	Vamos por ahí, donde se reúnen los jóvenes.
Javier	:	¿Habéis ido alguna vez al restaurante, el que abrió el mes pasado en nuestro barrio?
Roberto	:	Aún no hemos ido. ¿Hay alguna tapa buena?
Javier	:	Sí, hay varias. Sobre todo te recomiendo el pulpo a la gallega. Lo comí la semana pasada y estaba muy rico.
Roberto	:	De acuerdo. Voy a ir un día y pedir lo que me dijiste.
Javier	:	¡Pues, amigo! Me voy. Nos vemos.
Roberto	:	¡Chao!

여기서 Point

⇒ 'salir con~'이라는 표현에는 '사귀다'라는 뜻도 있다.
⇒ 'Es que ~'는 문장 앞에 붙는 관용구이다. 따라서 굳이 해석하지 않아도 무관하다.
⇒ 'medio año'는 '반 년', 즉 6개월을 가리킨다.
⇒ 'el pulpo a la gallega'란 '갈리시아식 문어'로, 나무 접시 맨 아래에 감자를 깔고, 그 위에 삶은 문어를 얇게 썰어 올린 후 올리브기름과 스페인식 고춧가루를 뿌린 음식이다.

VOCABULARIO & EXPRESIÓN

제14과 어휘 및 표현

accidente	사고
bolígrafo	볼펜
cartera	지갑
celebrar	축하하다
cervecería	맥주가게
científico	과학자
ciento	100
clientela	고객
discusión	논쟁
docena	12개의
entonación	억양
esforzarse	노력하다
especialista	전문가
fiscal	검사
gimnasio	헬스장
gorra	야구모자
habitante	주민
incluir	포함하다
informe	보고서
investigar	연구하다
interesado	관심 있는
lamentar	안타까워하다
lago	호수
maleta	가방, 트렁크
manera	방법
novecientos	900
participar	참여하다
periodismo	신문업, 저널리즘
planta	식물, 층(層)
proyecto	프로젝트
pulpo	문어
quinientos	500
ratón	쥐
reunión	회의, 모임
salón	거실
saludar	인사하다
secretaria	비서
secretaría	비서실
setecientos	700
tapa	덮개, 안주
tarea	숙제

LECCIÓN 15
제15과

학습목표

- ❖ 스페인어의 접속법은 한국어나 영어에는 없는 표현으로, 주절의 동사에 따라 사용 여부가 결정된다. 일반 동사와 뜻은 동일하나 어미의 형태가 변화하는 방법이라고 이해할 수 있다.
- ❖ 접속법은 주절 동사의 의미에 따라 명사적, 형용사적, 부사적 용법 등으로 구분되며, 때로는 주절 동사와 무관하게 접속법이 사용되기도 한다.

1 접속법 Subjuntivo

접속법은 희망, 금지, 요구, 회의 등 화자의 주관적인 감정을 표현하는 방법이다. 감정을 나타내는 동사를 주절에 사용하고, 종속절의 동사에 접속법 변화형을 사용하여 나타낸다. 이때 종속절의 내용은 미래에 벌어질 일이나 가능성을 나타낸다. 접속법에서는 주절과 종속절에 서로 다른 주어가 등장해야 한다. 이때 주절의 시제에 따라 접속법의 시제도 현재 변화형과 과거 변화형으로 나뉜다. 한편 단문에서 접속법을 사용하는 경우도 있다.

1.1. 희망, 원망, 가능성의 표현

Ej. Juan estudia. 후안은 공부한다.
Juan estudió. 후안은 공부했다.
Juan estudiará. 후안은 공부할 것이다.

위의 세 문장은 지금까지 주로 다루었던 직설법 표현이다. 만약 이를 '나는 후안이 공부하기를 희망한다.'라는 의미로 표현하기 위해서는 estudiar를 접속법으로 바꾸어야 한다. 또한 '후안은 공부를 할 가능성이 있다.'라는 의미로 표현할 때도 접속법을 사용해야 한다. 한편 지금은 수영장이 있는 집이 없지만, 이런 집을 갖고 싶다는 희망을 나타낼 때도 접속법을 사용한다.

Ej. Yo espero que Juan estudie.
Puede que Juan estudie.
Quiero tener un piso que tenga piscina.

1.2. 화자의 의지 밖의 세계 표현

Ej. Yo llamaré a Juan antes de estudiar. 나는 내가 공부하기 전에 후안에게 전화를 하겠다.
Yo llamaré a Juan antes de que él estudie.
나는 후안이 공부를 하기 전에 그에게 전화를 하겠다.

첫 번째 예문에서는 전화를 하는 것도 '나'이고 공부를 하는 것도 '나'이기 때문에, 두 동사의 행위는 화자의 의지 안에서 이루어진다. 그러나 두 번째 예문에서는 전화를 하는 것은 '나'이지만, 공부를 하는 것은 '후안'이다. 즉 그가 언제 공부를 할 것인지는 '나'의 의지 밖의 세계에서 일어나는 일이 된다. 이처럼 화자의 의지 안의 세계를 나타내는 표현에는 직설법(llamar)을 사용하지만, 의지 밖의 세계(후안의 세계)를 나타내는 표현에서는 접속법(estudiar)을 사용한다.

1.3. 감정의 표현

Ej. Me alegro de que Juan haya aprobado el examen.
나는 후안이 시험에 통과해서 기쁘다.

종속절의 상황이 이미 벌어진 일이지만, 주절의 동사가 나타내는 감정은 화자의 주관에 의한 것이기 때문에 접속법을 사용한다. 또한 '후안'은 '나'를 기쁘게 하기 위해서만 공부한 것이 아니라, 시험에 통과하려는 '후안' 자신의 의지로 공부를 한 것이기도 하기 때문에 이 경우에도 접속법을 사용한다.

1.4. 의심, 부정 혹은 의문의 표현

Ej. Dudo que Juan sea peruano. 나는 후안이 페루 사람인 것을 의심한다.
Niego que Juan sea buena persona. 나는 후안이 착한 사람이라는 것을 부정한다.

위의 두 예문은 '후안'이 페루 사람이라거나 착한 사람이라는 표현이 사실일 수 있지만, 주어인 '나'가 그런 사실에 대해 의심하거나 부정하는 경우이다. 이처럼 주어의 주관적 판단을 표현하는 경우에도 접속법을 사용한다.

Ej. Creo que Juan es peruano. 나는 후안은 페루 사람이라 믿는다.
¿Crees que Juan sea peruano? 너는 후안이 페루 사람이라고 믿니?

위 예문의 질문자는 후안이 페루 사람인지 아닌지를 모르는 불확실한 상황이기 때문에 접속법을 사용한 것이다.

1.5. 상황평가

Ej. Es lógico que estés triste. 네가 슬퍼하는 것은 당연하다.
Puede que Juan sepa algo. 후안은 무언가를 알고 있을 수 있다.

2 접속법 현재 변화형 Presente de subjuntivo

직설법 동사가 변화를 하듯이 접속법도 변화를 한다. 이때 '-ar' 동사는 '-e'를 어미로 취하고, '-er' 동사와 '-ir' 동사는 '-a'를 어미로 취한다.

2.1. 접속법 현재 규칙 변화

직설법 현재가 규칙적으로 변화하면 접속법도 규칙적으로 변화한다.

hablar	comer	vivir
hable	coma	viva
hables	comas	vivas
hable	coma	viva
hablemos	comamos	vivamos
habléis	comáis	viváis
hablen	coman	vivan

2.2. 접속법 현재 불규칙 변화

직설법 현재가 불규칙적으로 변화하면 접속법도 불규칙적으로 변화한다. 접속법은 직설법 1인칭 변화를 기준으로 변화되므로 자연스럽게 불규칙 변화가 된다.

① -go로 끝나는 동사들

tener (tengo)	hacer (hago)	salir (salgo)	venir (vengo)	poner (pongo)
tenga	haga	salga	venga	ponga
tengas	hagas	salgas	vengas	pongas
tenga	haga	salga	venga	ponga
tengamos	hagamos	salgamos	vengamos	pongamos
tengáis	hagáis	salgáis	vengáis	pongáis
tengan	hagan	salgan	vengan	pongan

② 직설법에서 어간 모음이 변하는 동사들은 접속법에서도 어간과 어미가 모두 변한다. 1, 2인칭 복수의 어간은 직설법과 동일하게 변화하지 않는다.

pensar (pienso)	sentar (siento)	poder (puedo)	volver (vuelvo)
piense	siente	pueda	vuelva
pienses	sientes	puedas	vuelvas
piense	siente	pueda	vuelva
pensemos	sentemos	podamos	volvamos
penséis	sentéis	podáis	volváis
piensen	sienten	puedan	vuelvan

③ 모음에 따라 자음이 변하는 동사들은 음가를 유지하기 위해 변화한다.

empezar (empiezo)	escoger (escojo)	exigir (exijo)	sacar (saco)
empiece	escoja	exija	saque
empieces	escojas	exijas	saques
empiece	escoja	exija	saque
empecemos	escojamos	exijamos	saquemos
empecéis	escojáis	exijáis	saquéis
empiecen	escojan	exijan	saquen

④ 매우 불규칙으로 변하는 동사도 있다.

ser	estar	ir	dar	haber	saber
sea	esté	vaya	dé	haya	sepa
seas	estés	vayas	des	hayas	sepas
sea	esté	vaya	dé	haya	sepa
seamos	estemos	vayamos	demos	hayamos	sepamos
seáis	estéis	vayáis	deis	hayáis	sepáis
sean	estén	vayan	den	hayan	sepan

3 접속법의 다양한 용법

3.1. 명사절에서의 접속법

① 명사절이 목적절이 되는 경우

종속절 que 이하의 주어와 주절의 주어가 다르며, 주절의 동사는 희망, 요구, 강요, 사역, 권고, 금지, 명령 등의 의미를 나타내야 한다.

직설법 현재 직설법 미래 현재 완료	+	que	+	접속법 현재

주로 주절에 다음의 동사들이 오면 종속절에 접속법을 사용한다.

querer	원하다	aconsejar	충고하다	hacer	시키다
desear	원하다	recomendar	추천하다	dejar	~하게 하다
pretender	바라다	proponer	제안하다	prohibir	금지하다
esperar	기대하다	necesitar	필요하다	dudar	의심하다
pedir	요청하다	aprobar	승인하다	mandar	명령하다
rogar	간청하다	permitir	허용하다	ordenar	명령하다
suplicar	청원하다	impedir	저지하다	lamentar	한탄하다
solicitar	신청하다	advertir	주의시키다	temer	걱정하다

Ej. Quiero que tú estudies español.
나는 네가 스페인어를 공부하기를 원한다.

Ellos desean que nos levantemos más temprano.
그들은 우리가 더 일찍 일어나기를 바란다.

¿Qué pretendes que haga Marco?
너는 마르코가 무엇을 하기를 원하니?

Los estudiantes solicitan que se cambie la asignatura.
학생들은 수강 변경하는 것을 신청한다.

¿Qué quieres que te diga (yo)?
너는 내가 너에게 무슨 말을 하기를 원하니?

Te propongo que vayas a descansar toda la tarde.
나는 너에게 오후 내내 쉴 것을 제안한다.

El camarero nos recomienda que comamos gazpacho.
웨이터는 우리들에게 가스파초를 먹을 것을 추천한다.

Los guardias no me permiten que yo saque fotos en el museo.
경비원들은 내가 박물관에서 사진을 찍는 것을 허용하지 않는다.

Dudo que mi hija lo sepa bien.
나는 나의 딸이 그것을 잘 아는지 의심한다.

Los padres mandan que sus hijos les obedezcan.
부모님들은 자식들에게 복종하라고 명령한다.

Los profesores han hecho que los estudiantes estudien mucho.
교수님들은 학생들이 많이 공부하도록 시켰다.

> 'Los profesores hacen estudiar mucho a los estudiantes.'라는 문장에서처럼 사역, 명령, 충고, 허용 등을 나타내는 경우에는 부정사를 더 선호한다.

② 무인칭 표현이 주어인 경우

가능성, 중요성, 당연함 혹은 평가를 나타내는 무인칭 표현이 주어인 경우, 종속절에서 접속법을 사용한다.

Es imposible	~할 가능성이 없다				
Es posible	~할 수도 있다				
Es probable	~할 가능성이 있다				
Es importante	~하는 것이 중요하다				
Es bueno	~하는 것이 좋다				
Es mejor	~하는 것이 더 좋다				
Es malo	~하는 것은 나쁘다				
Es necesario	~할 필요가 있다	+	que	+	접속법 현재
Es conveniente	~하는 것이 합당하다				
Es fácil	~하는 것이 쉽다				
Es difícil	~하는 것이 어렵다				
Es suficiente	~하는 것으로 충분하다				
Puede que	~ 할 수도 있다				
Hace falta	~할 필요가 있다				
Conviene	~하는 것이 낫다				
Basta	~하는 것으로 충분하다				

Ej. Puede que Pedro vaya a Argentina. 페드로가 아르헨티나에 갈 수도 있다.

Es probable que la reunión se convoque la semana que viene.
회의가 다음 주에 소집될 수도 있다.

Es importante que se aprenda cómo escribir.
어떻게 글을 쓸 것인가를 배우는 것은 중요하다.

Es bueno que practiquen ejercicios. 운동을 하는 것은 좋다.

Es difícil que yo llegue a esa hora. 그 시간에 내가 도착하기는 어렵다.

Es suficiente que la gente duerma 7 horas al día.
사람은 하루에 7시간 자는 것으로 충분하다.

No hace falta que vengas otra vez. 너는 다시 올 필요는 없다.

Conviene que vengas pronto. 네가 일찍 오는 것이 낫다.

3.2. 형용사절에서의 접속법

형용사절에서의 접속법은 관계대명사의 형용사적 용법과 비교해 살펴볼 수 있다. 곧 관계대명사의 선행사는 구체적인 대상인 반면, 접속법의 선행사는 불확실하거나 부정(불특정) 또는 의문의 대상인 점에서 차이가 있다. 한편 희망 사항을 나타낼 때도 형용사절에 접속법이 사용된다.

Ej. Busco una novia que hable español.
나는 스페인어를 말할 수 있는 애인을 찾고 있다.

> 앞으로 스페인어를 할 수 있는 애인을 찾겠다는 의미이나, 현재로서는 찾을 수 있을지 없을지 모르는 불확실한 상황이므로 접속법을 사용한 것이다.

Mi padre quiere regalar algo que no tenga mi madre.
나의 아버지는 어머니가 갖고 있지 않을 뭔가를 선물하기를 원한다.

No conozco a nadie que sepa conducir.
나는 운전할 줄 아는 사람을 아무도 모른다.

¿Conoces a alguien que pueda resolver este problema?
너는 이 문제를 풀 수 있는 누군가를 알고 있니?

¿Habrá un día que no haya ningún conflicto?
분쟁이 없는 날이 있을까?

3.3. 부사절에서의 접속법

조건, 목적, 제한, 시간 등의 접속사가 부사적 용법의 종속절로 사용될 때, 실현되지 않은 상황 혹은 가정된 상황을 표현하기 위해 접속법 동사를 사용한다. 다만 접속사 중에서도 항상 접속법을 사용하는 것과 상황에 따라 접속법과 직설법 중 선택하는 경우가 있음을 주의하자.

① 항상 접속법만 사용하는 접속사

시간	antes de que~: ~하기 전에

Ej. Te voy a llamar antes de que salgas de tu casa.
네가 너의 집에서 나가기 전에 너에게 전화를 하겠다.

목적	para que~: ~하도록
	a fin de que~: ~할 목적으로
	con el objeto de que~: ~할 목적으로
	a que~: ~하도록

Ej. Yo animo a mi equipo para que gane el partido.
나는 나의 팀이 경기에서 이기도록 응원을 한다.

접속법
접속법 현재 변화형
접속법의 다양한 용법
단문에서의 접속법

El profesor explica el libro de gramática con el objeto de que los alumnos entiendan mejor la gramática.

교수님은 학생들이 문법을 더 잘 이해하도록 문법책을 설명한다.

Te voy a comprar una mesa a fin de que estudies más cómodamente.

나는 네가 공부를 더 편하게 할 목적으로 책상을 살 예정이다.

조건	con tal (de) que～: ～라는 조건이라면
	en caso de que～: ～하는 경우에는
	a condición de que～: ～라는 조건으로
	a menos que～: ～하지 않는다면
	sin que～: ～하지 않고
	a no ser que～: ～하지 않는다면
	con solo que～: 단지 ～ 만하면
	por + 형용사/부사 + que + 접속법: 아무리 ～일지라도
	접속법 + lo que + 접속법: 무엇을 ～하든지 간에

Ej. Le dejo mis apuntes a Luis con tal de que me los devuelva mañana.

나는 내일 나에게 되돌려 주는 조건으로 루이스에게 나의 노트 필기를 빌려준다.

No voy al cine esta tarde a menos que tú quieras.

네가 원하지 않으면 나는 오늘 오후에 영화관에 가지 않겠다.

No te vayas sin que yo te avise.

내가 너에게 알리지 않으면, 가지 마라.

Con solo que tengas dos puntos más, vas a aprobar.

네가 단지 2점만 더 얻었다면, 합격할 것이다.

Por muy difícil que sea, es mejor aprender español.

아무리 어렵더라도, 스페인어를 배우는 것이 좋다.

Diga lo que diga, tenemos que creer en ella.

무슨 이야기를 하든지 간에 우리는 그녀를 믿어야 한다.

② 직설법과 접속법 모두 사용 가능한 접속사

이미 이루어진 상황에서는 직설법을 사용하고, 미래의 가정적인 상황이라면 접속법을 사용한다.

시간	
	cuando~: ~할 때
	hasta que~: ~할 때까지
	mientras~: ~하는 동안
	después de que~: ~한 후에
	siempre que~: ~할 때는 언제나

Ej. Cuando ellos llegan a la casa, siempre se lavan las manos.
그들은 집에 도착할 때, 항상 손을 씻는다.

Cuando ellos lleguen al hospital, tienen que lavarse las manos.
그들은 병원에 도착할 때, 손을 씻어야 한다.

En aquel momento yo estudié hasta que me cansé.
그때 나는 지칠 때까지 공부를 했다.

A partir de ahora voy a estudiar hasta que me canse.
앞으로 나는 지칠 때까지 공부를 하겠다.

Siempre que Juan me ve, me saluda.
후안을 언제나 나를 보면 나에게 인사를 한다.

Siempre que nos veamos, vamos a saludarnos.
언제나 우리가 서로 만나면, 인사를 합시다.

조건	
	aunque~: 비록 ~한다 해도
	como~: ~하는 대로
	a pesar de que~: ~에도 불구하고
	según~: ~에 따라

Ej. Aunque llueve, ellos van a jugar al fútbol.
비록 비가 오지만, 그들은 축구를 할 것이다.

Aunque llueva, ellos van a jugar al fútbol.
비록 비가 온다 해도, 그들은 축구를 할 것이다.

Yo he cambiado de sueño como usted me dijo.
나는 당신이 말한 대로 꿈을 바꿨다.

Yo puedo cambiar mi objetivo como usted me diga.
나는 당신이 말하는 대로 나의 목표를 바꿀 수 있다.

4 단문에서의 접속법

의심을 나타내는 부사 quizá(s), tal vez는 접속법과 함께 사용한다. 하지만 의심의 강도나 정도에 따라 직설법을 사용할 수도 있다. 한편 같은 의미를 나타내는 단어인 'a lo mejor(아마)'의 경우 항상 직설법만 사용한다. 반면 감탄사 'ojalá (que)'는 항상 접속법을 사용해야 한다.

4.1. Quizá(s), Tal vez, A lo mejor

Ej. Quizá viene Juan mañana. 아마 후안은 내일 올 것이다.

> 직설법은 좀 더 객관적이고 확률이 높을 때 사용한다.

Quizá venga Juan mañana. 아마 후안이 내일 올지도 모른다.

> 접속법은 주관적이거나 확률이 낮을 때 사용한다.

Tal vez tienes razón. 아마 너의 말이 옳을 거다.

Tal vez tengas razón. 아마 너의 말이 옳을 수도 있을 거다.

A lo mejor llego tarde a la reunión. 아마 회의에 늦었을 거다.

> a lo mejor는 항상 직설법만 사용한다.

4.2 Ojalá (que)

¡Ojalá (que) haya nieve en la montaña para esquiar!

스키를 타기 위해 산에 눈이 있었으면 좋겠는데!

> 실현 가능성이 있는 경우에는 접속법 현재 표현과 함께 사용한다.

¡Ojalá que yo estuviera en la luna!

내가 달에 있었다면 얼마나 좋을까!

> 비현실적이거나 희망적인 내용을 나타낼 경우에는 접속법 과거 표현을 사용한다.

EJERCICIO _제15과 연습문제

1 빈칸에 알맞은 동사 변화형을 쓰시오.

1) Espero que tú (ir) ________ a la biblioteca para estudiar.
2) Usted le aconseja a Pedro que (levantarse) ___________ un poco más temprano.
3) Mi hijo me dijo que (aprobar) ________ el examen de conducir ayer.
4) Carmen se alegra mucho de que su novio (venir) _________ a verla con un regalo sorpresa.
5) – ¿Por qué no le pides a Juan que te (ayudar) ________ ?
6) Yo he comprado este libro como tú me (decir) ________ ayer.
7) Podemos volver el día que hemos decidido, a no ser que (haber)________ algún retraso en el vuelo.
8) Es probable que (llover) ________ mañana.
9) Ellos quieren tener un piso que (estar) ________ cerca de la playa.
10) – ¿Conoces a alguien que (tener) ________ tres hijos?
11) Te vamos a regalar un diccionario para que (aprender) _________ otro idioma para el futuro.
12) A lo mejor ella (salir) ________ esta noche con su familia.
13) Es cierto que el profesor (saber) ________ lo ocurrido ayer.
14) Dudamos que Juan (ser) ________ un actor conocido.
15) Mi tío nos recomienda que (leer) ________ los libros clásicos.
16) Usted prohíbe a los chicos que (escoger) ________ esa asignatura.
17) – ¿Crees que Carmen me (querer) ________ de verdad?
18) Te dejo que te vayas a España, a condición de que (volver) _________ dentro de cuatro meses.
19) Luis ha esperado a su amigo hasta que (terminar) ______ la reunión de la compañía.
20) Por muy fácil que te (parecer) _______ el examen, tienes que esforzarte más.

EJERCICIO _제15과 연습문제

2 다음 문장을 스페인어로 작문하시오.

1) 나는 네가 이것을 이해하기 바란다.

2) 그녀는 다른 사람들이 이 프로젝트에 참여하는 것을 거부한다.

3) 마르타는 그녀의 친구들과 여행할 목적으로 운전을 배운다.

4) 네가 수영해서 강을 건널 가능성이 있다.

5) 완벽한 여자 혹은 완벽한 남자가 존재할까?

6) 그는 지금 돈이 없더라도 차를 살 것이다.

7) 우리 가족은 수영장이 있는 집을 갖기를 원한다.

8) 네가 무엇을 하든지 간에, 그녀는 너를 믿는다.

9) 당신은 그녀가 사랑을 모른다고 한탄한다.

10) 네가 스페인어를 잘 말했으면 좋을 텐데!

DIÁLOGO _제15과 대화문

Diálogo 1 Encontrar el piso

Pista 25

Silvia	:	¡Hombre, Min-Su! Me alegro mucho de que hayas vuelto a España.
Min-Su	:	¡Y yo también! Es que mi tío me aconseja que estudie más español. Entonces es posible que me quede un año.
Silvia	:	¡Muy bien! Entonces tienes que buscar un piso para vivir, ¿no?
Min-Su	:	Sí, ya he pensado en qué barrio quiero vivir. Pero todavía no he podido encontrar un piso en el que pueda vivir.
Silvia	:	A condición de que pagues puntualmente el alquiler, te dejamos que te quedes en nuestro piso.
Min-Su	:	Está bien. He venido aquí otra vez a fin de hablar español todos los días. Antes de que cambies de opinión, te doy la señal del alquiler.
Silvia	:	Aunque seamos amigos, hay algunas reglas que debes cumplir en casa.
Min-Su	:	Sin problema. Digáis lo que digáis, voy a respetar las reglas.
Silvia	:	¡Trato hecho! Creo que ya es la hora de que llegue Santiago a casa.
Min-Su	:	¿Y conoces a alguien que tenga coche?
Silvia	:	Sí. Santiago acaba de comprar uno.
Min-Su	:	Entonces le voy a pedir que lleve mis maletas hasta tu casa.
Silvia	:	Basta que lo llames por teléfono.
Min-Su	:	¡Qué suerte tengo!

여기서 Point

⇒ '¡Hombre, Min-Su!'에서 'hombre'는 남자를 나타내는 것이 아니라, 놀라움을 표현하는 감탄사로 사용된 것이다.

⇒ 'Trato hecho'는 주로 계약이 완료되었을 때 쓰는 관용구이다.

⇒ 'la señal del alquiler'에서 'señal'은 '표시'란 뜻도 있지만, 여기서는 '선금'이란 뜻으로 사용되었다.

Diálogo 2 Los problemas

Pista 26

Alicia	:	¡Oye! Quiero que me digas la verdad.
Susana	:	¿Dudas de lo que te haya dicho? De verdad no conozco a nadie que lo sepa.
Alicia	:	Necesito resolver este problema antes de la semana que viene.
Susana	:	Por muy urgente que sea, no puedo ayudarte. Quizá Clara conozca a alguien. ¿Quieres que la llame ahora?
Alicia	:	¡Ojalá que ella conozca a alguien!
Susana	:	Después de comer, voy a llamarla.
Alicia	:	Entonces voy a esperar hasta que comas.
Susana	:	Bueno. Por favor, siéntate aquí para que te vea bien.
Alicia	:	Gracias. Pero temo que Clara no conozca a nadie.
Susana	:	Te aconsejo que estés tranquila. Estoy segura de que todo va a salir bien.
Alicia	:	Espero que así sea.
Susana	:	Te lo prometo.

여기서 Point

⇒ 'Por muy urgente que sea'는 '아무리 급하다고 해도'라는 뜻이다. 유사한 표현으로 'por muy guapa que sea'는 '아무리 예쁘다고 해도'라는 뜻이다.

⇒ 'salir bien'는 '잘 나가다'보다는 '일이 잘 풀리다/되다'로 이해하는 것이 좋다.

⇒ 'siéntate'는 '여기 앉아.'라는 의미의 2인칭 명령형이다.

VOCABULARIO & EXPRESIÓN

제15과 어휘 및 표현

aconsejar	충고하다
advertir	주의시키다
aprobar	승인하다
apunte	기록, 메모
asignatura	과목
condición	조건
conflicto	분쟁
conveniente	어울리는, 적절한
convocar	소집하다
cumplir	지키다
escoger	선택하다
guardia	경비원
impedir	방해하다
hacer	시키다
negar	거부하다
obedecer	복종하다
oficial	장교
ordenar	명령하다
permitir	허용하다
pretender	바라다
probable	가능성 있는
prohibir	금지하다
prometer	약속하다
puntualmente	정확하게
quizá	아마
recomendar	추천하다
regla	규칙
resolver	해결하다
respetar	존중하다
retraso	지연
rogar	간청하다
señal	표시
solicitar	신청하다
sorpresa	놀라움
suficiente	충분한
urgente	급한, 중요한
vestíbulo	로비

LECCIÓN 16
제16과

학습목표

- ❖ 여러 시제 표현 중 직설법 미래 시제와 조건 혹은 가능 시제에 대해 알아본다.
- ❖ 일상생활에서 자주 사용되는 표현인 명령법에 대해 익힌다. 특히 부정 명령은 접속법에 대한 이해를 필요로 한다.

1 직설법 미래 Futuro de indicativo

1.1. 규칙 변화

세 유형의 동사 모두 동사원형에 미래형 어미를 붙여 표현한다. 하지만 불규칙적으로 변화하는 동사도 존재하므로, 이에 주의할 필요가 있다.

hablar 말하다	comer 먹다	vivir 살다
hablaré	comeré	viviré
hablarás	comerás	vivirás
hablará	comerá	vivirá
hablaremos	comeremos	viviremos
hablaréis	comeréis	viviréis
hablarán	comerán	vivirán

1.2. 불규칙 변화

이 경우에도 미래형 어미는 같고, 동사원형의 어미가 불규칙적으로 변화한다.

① 동사원형의 어미 '-e-'와 '-i-'가 '-d-'로 변하는 동사

poner	tener	valer	salir	venir
pondré	tendré	valdré	saldré	vendré
pondrás	tendrás	valdrás	saldrás	vendrás

pondrá	tendrá	valdrá	saldrá	vendrá
pondremos	tendremos	valdremos	saldremos	vendremos
pondréis	tendréis	valdréis	saldréis	vendréis
pondrán	tendrán	valdrán	saldrán	vendrán

② 동사원형의 어미 '-e-'가 탈락하는 동사

caber	haber	poder	querer	saber
cabré	habré	podré	querré	sabré
cabrás	habrás	podrás	querrás	sabrás
cabrá	habrá	podrá	querrá	sabrá
cabremos	habremos	podremos	querremos	sabremos
cabréis	habréis	podréis	querréis	sabréis
cabrán	habrán	podrán	querrán	sabrán

③ 동사원형에서 철자 '-ec-'와 '-ce-'가 탈락하는 동사

decir	diré	dirás	dirá	diremos	diréis	dirán
hacer	haré	harás	hará	haremos	haréis	harán

1.3. 직설법 미래의 용법

① 미래 시제 및 상황을 표현

Ej. Los hijos que habían ido al servicio militar vendrán la semana que viene.
군대에 간 아들들이 다음 주에 돌아올 것이다.

La secretaria os enviará la notificación de las notas.
비서가 너희들에게 점수 통지표를 보낼 것이다.

Creo que ellos irán a EE.UU.
나는 그들이 미국에 갈 것이라고 생각한다.

> 스페인어에서는 현재가 미래를 포함하는 경우도 있다. (= Creo que ellos van a EE.UU.)

② 현재 시점에서 실현 가능성이 높은 가능성 혹은 추측, 상상 등을 표현

Ej. – ¿Qué hora es ahora? 지금 몇 시야?

– Serán las diez de la noche, porque acaba de terminar el partido de fútbol.
밤 열 시일 거야, 왜냐하면 방금 축구 경기가 끝났잖아.

¿Quién será la que me quiera a mí?
나를 사랑할 사람은 누구일까?

– Aún no ha llegado Daniel. Supongo que estará en camino.
다니엘이 아직 도착 못 했네. 나는 그가 지금 오는 중일 거라 짐작해.

③ 가벼운 명령이나 금지 표현

Ej. – No dirás esto a nadie, por favor.
제발 아무에게도 이것을 말하지 말아야 해.

– Serás buena estudiante, así que estudiarás lo que te digo.
좋은 학생이 되어라. 그러려면 내가 너에게 말한 것을 공부해라.

2 미래완료 Futuro perfecto

2.1. 미래의 어느 시점에 동작이나 행위가 완료될 것을 표현한다.

2.2. 미래완료의 형태: haber 미래 + 과거분사

	단수		복수	
1인칭	habré	hablado	habremos	hablado
2인칭	habrás	hablado	habréis	hablado
3인칭	habrá	hablado	habrán	hablado

2.3. 미래완료의 용법

① 현재 시점에서 미래의 어느 시점에 동작이나 행위가 완료될 것을 표현

Ej. Para el viernes, ya habremos leído el libro.
금요일까지 우리는 이미 책 읽기를 끝낼 것이다.

> 화자가 말하는 시점이 금요일 전이라는 사실이 전제되어 있다.

Cuando usted acabe el trabajo, la película habrá terminado ya.
당신이 작업을 마쳤을 때는, 영화가 이미 끝났을 겁니다.

② 현재와 과거의 추측이나 상상에 대한 표현

Ej. Estoy seguro de que habrás oído esta canción, porque era muy famosa.
아주 유명했기 때문에, 나는 네가 이 노래를 들어 봤을 것이라고 확신한다.

– ¿Se fue a la escuela nuestra hija?
– Sí, se fue hace veinte minutos. Entonces ya habrá llegado a su clase.
우리 딸이 학교에 갔니?
네, 20분 전에 갔어요. 이미 교실에 도착했을 겁니다.

3 직설법 가능(조건) Condicional

3.1. 규칙 변화

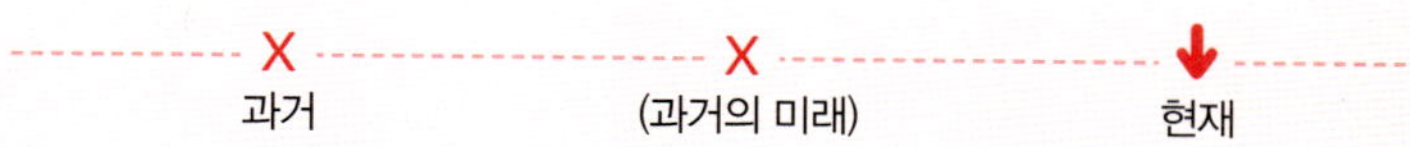

직설법 가능 표현도 미래와 마찬가지로 세 유형의 동사 모두 규칙적으로 변화한다. 즉 동사원형에 가능형 어미를 붙여 표현한다.

hablar 말하다	comer 먹다	vivir 살다
hablaría	comería	viviría
hablarías	comerías	vivirías
hablaría	comería	viviría
hablaríamos	comeríamos	viviríamos
hablaríais	comeríais	viviríais
hablarían	comerían	vivirían

3.2. 불규칙 변화

불규칙적으로 변화하는 동사에서도 가능형 어미는 같고, 동사원형의 어미에서 불규칙이 일어난다.

① 동사원형의 어미 '-e-'와 '-i-'가 '-d-'로 변하는 동사들

poner	tener	valer	salir	venir
pondría	tendría	valdría	saldría	vendría
pondrías	tendrías	valdrías	saldrías	vendrías
pondría	tendría	valdría	saldría	vendría
pondríamos	tendríamos	valdríamos	saldríamos	vendríamos
pondríais	tendríais	valdríais	saldríais	vendríais
pondrían	tendrían	valdrían	saldrían	vendrían

② 동사원형의 어미 '-e-'가 탈락하는 동사들

caber	haber	poder	querer	saber
cabría	habría	podría	querría	sabría
cabrías	habrías	podrías	querrías	sabrías
cabría	habría	podría	querría	sabría
cabríamos	habríamos	podríamos	querríamos	sabríamos
cabríais	habríais	podríais	querríais	sabríais
cabrían	habrían	podrían	querrían	sabrían

③ 동사원형에서 철자 '-ec-'와 '-ce-'가 탈락하는 동사들

decir	diría	dirías	diría	diríamos	diríais	dirían
hacer	haría	harías	haría	haríamos	haríais	harían

3.3. 직설법 가능의 용법

① 과거에서 미래의 시점을 표현

Ej. Marta me dice que me devolverá el libro al día siguiente.
마르타는 나에게 다음날 책을 돌려줄 것이라고 말한다.

Marta me dijo que me devolvería el libro al día siguiente.
마르타는 나에게 다음날 책을 돌려주겠다고 말했다.

– ¿Seguro que Luis te prometió que pagaría alquiler?
루이스가 너에게 월세를 내겠다고 약속한 것이 확실하니?

Usted pensaba que Juan no haría nada para resolver el problema.
당신은 후안이 문제를 해결하기 위해 아무것도 하지 않았을 것이라고 생각했었다.

② 과거 시점에 벌어졌을 상황에 대한 추측 표현

Ej. Serían las once de la noche cuando llegó mi amigo.
친구가 도착했을 때는 11시였을 것이다.

Esa chica tendría veintiún años cuando se fue a España.
그 여자아이가 스페인에 갔을 때는 21살이었을 것이다.

③ 추측이나 가능성을 표현

Ej. Los hijos están seguros de que sus padres harían cualquier cosa por ellos.
자식들은 자기들을 위해서 부모들이 어떤 일이라도 할 것이라고 확신한다.

– Es raro que Pedro no quiera salir esta noche.
– ¡Ah! Tendría cosas que hacer.
페드로가 오늘 밤에 놀러 나가기 싫다는 것이 이상해.
아, 그래! 할 일들이 있겠지.

Me gustaría tener una novia que hable/hablara español.
스페인어를 하는 애인이 있었으면 좋겠다(좋으련만).

④ 정중함을 나타내는 표현

Ej. Quiero un café caliente.
Quería un café caliente.
Querría un café caliente.
Quisiera un café caliente.
— 따뜻한 커피를 원합니다.

Me gustaría que me dé/diera una razón conveniente.
나에게 적절한 이유를 주기를 원합니다.

⑤ Si 가정문의 귀결절에 사용

Ej. Si yo tuviera mucho dinero, viajaría por todo el mundo.
돈이 많다면, 세계를 여행할 텐데.

4 가능완료

4.1. 과거 시점에서 바라본 미래의 동작이나 행위가 완료된 것을 표현한다.

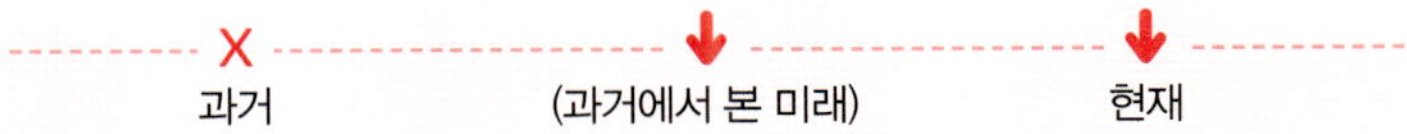

4.2. 가능완료의 형태: 'haber 가능+과거분사'

	단수		복수	
1인칭	habría	hablado	habríamos	hablado
2인칭	habrías	hablado	habríais	hablado
3인칭	habría	hablado	habrían	hablado

4.3. 가능완료의 용법

① 과거의 한 시점에 동작이나 행위가 완료되었을 것으로 추측 혹은 상상할 때

Ej. El profesor Kim nos dijo que los alumnos habrían llegado ya a México.
김 교수님은 학생들이 이미 멕시코에 도착했을 것이라고 말했다.

Creí que ella me habría amado de verdad.
나는 그녀가 나를 진정으로 사랑했을 것이라고 믿었다.

② 단순한 과거의 동작이나 행위를 추측할 때

Ej. Es que ya habríamos gastado mil euros.
우리는 이미 1,000유로나 썼을 것이다.

> 미래완료와 가능완료는 시제에서 차이를 보인다.
> Ej. Ya habrás oído esa canción. (현재 시점까지를 기준으로) 너는 그 노래를 들어 봤을 것이다.
> Ya habrías oído esa canción. (과거를 기준으로) 너는 그 노래를 들어 봤을 것이다.

③ 과거의 책임이나 의무를 다하지 못했을 때

Ej. Juan debería haber estudiado español en la universidad.
후안은 대학에서 스페인어를 공부했었어야만 했다.

Usted podría haber venido más temprano, pero no lo hizo.
당신은 더 빨리 올 수 있었지만, 그렇게 하지 않았다.

5 명령법 Imperativo

5.1. 긍정 명령

	hablar		lavarse	
tú	habla	(너) 말해.	lávate	(너) 씻어.
usted	hable	말씀하세요.	lávese	씻으세요.
nostros	hablemos	말합시다(청유).	lavémonos	씻읍시다(청유).
vosotros	hablad	(너희들) 말해라.	lavaos	(너희들) 씻어라.
ustedes	hablen	말씀하세요.	lávense	씻으세요.

① 직설법 3인칭 형태가 'tú'의 명령이 된다. 재귀동사의 경우에 반드시 재귀대명사를 명령어 뒤에 붙여 써야 한다.

(Tú) estudia / aprende / sube / levántate

② 접속법 3인칭은 'usted'의 명령이 된다.

(Usted) estudie / aprenda / suba / levántese

③ 'Nosotros'에 대한 명령은 청유형으로 표현되고, 접속법 1인칭 복수를 사용한다. 재귀동사인 경우에는 1인칭 복수 어미 '-s'를 탈락시킨 후에 '-nos'를 붙여 쓴다.

Ej. levantemo(s) + nos

(Nosotros) estudiemos / aprendamos / subamos / levantémonos

④ 'Vosotros'에 대한 명령은 모두 동사원형의 어미 '-r'을 탈락시킨 후에 어미를 '-d'로 변환한다. 재귀동사의 경우에는 '-d'를 탈락시킨 후에 '-os'를 붙여 쓴다.

Ej. levanta(d) + os

(Vosotros) estudiad / aprended / subid / levantaos / vestíos

> 예외: irse → idos

⑤ 접속법 3인칭 복수가 ustedes의 명령이 된다.

(Ustedes) estudien, aprendan, suban, levántense

⑥ 긍정 명령에서는 2인칭의 경우에만 불규칙이 존재한다.

decir	di	poner	pon
hacer	haz	salir	sal
ir	ve	venir	ven
ser	sé	tener	ten

5.2. 부정 명령

부정 명령의 경우에는 모두 접속법을 이용한다. 형태는 'No + 접속법'으로 나타난다.

Espero	que	no	접속법

Ej. (Espero que) no estudies. 나는 네가 공부하지 않기를 바란다.

No estudies. 공부하지 마.

No estudie. 공부하지 마세요.

No estudiéis. (너희들) 공부하지 마.

No estudien. (당신들) 공부하지 마세요.

No te levantes. 일어나지 마.

No se levante. 일어나지 마세요.

No os levantéis. (너희들) 일어나지 마.

No se levanten. (당신들) 일어나지 마세요.

5.3. 명령문의 종류에 따른 목적대명사의 위치

긍정 명령문에서는 목적대명사를 동사(명령어) 뒤에 붙여 쓰지만(재귀대명사도 동일), 부정 명령문에서의 목적과 재귀대명사는 동사(명령어) 앞에 위치한다.

Ej. Tú dices la verdad. 너는 진실을 말한다.

Dime la verdad. 나에게 진실을 말해라.

Dímela. 나에게 그것을 말해라.

> la verdad도 직접 목적대명사 'la'로 바꿀 수 있고, 그럴 경우에는 명령어인 동사 뒤에 붙여 쓴다.

No me digas la verdad 나에게 진실을 말하지 마라.

No me la digas. 나에게 그것을 말하지 마라.

Usted le da un regalo a su mujer. 당신은 당신의 아내에게 선물을 준다.

Déle un regalo a su mujer. 당신의 아내에게 그것을 주세요.

Déselo. 그녀에게 그것을 주세요.

> ☞ 두 개의 목적대명사가 등장할 때는 항상 '간접 + 직접'의 순서로 제시한다.

Tú le pones el abrigo a tu hermano. 너는 동생에게 외투를 입힌다.

Ponle el abrigo. 그에게 외투를 입혀라.

Pónselo. 그에게 그것을 입혀라.

Tú te pones el abrigo. 너는 외투를 입는다.

Ponte el abrigo. 외투를 입어라.

Póntelo. 그것을 입어라.

> ☞ 재귀대명사 'te'는 간접목적어의 기능을 하므로, 직접 목적대명사 'lo' 앞에 위치한다.

5.4. 명령문과 사용되는 문형

① 명령 + y~: ~해라, 그러면 ~할 것이다.

Estudia y tendrás éxito. 공부해라, 그러면 성공할 것이다.

② 명령 1 + pero + 명령 2: ~해라, 단 ~는 해라.

Juega con mi juguete, pero no te lo lleves.
나의 장난감을 갖고 놀아라, 단 가져가지는 마라.

③ 명령 + o~: ~해라, 그렇지 않으면 ~할 것이다.

Come algo, o te quitaré todo.
좀 먹어라, 그렇지 않으면 (너에게서) 모두 치워 버릴 것이다.

④ 명령 + que~: ~해라, ~이니까.

Levántate ya, que llegas tarde a la escuela.
일어나라, 학교에 늦으니까.

EJERCICIO _제16과 연습문제

1 다음 문장을 스페인어로 작문하시오.

1) 그들은 내년에 영국으로 여행 갈 것이다.

2) 일요일까지 그는 숙제를 끝낼 것이다.

3) 당신은 나에게 다음날 이곳을 떠날 것이라고 말했었다.

4) 그때 후안은 집에 없었을 것이다. 왜냐하면 그의 차가 없었기 때문이다.

5) 너는 이미 예전에 이 노래를 들어 봤을 것이다.

6) 차 한 잔 마시고 싶습니다.

7) 지금은 열 시일 것이다. 네가 좋아하는 드라마가 막 시작했다.

8) 나는 그 학생이 세비야에 도착했을 것이라고 생각한다.

9) 누구에게도 거짓말 하지 마라.

10) 엘레나는 너에게 빌린 돈을 갚을 것이라고 나에게 약속했다.

2 다음 동사들을 tú, usted, vosotros, ustedes에 해당하는 명령형으로 바꾸시오.

동사	명령형	동사	명령형
hablar		poner	
pensar		salir	
venir		ponerse	
levantarse		hacer	
decir		ser	
pedir		lavarse	
tener		irse	

EJERCICIO _제16과 연습문제

3 〈보기〉와 같이 긍정 명령을 부정 명령으로 바꾸시오(단 목적어가 있다면 대명사로 바꿀 것).

〈보기〉

Estudia historia.

→ Estúdiala.

→ No la estudies.

1) Dime la verdad.

→

→

2) Déle el regalo a su hija.

→

→

3) Lavaos la cara.

→

→

4) Ponle la chaqueta a tu hija.

→

→

5) Hágalo.

→

→

6) Coma el almuerzo.

→

→

7) Aféitate la barba.

→

→

8) Sal de aquí.

→

→

9) Vende tu casa.

→

→

10) Bebed agua.

→

→

DIÁLOGO _제16과 대화문

Diálogo 1 El viaje de un amigo

Pista 27

Na-Min	:	¿Se ha marchado Chan-Su para Argentina?
David	:	Sí, se fue ayer. Creo que ya habrá llegado a Buenos Aires.
Na-Min	:	Me dijo que me dejaría su coche.
David	:	No me digas. ¿De verdad?
Na-Min	:	Me prometió que me lo prestaría sin coste alguno.
David	:	A mí también me gustaría tenerlo. Así podría viajar con el coche.
Na-Min	:	A propósito. ¿Te dijo en dónde hace escala?
David	:	Me dijo que haría escala en Los Ángeles.
Na-Min	:	Entonces se habrá encontrado con su amigo que vive allí. Un día me comentó que le gustaría ver a ese amigo.
David	:	Pues a Chan-Su le encantará este viaje, porque visita el país donde siempre ha querido ir y va a ver a su amigo después de tantos años.
Na-Min	:	¡Bueno! ¿Qué tomas? Te invito.
David	:	¡Gracias por tu amabilidad! Yo tomaré un vino blanco.
Na-Min	:	Yo tomaré lo mismo.

여기서 Point

⇒ 'hacer escala'는 '환승하다'라는 뜻이다.

⇒ 'Los Ángeles'는 스페인어로는 '천사들'이라는 뜻이지만, 일반적으로 로스앤젤레스라는 도시 명으로 더 익숙하다. 과거에는 미국 남부가 멕시코 땅이었기 때문에, 미국의 많은 지명 중에는 스페인어에서 유래한 것이 많다.

Diálogo 2 Huida de la casa

Pista 28

Mamá	:	Levántate. Ya son las once de la mañana.
Hija	:	Por favor, no me despiertes. Estoy cansadísima.
Mamá	:	Ayer me dijiste que te despertarías temprano. Sé buena, por favor.
Hija	:	Ya lo sé. No me digas más. Ya me levanto. ¡No me grites!
Mamá	:	Ahora vete a comprar pan que no tenemos. Y cómprame una aspirina. Pero no vayas a la farmacia de la esquina.
Hija	:	Díselo a papá, que está viendo la tele. Y déjame en paz.
Mamá	:	Díselo tú. O si quieres vete con él. ¡Y no volváis a casa!
Hija	:	Mamá, no seas así. Cuéntame lo que te pasa. ¡Papá, di algo, que mamá no está de buen humor!
Mamá	:	No quiero hablar con nadie. Salid de casa. Quiero estar sola.
Papá	:	Bueno, hija. ¡Huyamos de casa! Es mejor que salgamos de casa.
Hija	:	De acuerdo, papá. Vámonos de aquí, o mamá nos echará de verdad.
Papá	:	Ponte este abrigo, que hace frío fuera. ¡Póntelo ya!
Hija	:	Papá, llévate la bufanda y no te entrará el viento frío.
Papá	:	No le digas nada a tu mamá, que está enfadadísima.
Hija	:	Pero hablarás con ella más tarde, ¿verdad?
Papá	:	Claro que sí.

여기서 Point

⇒ 'déjame en paz'에는 '평화롭게 놔두다'라는 사전적인 의미가 있지만, 이 대화에서는 '나를 그냥 두어라'라는 의미로 이해해야 한다.

⇒ 'Papá, di algo.'라는 문장에서 보듯이 가족 사이에는 친밀감을 나타내는 2인칭 동사를 사용한다.

VOCABULARIO & EXPRESIÓN

제16과 어휘 및 표현

amabilidad	친절함
a propósito	그건 그렇고
aspirina	아스피린
caber	넣다, 담다
conveniente	적절한
devolver	돌려주다
escala	트랩, 규모
esquina	모퉁이
éxito	성공
gritar	소리치다
juguete	장난감
notificación	통지서, 통고
prestar	빌려주다
resolver	해결하다
servicio militar	군대(병역)
valer	가치가 있다

LECCIÓN 17
제17과

학습목표

❖ 접속법 불완료과거 표현에서의 동사 변화형에 대해 살펴보고, 다양한 용법에 대해 익힌다.
❖ 접속사 과거 형태가 사용되는 si 가정문에 대해 알아본다.

1 접속법 불완료과거 **Pretérito imperfecto de subjuntivo**

접속법 불완료과거 표현의 규칙 변화는 어미의 형태에 따라 '-ra'형과 '-se'형이 있으며, 불규칙 변화는 일어나지 않는다. 규칙 변화는 직설법 부정 과거 3인칭 복수형에서 '-ron'을 탈락시킨 후 접속법 불완료과거 어미를 붙이는 방법으로 이루어진다. 제시된 두 가지 어미를 모두 사용하나, '-ra'형이 널리 사용되므로 여기서는 이를 중심으로 살펴본다.

hablar	comer	vivir
hablaron	comieron	vivieron
hablara/-se	comiera/-se	viviera/-se
hablaras/-ses	comieras/-ses	vivieras/-ses
hablara/-se	comiera/-se	viviera/-se
habláramos/-semos	comiéramos/-semos	viviéramos/-semos
hablarais/-seis	comierais/-seis	vivierais/-seis
hablaran/-sen	comieran/-sen	vivieran/-sen

1.1. 직설법 부정 과거 3인칭 복수형이 불규칙적인 동사도 같은 형태로 변화한다.

tener	estar	poder	venir
tuvieron	estuvieron	pudieron	vinieron
tuviera	estuviera	pudiera	viniera
tuvieras	estuvieras	pudieras	vinieras
tuviera	estuviera	pudiera	viniera
tuviéramos	estuviéramos	pudiéramos	viniéramos
tuvierais	estuvierais	pudierais	vinierais
tuvieran	estuvieran	pudieran	vinieran

1.2. 접속법 불완료과거의 용법

① 접속법 현재의 상황을 과거로 변환했을 때 시제를 일치시키기 위해 사용

Ej. Espero que los estudiantes estudien mucho.

(Yo) Esperaba que los estudiantes estudiaran mucho.

나는 학생들이 열심히 공부하기를 기대했었다.

El médico me aconseja que yo deje de fumar.

El médico me aconsejó que yo dejara de fumar.

의사는 나에게 담배를 끊으라고 충고했다.

Es posible que lleguemos a tiempo.

Era posible que llegáramos a tiempo.

우리는 정시에 도착하는 것이 가능했었다.

Busco una secretaria que hable bien español.

Buscaba una secretaria que hablara bien español.

나는 스페인어를 잘하는 비서를 찾았었다.

Antes de que empiece la clase, nosotros terminamos el almuerzo.

Antes de que empezara la clase, nosotros terminamos el almuerzo.

수업이 시작하기 전에, 우리는 점심식사를 마쳤다.

El gobierno convoca a los ministros para que resuelvan los problemas.

El gobierno convocó a los ministros para que resolvieran los problemas.

정부는 문제를 해결하도록 장관들을 소집시켰다.

No creo que él lo haya hecho sin pensar.

No creí que él lo hubiera hecho sin pensar.

나는 그가 생각도 없이 그것을 했었다고 믿지 않았었다.

② si 가정문에서 현재 사실과 반대되는 상황을 나타내는 가정절에 사용

Ej. Si tuviera tiempo, tomaría café con tranquilidad.

시간이 있으면, 차분히 커피 한 잔 마실 텐데.

Si yo estuviera en España, hablaría español mejor que ahora.

만약 내가 스페인에 있었다면, 지금보다 스페인어를 더 잘했을 텐데.

③ como si~: 마치 ~인 것처럼

Ej. Bésame, bésame mucho como si fuera esta noche la última vez.
나에게 키스해 줘요. 마치 오늘 밤이 마지막인 것처럼 키스를 해 줘요.

Mi amigo actuaba como si tuviera mucha prisa.
내 친구는 마치 바쁜 것처럼 행동했었다.

2 si 가정문

2.1. 단순 조건(가정)

조건절	귀결절
Si + 직설법 현재 직설법 현재완료	직설법 현재, 명령법, 미래

Ej. Si tengo dinero, voy a comprar un coche.
만약 내가 돈이 있다면, 차를 살 것이다.

'Si + 접속법 현재'의 형태는 사용하지 않는다. (예, Si tenga~ (×))

Si tienes dinero, compra un coche.
만약 네게 돈이 있다면, 차를 사라.

Si no quieres venir mañana, no vengas mañana.
만약 네가 내일 오고 싶지 않다면, 내일 오지 마라.

Si el jefe de la empresa pretende comprar otra compañía, déjale.
만약 회사 사장이 다른 회사를 구매하기를 원한다면, 그냥 둬라.

Si el abogado ha llegado, lo recibiré yo mismo.
만약 변호사가 도착했다면, 내가 직접 그를 맞이할 것이다.

2.2. 현재 사실과 반대되는 경우

조건절	귀결절
Si + 접속법 과거	직설법 가능

Ej. Si yo tuviera dinero, compraría un coche. 만약 (지금) 내가 돈이 있다면, 차를 살 텐데.

Si yo encontrara otro trabajo mejor, le pediría la mano a mi novia.
만약 내가 더 나은 직장을 구한다면, 내 애인에게 청혼을 할 텐데.

Si me pidieras con educación, te daría lo que tú quisieras.
네가 나에게 정중히 부탁을 했다면, 네가 원했던 것을 주었을 텐데.

2.3. 과거 사실과 반대되는 경우

조건절	귀결절
Si + 접속법 과거 완료 (Si hubiera + pp.)	직설법 가능 완료 (habría + pp.)

Ej. Si yo hubiera tenido dinero, habría comprado ese coche.
만약 (그때) 내가 돈이 있었다면, 차를 샀었을 텐데.

Si tú hubieras estudiado inglés, habrías ido a Inglaterra.
만약 네가 영어를 공부했었더라면, 영국으로 갔었을 텐데.

> 가끔 구어체에서 'habrías ido' 대신에 'hubieras ido'를 사용하기도 한다.

Si ellos hubieran insistido más, habría sido diferente el resultado.
만약 그들이 좀 더 주장을 폈었다면, 다른 결과가 되었을 텐데.

2.4. 과거 사실 반대와 현재 가능성 추측

조건절	귀결절
Si + 점속법 과거 완료 (Si hubiera + pp.)	직설법 가능 (-ía)

Ej. Si yo hubiera ido a Colombia de niño, ahora hablaría español bien.

Si me hubiera casado con Ana, ahora yo tendría un hijo como tú.

EJERCICIO _제17과 연습문제

1 ( ) 안의 동사를 문장에 알맞게 바꾸어 쓰시오.

1) Yo esperaba que tú (ir) ________ a la biblioteca para estudiar.
2) Usted le aconsejó a Pedro que (levantarse) __________ un poco más temprano.
3) Si usted me (pedir) ________ ayuda, yo lo ayudaría.
4) Carmen se alegró mucho de que su novio (venir) ________ a verla con un regalo sorpresa.
5) – ¿Por qué no le suplicaste a Juan que te (recomendar) ________ alguna asignatura cuando tuviste que elegirla?
6) Si yo (haber) ________ tenido más dinero, habría comprado esa casa.
7) Podríamos volver el día que habíamos decidido, a no ser que (haber) ________ algún inconveniente
8) Era probable que (llover) ________ al día siguiente.
9) Ellos querían tener un piso que (estar) ________ cerca de la playa.
10) – ¿Conocías a alguien que (tener) __________ tres hijos en aquel momento?
11) Te habíamos regalado un diccionario para que (aprender) ________ otro idioma en el futuro.
12) A lo mejor ella (salir) ________ aquella noche con su familia.
13) ¡Ojalá que yo (poder) ________ viajar a la luna contigo!
14) ¿No creíste que Juan (ser) ________ un actor conocido?
15) Mi tío nos recomendó que (leer) ________ los libros clásicos.
16) Usted prohibió a los chicos que (escoger) ________ esa asignatura.
17) Si me (decir) ________ que me querías, yo te habría dado a ti todo lo que tenía en mi mano.
18) Te dije que te fueras a España, a condición de que (volver) ________ dentro de cuatro meses.
19) Luis quería esperar a su amigo hasta que (terminar) __________ la reunión de la compañía.
20) Por muy fácil que te (parecer) ________ el examen, deberías esforzarte más para no cometer los mismos errores otra vez.

2 다음 문장을 스페인어로 작문하시오.

1) 나는 영어를 잘하는 사람을 찾았었다.

2) 그때 당신은 그 남자에게 거짓말을 할 필요가 있었다.

3) 만약 우리가 좀 더 일찍 일어났다면, 비행기를 놓치지 않았을 텐데.

4) 교수님은 나에게 더 크게 말하라고 말씀하실 텐데.

5) 그녀는 방이 4개인 아파트를 갖기를 원했었다.

6) 카르멘이 아무리 예뻤었더라도 루이스는 마르타와 결혼했었을 것이다.

7) 너는 내가 집에서 나가기 전에 전화를 했었어야 했다.

8) 그때 우리가 그것을 이해했어야 하는 것이 중요했다.

9) 만약 어제 내가 아주 피곤했더라도, 그녀와 영화를 보러 갔었을 것이다.

10) 만약 그때 당신이 그 집을 샀었더라면, 돈을 많이 벌었을 텐데.

DIÁLOGO _제17과 대화문

Diálogo El viaje y la lotería

Pista 29

Carlos	:	¡Oye! ¡Cuánto tiempo sin vernos!
Estrella	:	Es que yo he estado en Corea.
Carlos	:	¡No me digas! Yo también. Estuve en Daegu.
Estrella	:	Yo estuve en Seúl. Si nos hubiéramos hablado antes, nos habríamos encontrado en Corea. ¡Qué lástima!
Carlos	:	Desde luego. Si nos hubiéramos encontrado, habríamos viajado a muchos lugares juntos.
Estrella	:	Si tienes otra ocasión de viajar a otro país, avísame y quizá podamos ir juntos.
Carlos	:	Por supuesto. Me encantaría. Si tuviera dinero y tiempo, me iría ahora mismo. Ojalá que me tocara la lotería.
Estrella	:	Si compras, a lo mejor te toca. ¿Por qué no compramos un boleto?
Carlos	:	De acuerdo. Quizá nos toque. Si nos tocara, ¿qué harías primero?
Estrella	:	Si me tocara, yo me mudaría a una casa que tuviera una piscina. Y tú, ¿qué harías con el dinero?
Carlos	:	No lo sé. No lo he pensado en serio. Si ganara mucho dinero, primero se lo daría a mis padres. Hagan lo que hagan mis padres con él, me parecería bien.
Estrella	:	¡Qué hijo tan bueno! Pero si te tocara de verdad, podrías cambiar de opinión.
Carlos	:	Nadie lo sabe. Si tienes hambre, dímelo. Conozco un restaurante muy bueno.
Estrella	:	Esperaba que me dijeras eso porque tengo hambre desde hace tiempo. Si hay un postre que me gusta, será genial.
Carlos	:	¿Qué postre te gustaría comer? Creo que hay varios.

Estrella : Si tienes el número de teléfono del restaurante, podemos llamar y preguntarlo.

Carlos : Creo que lo tengo en mi móvil.

Estrella : ¡Qué bien! Temía que no lo tuvieras.

Carlos : Démonos prisa. Si llegamos tarde, tendremos que esperar.

Estrella : Si tuviéramos coche, podríamos llegar antes.

Carlos : Claro. Si yo hubiera sabido que iríamos al restaurante, habría traído el coche de mi hermano.

Estrella : Bueno, vámonos. Si no hay mesas libres, no me importa esperar.

Carlos : De acuerdo, seguro que habrá sitio.

Estrella : ¿Estás seguro de eso? ¿Por qué hablas así, como si tuvieras toda la seguridad del mundo?

Carlos : Es que es nuestro. Lo hemos abierto hace poco.

여기서 Point
⇒ 'desde luego 혹은 por supuesto'는 '물론이다'라는 의미이다.
⇒ 'hagan lo que hagan'은 '무엇을 하든지'라는 뜻이다. 유사한 표현으로 'sea lo que sea'는 '무엇이든지'라는 의미를, 'diga lo que diga'는 '무슨 말을 하든지'라는 의미를 지닌다.

VOCABULARIO & EXPRESIÓN

제17과 어휘 및 표현

almuerzo	점심
asignatura	과목
cometer	실수하다
compañía	회사
condición	조건
empresa	회사
en serio	진지하게
fumar	담배피우다
gobierno	정부
ministro	장관
mudar	이사하다
por supuesto	물론
postre	디저트, 후식
sorpresa	놀라움
tranquilidad	차분함, 평온

부록

1. 동사+전치사
2. 전치사구
3. 축소사와 증대사

대화문 해석 / 정답

elementos de la gramática

española

1. 동사 + 전치사

hacer inf.: ~하도록 시키다

Mis padres me hacían tocar el piano cuando era niño.
어렸을 때 부모님은 내가 피아노를 치도록 시키셨다.

dejar inf.: ~하게 두다

Los policías habían dejado pasar a los manifestantes.
경찰들은 시위자들이 지나가게 두었다.

간접목적어 + obligar a inf.: ~하게 하다, ~을 강요하다

Los enemigos nos obligaron a callar toda la noche.
적군들은 밤새 우리가 조용히 있기를 강요했다.

empezar(comenzar) a inf.: ~하기 시작하다

Los seguidores empezaron a animar a su equipo de fútbol.
서포터스들은 자기 축구팀을 응원하기 시작했다.

echarse a inf.(=romper inf.): (갑자기) ~하기 시작하다

Las niñas se echaron a llorar al ver a su mamá.
여자아이들은 엄마를 보자 울음을 터뜨렸다.

estar a punto de inf.: 막 ~할 순간에 있다.

Estoy a punto de salir para la estación.
나는 역으로 막 나가려는 순간이다.

terminar de inf.: ~하는 것을 마치다

Por fin los obreros terminaron de construir el edificio.
드디어 노동자들은 건물 짓는 것을 마쳤다(다 지었다).

terminar (acabar) por inf.: 결국 ~ 으로 되다/끝나다

Ese muchacho terminó por ser un delicuente.
그 소년은 결국 범죄자가 되었다.

no(nunca) acabar de inf.: 아무리 해도 ~하지 않다(못하다)

Los padres nunca acaban de entender a los hijos.
부모들은 절대로 자식들을 이해하지 못한다.

parar de inf.: ~하는 것을 멈추다, 그만하다

Paramos de bailar. Estoy cansadísima.
춤을 그만 춥시다. 나는 지쳤어요.

resulta que ~: ~ 결과가 나오다

Resultó que Juan no había aprobado el examen.

후안이 시험에 통과하지 못하는 결과가 나왔다.

estar deseoso de inf.: ~을 하고 싶어 하다

Ana estaba deseosa de viajar a los países latinoamericanos.
아나는 중남미를 여행하고 싶어 했었다.

간접목적어+dar la gana de inf.: ~하고 싶어 하다

No me da la gana de irme ahora.
나는 지금 가고 싶지 않다.

no cansarse de inf.: 끝까지 ~하다

No nos cansaremos de pedir nuestros derechos.
우리는 끝까지 우리의 권리를 요구할 것이다.

intentar inf.: ~ 할 생각이다, ~ 시도하다

Hasta el final ellos intentaron salvar a los cachorros.
그들은 끝까지 강아지들을 구하려고 노력했다.

tratar de inf.: ~하려고 시도하다

Los periodistas tratan de revelar la verdad de lo que ocurrió.
기자들은 벌어진 진실을 밝히려고 시도한다.

vacilar en inf.: ~을 망설이다

El matrimonio vaciló en comprar un coche nuevo.
부부 한 쌍은 새 차를 구입하는 것을 망설였다.

hace falta que+접속법: ~할 필요가 있다

Hace falta que vayamos a la aduana.
우리는 세관에 갈 필요가 있다.

no hace falta que+접속법: ~할 필요가 없다

No hacía falta que vinieras.
네가 올 필요가 없었다.

vale/merece la pena inf.: ~할 가치가 있다

Vale/Merece la pena estudiar español.
스페인어를 공부할 가치가 있다.

ponerse+형용사: ~이 되다

Cuando rompí el cristal de la ventana, mi padre se puso furioso.
내가 창문의 유리창을 깼을 때, 아버지는 화가 나셨다.

volverse+형용사: ~으로 변하다

Juana se volvió loca.
후아나는 미쳐 버렸다.

convertirse / transformarse en: ~으로 변하다

El chico se convirtió en un monstruo.
소년은 괴물로 변했다.

preguntarse si~: ~일까 자문하다(생각해 보다)

Me preguntaba si querrías tomar algo conmigo.
네가 나와 차를 한 잔 마실까 자문해 보았다.

2. 전치사구 Locuciones prepositivas

2.1. 위치

debajo de: ~밑에(아래에)

El gato está debajo de la mesa.
고양이는 탁자 밑에 있다.

delante de: ~앞에

Delante de mi casa hay una farmacia grande.
나의 집 앞에 큰 약국 하나가 있다.

detrás de: ~뒤에

Tengo mi coche aparcado detrás del banco del jardín.
정원 벤치 뒤에 내 차를 주차해 두었다.

al lado de: ~곁에

Tu casa está al aldo del banco.
너의 집은 은행 옆에 있다.

a la izquierda de: ~왼쪽에

La oficina de turismo se encuentra a la izquierda de la estación del tren.
관광 안내소는 기차역 왼쪽에 있다.

a la derecha de: ~오른쪽에

La clínica dental está a la derecha de la farmacia.
치과의원은 약국 오른쪽에 있다.

encima de: ~위에

Los vasos están encima de la mesita.
컵들은 작은 탁자 위에 있다.

encima 단독으로는 '게다가, 그럼에도 불구하고'라는 의미로 사용된다.

Ej. No estudió nada, encima quiere buenas notas.
그는 전혀 공부를 하지 않았음에도 불구하고 좋은 점수를 원했다.

lejos de: ~에서 멀리

Quiero estar muy lejos de él, porque él me odia.
나는 그에게서 멀리 있고 싶다. 왜냐하면 그는 나를 증오하기 때문이다.

dentro de: ~안에(내에)

Estáte quieto aquí, vuelvo dentro de una hora.
여기에 가만히 있어라. 나는 한 시간 안에 돌아올게.

No sabemos qué hay dentro de la caja.
우리는 상자 안에 무엇이 있는지 모른다.

fuera de: ~밖에

Los centros comerciales gigantescos están localizados fuera de la ciudad.
대형 쇼핑몰들은 도시밖에 위치한다.

entre ~A y ~B: A와 B 사이에

Entre lo dicho y lo hecho hay un gran trecho.
말하는 것과 행동하는 것 사이에는 큰 차이가 있다.

al final de: ~끝에

Al final de esta calle hay una cafetería con buenas tapas.
이 거리 끝에는 좋은 안주가 있는 카페테리아가 있다.

enfrente de(=frente a): ~건너편에

Conozco un restaurante famoso que se encuentra enfrente del juzgado.
나는 법원 건너편에 있는 유명한 식당을 안다.

'frente a'에는 '~에 직면해서'라는 의미도 있다.

Ej. Juan está tranquilo frente a este problema.
후안은 이 문제에 직면해서도 차분하다.

a lo largo de: ~을 따라

Las playas están a lo largo de toda la costa.
해안을 따라 해변이 있다.

시간적 의미로 사용되기도 한다.

Ej. A lo largo del día te llamo.
오늘 안에 너에게 전화할게.

al fondo de: ~뒤쪽에

Al fondo de la clase hay una pared.
교실 뒤쪽에 벽이 있다.

2.2. 시간

antes de: ~전에

Antes de comer, tienes que lavarte las manos.
식사 전에 손을 씻어야 한다.

después de: ~후에

Después de que fuiste, él llegó con esa noticia.
네가 간 후에 그가 그 소식을 갖고 도착했다.

a principios de: ~초순에

Las nuevas clases empezarán a principios de septiembre.
새로운 수업들은 9월 초에 시작할 것이다.

a mediados de: ~중순에

Juan quiere que su novia llegue a mediados de mes.
후안은 그의 애인이 중순경에 도착하기를 원한다.

a fines de: ~말에

Se informa de que las tormentas tropicales vendrán a fines de julio.
7월 말경에 태풍이 올 것이라고 전한다.

al cabo de: ~한 후에

Al cabo de un mes habremos terminado este semestre.
한 달 후에는 우리는 이번 학기를 끝마칠 것이다.

2.3. 비교

respecto a: ~에 관하여

Respecto a lo que usted mencionó ayer, lo trataremos el próximo mes.
어제 당신이 언급한 것에 관해서는 다음 달에 다루도록 합시다.

en cuanto a: ~에 관하여(대하여)

En cuanto a lo sucedido no quiero hablar nada.
벌어진 일에 대하여 말하고 싶지 않다.

conforme a: ~따라, ~에 의하여

El paciente estaba mejor conforme al paso de tiempo.
환자는 시간이 지남에 따라 좋아졌었다.

2.4. 원인

por medio de: ~을 통하여

Se contagiaron por medio de una transfusión.
수혈을 통해서 감염되었다.

debido a: ~때문에

Debido a que te fuiste temprano, no pude entregarte el paquete.

네가 일찍 가버렸기 때문에 너에게 소포를 전달할 수 없었다.

gracias a: ~덕분에

Gracias a los coches, hoy en día se ahorra tiempo.
자동차 덕분에, 요즘엔 시간이 절약된다.

2.5. 기타

además de: ~이외에

Además de lo que los científicos mencionaron, había más cosas misteriosas.
과학자들이 언급한 것 이외에도, 더 많은 미스터리한 일들이 있었다.

a pesar de(pese a): ~에도 불구하고

A pesar de que había tormenta, los manifestantes hicieron la marcha.
폭우가 있었음에도 불구하고, 시위자들은 거리 시위를 진행했다.

a excepción de: ~을 제외하고

A excepción de Pedro y Luisa, los alumnos se comportaron muy bien.
페드로와 루이사를 제외하고는, 학생들은 좋은 태도를 보였다.

3. 축소사와 증대사

명사의 어미에 여러 형태의 접미어를 붙여서 크고 작음을 나타내는 표현이다.

3.1. 축소사

화자가 어떤 대상에 감정을 이입하여, 형상이 작음을 표현한다. 경우에 따라서는 무례한 표현이 될 수도 있다.

① **-ito**: hijo → hijito, casa → casita, libro → librito

② **-cito**: coche → cochecito, mujer → mujercita

③ **-illo**: ventana → ventanilla, pájaro → pajarillo

3.2. 증대사

축소사와는 반대로, 대상이 크다는 것을 표현한다. 경우에 따라 이미 명사화 된 것들도 있다.

① **-ón**: silla → Sillón, cuchara → cucharón, camisa → camisón

② **-ona**: soltera → solterona

③ **-azo**: beso → besazo

④ **-ote**: grande → grandote

대화문 해석

제3과

대화 1 | **학교에서**

페드로 : 안녕! 안녕!
아나 : 안녕! 너 새로 온 학생이지?
페드로 : 응, 맞아. 너도? 만나서 반가워.
아나 : 응, 나도 새로 온 학생이야. 반가워. 나는 아나라고 해. 너는 이름이 뭐니?
페드로 : 나는 페드로야. 바르셀로나 출신이야. 너는 어디 출신이니?
아나 : 나는 세비야 출신이야
페드로 : 세비야는 예쁜 도시지, 그렇지?
아나 : 물론이지. 아주 예쁜 장소들이 많이 있어.
페드로 : 바르셀로나 역시 흥미로운 곳들이 있어. 예를 들면, 사그라다 파밀리아, 카사 밀라, 구엘 공원 등등.
아나 : 그럼. 내일 보자.
페드로 : 나중에 보자. 잘 가.

대화 2 | **교실에서**

후안 : 안녕, 어떻게 지내니?
마리아 : 아주 잘 있어. 너는?
후안 : 잘 지내. 수업은 어떠니?
마리아 : 아주 재미있어. 그리고 교수님도 상냥하셔.
후안 : 어디 출신이시니? 멕시코 분이시니?
마리아 : 아니. 그는 스페인 분이셔. 마드리드 출신이야.
후안 : 그러면, 나중에 보자. 잘 가.
마리아 : 잘 가. 나중에 봐.

대화 3 | **거리에서**

관광객 : 안녕하세요. 실례합니다! 이 근처에 약국이 있나요?
경찰 : 예, 이 근처에 있습니다.
관광객 : 그 약국은 어디에 있나요?
경찰 : 약국은 채소 가게와 카페테리아 사이에 있습니다.
관광객 : 그리고 관광 안내소가 있나요?
경찰 : 여기서 멀리 있습니다.
관광객 : 걸을 준비는 돼 있습니다.
경찰 : 걸어서, 20분 정도입니다.
관광객 : 고맙습니다. 아주 친절하시네요.
경찰 : 천만에요. 안녕히 가세요.

제4과

대화 1 | **집에서**

엄마 : 아들아! 네 회색 재킷이 어디 있지?
아들 : 내 재킷은 엄마 것 옆에 있어요.

엄마 : 너의 친구 호세의 생일은 언제니?
아들 : 그의 생일은 내일이에요. 이게 그의 선물이에요.
엄마 : 선물은 뭐니?
아들 : 셔츠예요.
엄마 : 무슨 색이니?
아들 : 흰색이에요. 그건 그렇고 파티는 그의 삼촌 집에서 열려요.
엄마 : 삼촌 집은 어디에 있지?
아들 : (그의 집은) 시내에 있어요.
엄마 : 그래, 알았어. 그건 호세를 위한 내 선물이야.
아들 : 선물 고마워요, 엄마.

대화 2 | 두 친구 사이

후안 : 저 긴 머리 남자아이는 누구니?
호세 : 쟤는 스페인어 수업의 친구야. 이름은 루이스고, 이탈리아 출신이야.
후안 : 아, 이탈리아 사람이구나. (그의) 전공은 뭐니?
호세 : (그의 전공은) 경제학이야.
후안 : 내 것(전공)도 역시 경제야.
호세 : 맞네! 그의 여동생은 스페인어 학과야.
후안 : 그녀는 어디에 있니?
호세 : 너의 차 뒤에 있어. 저 여자아이야.
후안 : 아주 예쁘구나.
호세 : 그래, 지금은 새로운 원피스를 입어서 더 예뻐.
후안 : (그녀의) 이름은 뭐니?
호세 : 그녀의 이름은 카탈리나야.

제5과

대화 | 교환 학생

카를로스 : 안녕! 너 교환 학생이지, 그렇지?
다희 : 맞아, 난 교환 학생이야.
카를로스 : 어느 나라 출신이니? 나는 카를로스야. 만나서 반갑다.
다희 : 만나서 반가워. 나는 다희라고 해, 한국 출신이야. 너는 스페인의 어느 지역 출신이니?
카를로스 : 나는 발렌시아 출신이야. (발렌시아는) 스페인의 동쪽에 있지.
다희 : 너의 도시는 아름다운 해변을 가지고 있지, 그렇지?
카를로스 : 게다가 기후도 살기에 매우 좋아. 발렌시아 사람들은 아주 상냥하고, 유머를 지니고 있어.
다희 : 그렇다면 언젠가 발렌시아를 방문하고 싶구나.
카를로스 : 발렌시아에서는 빠에야가 아주 유명해. 그리고 불꽃놀이 축제는 국제적으로 알려져 있어.
다희 : 아! 또한 부뇰의 '토마토 축제'에도 가고 싶어. 발렌시아에서 가깝지, 그렇지?
카를로스 : 기차로 한 시간 걸려. 축제에 꼭 가 봐야 해. 왜냐하면 (거긴) 아주 재미있어.
다희 : 그건 그렇고, 배가 너무 고파. 어디서 먹을 수 있을까? 너는 배가 안 고프니?
카를로스 : 응, 나도 배가 고파. 저 건물의 식당으로 가자. 그 식당의 웨이터들은 친절해.
다희 : 그래. 거기로 가자. 나는 빠에야와 고기를 먹을 거야. 너는?
카를로스 : 나는 스프와 생선을 먹고 싶어. 그리고 디저트도!
다희 : 식당이 아주 크네! 아주 모던한 식당이야!

»

대화문 해석

카를로스 : 보통 여기서는 식사를 위해서 기다려야 해. 그런데 오늘 우리는 운이 좋아. 곧 먹을 수 있겠다.
다희 : 잘 됐다! 점심 특선이 뭐가 있지! 여기에 생수는 있겠지? 나는 탄산수는 좋아하지 않거든.
카를로스 : 물론 생수도 있지. 저 웨이터에게 물어 볼게. 친구야.
다희 : 좋아. 고마워.
카를로스 : 여기요, 웨이터.

제6과

대화 1 | 카페테리아에서

앙헬 : 뭐 좀 먹을래? 내가 사 줄게.
마르타 : 사 줘서 고마워. 그러면 나는 카페라테 한 잔을 원해.
앙헬 : 나는 갈증이 나서 맥주를 마셔야겠어.
마르타 : 여기에 빈 탁자가 하나 있네. 아니면 저기를 원하니?
앙헬 : 나는 여기가 좋아. 여기서는 거리를 바라볼 수 있잖아.
마르타 : 좋아. 그러면 다니엘을 위한 선물에 대해 이야기해 보자.
앙헬 : 다니엘에게 무엇을 선물하고 싶니?
마르타 : 그에게 무언가 특별한 것을 주고 싶어.
앙헬 : 내 생각에 그는 서류 가방을 원하는 것 같아.
마르타 : 좋아. (우리는) 그에게 그것을 사 줄 수 있어.
앙헬 : 내일 (그에게 그것을) 사러 가자.
마르타 : 그럼 내일 보자.
앙헬 : 내일 봐, 안녕.

대화 2 | 남매 사이

오빠 : 야, 부모님에게 편지 쓸 거니?
여동생 : 응, 쓰려고 해. 그리고 오빠에게도 한 장 쓰려고 해.
오빠 : 왜 나한테 쓰려고 하니? 메시지를 보낼 수도 있잖아.
여동생 : 그냥. 단지 쓰고 싶어서.
오빠 : 너 참 이상하네!
여동생 : 내 애인 선물을 사러 가려고 해. 나와 같이 갈래?
오빠 : 내 것도 살 수 있어?
여동생 : 알았어. 무슨 선물을 원해?
오빠 : 나중에 (너에게 그것을) 말할게.
여동생 : 그러면 나는 내 친구에게 전화를 할게.
오빠 : 알겠어. 집 앞에서 기다릴게.
여동생 : 알았어. 한 가지 부탁을 들어줘.
오빠 : 어떤 것인데?
여동생 : 네 차를 가져갈 수 있어? 내 차는 집에서 멀리 있어.
오빠 : (나에게) 기름 값을 내어 주면, 그럴래?
여동생 : 좋아. 그렇게 할게.

제7과

대화 | **집에서**

엄마 : 야! 벌써 9시 반이야.
아들 : 더 자고 싶어요.
엄마 : 첫 수업이 몇 시지?
아들 : 1시 정각에 있어요.
엄마 : 오늘이 며칠이니?
아들 : 오늘은 9월 17일이에요. 왜요?
엄마 : 오늘은 내 결혼기념일이야.
아들 : 축하드려요. 아빠랑 뭐 특별한 걸 하실 거예요?
엄마 : 식당에서 결혼 기념을 축하하려고.
아들 : 엄마, 아빠랑 같이 가도 돼요?
엄마 : 안 돼. 오늘은 우리들의 특별한 날이잖니.
아들 : 알았어요. 나는 밥 안 먹고 집에 남아 있을 거예요.
엄마 : 너의 생일에 우리 모두 식당에 갈 수 있잖아.
아들 : 11월 15일이에요. 너무 오래 기다려야 하잖아요.
엄마 : 그러면 이번 토요일에 삼촌 내외와 먹으러 가자.
아들 : 언제 스페인에 도착하세요?
엄마 : 금요일에 도착하신대.
아들 : 금요일에는 수업도 없고, 날씨도 좋을 거예요.
엄마 : 그러면 우리 함께 공항에 마중 나가자.
아들 : 좋아요. 이제 나는 마리오랑 테니스를 칠 거예요.
엄마 : 찬 물 한 병을 가져가야 해. 너희들 갈증날 거야.
아들 : 냉장고에 큰 병 하나 있어요. 하지만 가을은 여름만큼 덥지 않아요.
엄마 : (너는) 12시 반 전에 집에 도착해야 해.
아들 : 늦지 않을 거예요. 12시 정각에 도착할 수 있어요.
엄마 : 그리고 이번 주 일요일에 나는 학교 친구들과 약속이 있어.
아들 : 약속은 몇 시예요?
엄마 : 약속은 저녁이야. 나는 그녀들과 6시부터 10시까지 있을 거야.
아들 : 아주 바쁜 주말이네요.
엄마 : 그래, 맞아. 아주 바쁘구나. 일요일에 너 혼자서 식사해야 해. 왜냐면 아버지도 모임이 있으시거든.
아들 : 혼자서 먹는 것에 익숙해 졌어요.
엄마 : 그래, 이제 테니스 치러가야겠네.
아들 : 가요. 엄마, 나중에 봐요.

제8과

대화 **1** | **두 여자 친구**

클라라 : 무엇을 생각하니?
루이사 : 카를로스를 생각하고 있어.
클라라 : 무슨 일 있어? 너희들 무슨 일이 있니?
루이사 : 가끔 나에게 거짓말을 해. 뭔가 이상하다고 생각해.
클라라 : 다른 여자가 있니?
루이사 : (그것을) 모르겠어. 그럴 수 있겠지. 예전처럼 나를 대하지 않아.
클라라 : 내일 그를 만날 거야. 너 대신에 그에게 직접 물어 볼까?
루이사 : 내가 어떻게 해야 할지 모르겠어. 최근에 그와 말을 안 했어. 》

클라라 : 너와 무슨 일이 있는지 그에게 물어 보는 것은 난 상관 없어.
루이사 : 내일 몇 시에 그를 볼 거니?
클라라 : 오후 4시에. 학교 카페테리아에서.
루이사 : 좋아. 내가 직접 그에게 물어 볼 거야.
클라라 : 그래.

대화 2 | 두 남자 친구

페르난도 : 영화관에 가고 싶니?
라울 : 그래, 가고 싶어. 무슨 영화를 보러 갈까?
페르난도 : 두 영화 사이에서 선택을 해야 해, 액션 아니면 공포.
라울 : 나는 공포 영화는 전혀 좋아하지 않아.
페르난도 : 그러면 액션 영화를 보러 가자.
라울 : 입장권은 얼마야? 돈을 찾아야 해. 곧 돌아올게.
페르난도 : 영화는 3시 반에 시작이야. 뭘 좀 마실 시간이 있네. 게다가 나는 발도 아파.
라울 : 나도 그래. 오랫동안 서서 있는 게 난 싫어.
페르난도 : 나도 그래. 뭘 주문할까? 나는 만사니야 차를 마시고 싶어. 너는 뭘 먹고 싶니? 내가 살게.
라울 : 고마워. 그러면 맥주와 감자튀김 한 접시를 원해. 물도 한 병 시킬 수 있니?
페르난도 : 오케이, 좋아. 아주 똑똑하군!
라울 : 기회를 잘 활용해야지. 하하하!
페르난도 : 영화를 본 후에, 내 막내 동생에게 영화의 내용을 이야기 해주어야 해. 영화의 줄거리를 알고 싶어 하거든.
라울 : 난 반대로 영화를 보기 전에 줄거리를 알고 싶지 않아.
페르난도 : 그래서 여러 타입의 사람이 존재하는 거야.

제9과

대화 1 | 자동차와 오토바이

다빗 : 이 차가 네 거야?
훌리오 : 응, 내 새 차야. 내 차는 너의 것보다 더 커.
다빗 : 맞아. 그러나 내 것은 너의 것 보다 더 편안해.
훌리오 : 그래, 그래. 너의 것은 내 것만큼 빨리 달리지.
다빗 : 너는 운전 잘하니?
훌리오 : 응, 운전 잘해. 또한 택시기사만큼 주차도 잘하지.
다빗 : 야! 이쪽으로 페드로가 와. 손에 뭘 가지고 있니?
페드로 : 나의 새 오토바이 열쇠를 가지고 있어.
다빗 : 오토바이는 자동차보다 더 위험해.
페드로 : 하지만 오토바이는 도시에서 주차하기에는 가장 좋지.
훌리오 : 너의 말에 동의해.
페드로 : 나는 나의 오토바이를 어느 곳이든지 주차할 수 있어. 그리고 오토바이는 나에게 자동차와는 다른 느낌을 줘.
다빗 : 하지만 도시에서는 속도를 줄여야 해.
페드로 : 도시에서는 충분히 줄여.
훌리오 : 너를 믿어, 페드로.

대화 2 | 날씨

이사벨	:	오늘 아주 덥네! 오늘은 어제보다 더 더워.
민수	:	그런데 구름들이 이쪽으로 오고 있어.
이사벨	:	진짜네. 비가 올 것 같아.
민수	:	스페인에는 여름에 비가 많이 오니?
이사벨	:	내 생각에는 스페인은 한국보다는 비가 적게 오는 것 같아.
민수	:	무슨 계절을 더 좋아하니?
이사벨	:	나는 가을을 더 좋아해. 가을은 내가 좋아하는 계절이야.
민수	:	나도 역시 그래. 가을은 일 년 중에 내가 가장 좋아하는 계절이야.
이사벨	:	그건 그렇고, 지금은 스페인어를 잘 이해하지?
민수	:	응, 지금은 예전보다 더 잘 이해해. 왜냐면 교수님들이 나에게 많은 요구를 하시고, 내 실수들을 수정해 주시거든.
이사벨	:	멋진 행운을 가졌구나!
민수	:	나는 일주일마다 5개 이상의 에세이를 써야 해.
이사벨	:	스페인어에 관해서 궁금한 거 있어? 나에게 질문해도 돼.
민수	:	알았어. 고마워.

제10과

대화 1 | 지난 주말

교수님	:	지난 주말에 무엇을 했니?
남학생 1	:	저는 몇 명의 친구들과 영화를 보고, 팝콘을 먹었어요.
여학생 1	:	저는 집에 있었어요. 너무 더워서 나가기 싫었어요.
남학생 2	:	저는 번역 숙제를 했어요. 그것을 하기 전에, 여동생과 같이 강아지를 산책시켰고 물 한 병을 샀어요.
여학생 2	:	저는 사촌들이 방문했어요. 그들은 오스트리아에 살고, 지난 수요일에 도착했어요.
교수님	:	나는 내 아내와 동네 산책을 했단다. 이후에 카페테리아의 테라스에 있었지. 우리는 거기서 맥주를 마시는 것을 좋아한단다.
남학생 2	:	집에 돌아온 후에, 여동생은 피아노를 쳤고, 저는 책을 읽었어요. 나중에는 함께 TV를 봤고요.
남학생 1	:	(친구가) 나에게 팝콘을 사 주었기 때문에, 저는 음료수를 사 줬어요. 영화관에서 나올 때 비가 내리기 시작했고, 한 친구는 집에 가야 한다고 했죠.
여학생 1	:	아버지가 오셨을 때 에어컨을 켰고, 그래서 저는 오후 4시까지 거실에서 잠을 잤어요.
여학생 2	:	우리는 무언가를 사러 대형마트에 갔어요. 그런데 아무도 신용카드나 현금을 갖고 있지 않아서 우리는 아무것도 사지 못했어요.
교수님	:	웨이터는 우리에게 안주를 무료로 주었고, 우리는 그에게 고맙다고 했단다.
여학생 1	:	(제) 아버지는 저를 깨우셨고, 헬스장에서 벌어진 일을 이야기해 주셨어요.
남학생 1	:	(제가) 집에 돌아왔을 때 저의 조카가 있었고, 아주 상냥하기 때문에 그를 꼭 안아 줬어요.
남학생 2	:	제 여동생은 나에게 커피 한 잔을 가져와서, 나에게 도움을 청했습니다.
여학생 2	:	우리는 거기서 나왔어요. 조금 후에 우리는 아무것도 할 수 없었기 때문에 집으로 갔어요.

대화 2 | 어렸을 때

아나 : 너는 어렸을 때 무엇을 했었니?
다니엘 : 어렸을 때, 나의 친구들이랑 매일 놀았었어. 특히 여름에는 강과 계곡에 갔었지. 너는?
아나 : 나는 사촌들을 방문했었어. 겨울에는 스키와 스케이트를 타곤 했었지. 또한 우리는 눈사람도 만들었었어.
다니엘 : 너는 나에게 루이스가 남자를 소개시켜 주었다고 말했지, 그렇지? 어땠어?
아나 : 그래, 잘 생기고 상냥한 남자였어. 턱수염이 있고 안경을 쓰고 있었어. 어렸을 때 미국에서 살았었고, 영어를 아주 잘 했었어. 그런데 내 타입은 아니었어.
다니엘 : 하지만 나에게는 잘생긴 남자와 사귀고 싶다고 말했었잖아.
아나 : 그래, 이상적 커플에 대해 이야기할 때 예전에 너에게 (그것을) 말했었지.
다니엘 : 이제 알겠어. 너의 이상적 커플은 네 앞에 있구나.

대화 1 | 친구 사이에서

미겔 : 야, 몇 시에 일어났니?
안드레스 : 어제 친구들과 놀러 나가서 아주 늦게 일어났고, 나는 아주 잘 놀았어. 자정에 집에 도착했지.
미겔 : 나도 학교 친구들과 놀러 가려고 했어. 그런데 가장 친한 친구가 못 간다고 말했어. 그래서 집에 남아 있었어.
안드레스 : 그런 그렇고, 아주 모던한 구두네! (그것들을) 어디서 샀니?
미겔 : 모퉁이의 구두 가게에서 팔아. 신어 보고 싶니?
안드레스 : 응, 나에게 구두가 잘 맞는지 알아보고 싶어.
미겔 : 너에게 잘 어울리는구나.
안드레스 : 지금 나는 운동화를 산 것을 후회해.
미겔 : 내 생각에는 오후 9시에 가게 문을 닫으니, 그것들을 사러 갈 수 있어. 게다가 세일 중이야.
안드레스 : 그런데 지갑을 가져오는 것을 잊었어. 지금 알았어. 그래서 (그것을 가지러) 집에 갔다 올게.
미겔 : 좋아. 네가 고동색을 사, 그러면 우리는 서로 바꿔 신을 수 있어.
안드레스 : 좋은 아이디어네!

대화 2 | 홈스테이에서

여주인 : 안녕! 나는 이 집의 주인이야.
나미 : 안녕하세요. 저는 나미이고 한국 사람이에요.
여주인 : 너에게 집을 보여 줄게. 여기가 너의 방이야. 여기는 화장실이고.
나미 : 매일 샤워할 수 있나요?
여주인 : 욕조는 없단다. 하지만 샤워는 할 수 있어. 나에게 한국 사람이라고 했지. 그런데 너는 스페인 여자처럼 보이는구나.
나미 : 제 어머니는 스페인 여자인데, 한국 남자와 결혼을 했어요. 하지만 저는 한국에서 살아요. 지금은 저의 스페인어를 완성하기 위해 스페인에 왔어요.
여주인 : 잘 됐다. 그래서 스페인어로 표현을 잘하구나.

나미 : 스페인어를 어느 정도는 잘해요. 하지만 더 잘하기 위해서 더 노력을 해야 해요. 핸드폰 충전기를 어디서 파는지 아세요?
여주인 : 집에 여러 개가 있단다.
나미 : 고마워요! 손을 씻어야겠어요. 손이 아주 더러워요.
여주인 : 내 생각에는 목도리를 벗어야겠다. 왜냐면 집이 덥거든.
나미 : 진짜네요. 지금 장갑이랑 목도리를 벗을 게요.
여주인 : 식탁에서 너를 기다릴게.
나미 : 네, 지금 당장 식탁으로 갈게요.

제12과

대화 1 | 오래된 친구

이사벨 : 지금 무엇을 하고 있니?
필라르 : (나는) TV에서 다큐멘터리를 보고 있어.
이사벨 : 어젯밤 너에게 전화했을 때는 무엇을 하고 있었니?
필라르 : 몇 시에 나에게 전화했어?
이사벨 : 대략 9시였어.
필라르 : 피곤해서 잠을 자고 있었어.
이사벨 : 후안과 함께 저녁식사를 하는 동안 너에게 전화를 했어. 그가 너를 보고 싶어 하더라. 한 달 동안 너를 찾고 있었다고 내게 말했어.
필라르 : 나 역시 그의 전화번호를 찾고 있었어. 그의 도시를 방문했을 때, 그는 도시에 없었어. 그래서 반 년 동안 그를 보지 못했지.
이사벨 : 우리는 그의 오피스텔에서 저녁식사를 했어. 후안이 저녁을 준비했어.
필라르 : 아깝네! 그는 좋은 요리사야. 예전에 그가 요리하는 것을 보았었어.
이사벨 : 너 말이 옳아. 음식이 아주 맛있었어. 저녁이 끝난 후에 우리는 커피를 마시러 갔고, 그와 이야기하는 것은 아주 유쾌했어.
필라르 : 야, 밖을 봐! 비가 내려. 너의 동네에는 비가 안 오니? 창문이 열려져 있어서, 내가 나중에 너에게 전화를 다시 할게.
이사벨 : 알겠어. 너의 전화 기다릴게.

대화 2 | 우리들의 독서

엔리케 : 너 저 남자 아니?
안토니오 : 응, 그 사람 알아. 많은 사람들에게 존경받는 작가야.
엔리케 : 잘 알려진 그의 책은 어떤 것이니?
안토니오 : 가장 알려진 그의 책 제목은 『정의』야.
엔리케 : 이제 알겠다. 요즘 많이 읽고 있지.
안토니오 : 나는 지금 그것을 읽고 있어. 그의 책이 좋은 점은 모든 사람에게 적합하다는 거야. 그의 책에서 사회를 풍자하는 것이 좋아.
엔리케 : 그러면 내일 그것을 사야겠어.
안토니오 : 내가 책을 읽은 후에 너에게 빌려줄 수 있어.
엔리케 : 고마워. 오랫동안 좋은 책을 읽어 보질 못했어.
안토니오 : 좋아! 뭐 하나 먹을래? 이틀 전에 새로 문을 연 바를 봤어.
엔리케 : 좋았어. 우리들의 독서를 위해서 맥주를 사 줄게.
안토니오 : 멋지네! 맥주를 향해서!

대화문 해석

제13과

대화 1 | **다이어트**

엘레나 : 오늘 무엇을 먹었니?
카르멘 : 오늘 샐러드만 먹었어. 다이어트 중이거든.
엘레나 : 또 다시 다이어트를 한다고! 얼마 전에 했지, 그렇지 않니?
카르멘 : 이번에는 진지하게 하고 있어. 오늘 아침에 공원을 뛰었을 뿐만 아니라 아침식사도 안 했어. 커피만!
엘레나 : 내가 보기에 다이어트를 하는 것은 아주 좋아. 하지만 좋은 다이어트는 안 먹는 것이 아니라 균형적으로 먹는 거야.
카르멘 : 너를 이해해. 다이어트를 한 번이라도 한 적 있니?
엘레나 : 나도 예전에 해 보았지만 살이 빠지지는 않았어.
카르멘 : 그건 그렇고 숙제에 대해서 파블로랑 이야기를 해 보았니?
엘레나 : 지난 목요일에 이야기를 해 보았지만 의견이 일치되지는 않았어.
카르멘 : 나도 아니야. 후안에게 전화를 했지만 통화도 하지 못했어. 나는 너무 지쳐서 그의 팀원이 되는 것을 두고 싶어.
엘레나 : 이 두 애들은 우리에게 전혀 도움이 되질 않았어. 오히려 문제만 만들고 있어.
카르멘 : 아, 불쌍한 우리들! 어떻게 하겠니? 이것이 사는 거야.
엘레나 : 남자들이란!

대화 2 | **완벽한 커플**

아델라 : 야, 지난주에 일어난 일을 아니?
에바 : 일어난 일이 뭐야?
아델라 : 너는 일어난 일을 상상조차 못할 거야. 드디어 라몬이랑 후아나가 헤어졌어.
에바 : 거짓말! 그것을 믿을 수가 없어. 완벽한 커플처럼 보였잖아. 왠지 알아?
아델라 : 사람들은 후아나가 라몬이 다른 여자와 말한 것을 싫어했다고 하더라. 또한 이번이 세 번째라고 하더라고.
에바 : 우리 남자 친구들에 대해 말해 보자. 라파엘은 어때?
아델라 : 잘 있어. 요즘에는 나에게 잘하고 있어. 빅토르는?
에바 : 오늘 아침에 두 달 예정으로 독일로 떠난 것, 너 알고 있지. 벌써 그를 보고 싶어.
아델라 : 이번이 벌써 네 번째, 맞지? 거기서 뭐해?
에바 : 사실은 독일에서 무엇을 하는지 잘 몰라.
아델라 : 라파엘은 처음으로 한국에 출장을 가야 한다고 나에게 말했어. 그의 직업이 좋은 점은 전 세계를 여행을 하는 거야.
에바 : 지금까지 몇 나라를 방문했니?
아델라 : 열 두 나라를 넘은 것은 틀림없어.
에바 : 부럽다!

제14과

대화 1 | **회사에서**

사장 : 안녕하세요? 지난주에 요구한 보고서는 마쳤습니까?
직원 : 예, 사장님이 회의에 가셨을 때 오늘 오후에 비서에게 전달했습니다.
사장 : 좋아요. 그 보고서를 넘겨줄 프랑스 사람들과 만나야 했죠.
직원 : 그들 중 한 명을 알고 있습니다. 그의 이름은 니콜라스입니다. 지난 5월에 우리 사무실을 방문한 그 사람입니다.

사장 : 맞아요. 그가 요즘에 우리가 하고 있던 보고서를 요구한 사람이에요.
직원 : 회의는 어떻게 되었습니까?
사장 : 비록 다른 회사에서 함께 일을 했던 마르코스의 여동생과 의견 충돌이 있었지만 좋았다고 생각해요.
직원 : 과학자들이 참여하는 다른 프로젝트에 대해서도 이야기를 했습니까?
사장 : 네. 우리가 조사하는 것을 포함할 것이라고 생각해요.
직원 : 잘됐네요! 우리가 했던 것이 헛되지는 않았습니다.
사장 : 지금이 우리가 더 노력을 해야 할 때죠.
직원 : 네, 사장님. 또한 지금은 맥주로 축하를 해야 할 때입니다.
사장 : 좋아요. 갑시다.
직원 : 그러면 음식이 잘 나오는 페페 맥주집으로 가시죠.

대화 2 | 애인

하비에르 : 너랑 사귀는 여자는 어느 나라 출신이니?
로베르토 : 아르헨티나 출신이고, 그녀의 이름은 아만다야. 그녀의 억양은 우리들의 것과 달라서 나는 그녀와 이야기하는 것을 좋아해.
하비에르 : 그녀와 얼마 동안 사귀었니?
로베르토 : 반 년 되었어. 나의 대학 동료였던 그녀의 오빠인 페드로를 통해서 그녀를 알았어.
하비에르 : 주말마다 그녀를 어디로 데리고 가니?
로베르토 : 젊은이들이 많이 모이는 곳으로 가.
하비에르 : 우리 동네에 지난달에 새로 연 식당에 가 본 적 있니?
로베르토 : 아직 가 보지 않았어. 좋은 안주가 있니?
하비에르 : 응, 여러 가지가 있어. 특히 갈리시아식 문어를 너에게 추천하고 싶어. 지난주에 먹었는데, 아주 맛있어.
로베르토 : 좋아. 다음에 갈게. 그리고 네가 나에게 말한 것을 주문할게.
하비에르 : 그래, 친구! 갈게. 또 보자
로베르토 : 잘 가!

제15과

대화 1 | 아파트 찾기

실비아 : 민수! 나는 네가 스페인에 돌아와서 아주 기뻐.
민수 : 나도 그래! 내 삼촌이 스페인어를 더 공부하라고 충고하셨어. 그래서 나는 일 년을 더 머물 수 있어.
실비아 : 잘됐네! 그러면 살 아파트를 찾아야 하지, 그렇지?
민수 : 응, 이미 어느 동네에서 살고 싶은지 생각했어. 하지만 아직은 내가 살 만한 아파트를 찾지를 못 했어.
실비아 : 임대료를 정확하게 지불하는 조건이라면, 우리의 아파트에서 살 수 있도록 (너를) 허락할게.
민수 : 좋아. 나는 매일 스페인어를 말 할 목적으로 다시 왔어. 네가 생각을 바꾸기 전에 너에게 임대료의 일부를 줄게.
실비아 : 비록 우리가 친구이지만, 집에서는 네가 지켜야 할 몇 개의 규칙들이 있어.
민수 : 문제없어. 너희들이 말하는 것이 무엇이든 규칙들을 존중할 거야.
실비아 : 그렇게 하자. 이제 산티아고가 집에 도착할 시간이야. »

대화문 해석

민수 : 차를 갖고 있는 누군가를 알고 있니?
실비아 : 응, 산티아고가 차를 샀어.
민수 : 그러면 너의 집까지 내 가방을 옮겨 달라고 부탁해야지.
실비아 : 그에게 전화하는 것으로 충분해.
민수 : 나는 운이 좋네!

대화 2 | 문제들

알리시아 : 야! 나는 네가 나에게 진실을 말하기를 원해!
수사나 : 내가 너에게 말했던 것을 의심하니? 진짜로 나는 그것을 아는 사람을 아무도 몰라.
알리시아 : 나는 다음 주 전까지 이 문제를 해결해야 해.
수사나 : 아무리 급하더라도, 나는 너를 도와줄 수가 없어. 아마도 클라라가 누군가를 알 수도 있어. 지금 그녀에게 전화하기를 원하니?
알리시아 : 제발 그녀가 누군가를 알고 있기를 원해!
수사나 : 식사를 한 후에, 그녀에게 전화를 할게.
알리시아 : 그러면 네가 먹을 때까지 기다릴게.
수사나 : 좋아. 자! 너를 잘 볼 수 있게 여기 앉아.
알리시아 : 고마워. 하지만 클라라가 아무도 모를까봐 걱정이 돼.
수사나 : 진정하길 바라. 모든 것이 잘 될 거라고 확신해.
알리시아 : 그렇게 되기를 원해.
수사나 : 너에게 그것을 약속해.

제16과

대화 1 | 친구의 여행

나민 : 찬수는 아르헨티나로 떠났니?
다빗 : 응, 어제 갔어. 내 생각에는 부에노스아이레스에 도착했을 거야.
나민 : 나에게 그의 차를 빌려주겠다고 말했어.
다빗 : 그런 말 마. 진짜야?
나민 : 나에게 그것을 아무 비용 없이 빌려주겠다고 약속했어.
다빗 : 나도 역시 그것을 가졌다면 좋았을 텐데. 그러면 차로 여행을 할 수 있을 텐데.
나민 : 그건 그렇고, 너에게 어디서 환승한다고 말했니?
다빗 : 나에게 로스앤젤레스에서 환승한다고 말했어.
나민 : 그러면 거기서 사는 친구와 만났을 거야. 언젠가 나에게 그 친구를 보고 싶다고 얘기했거든.
다빗 : 찬수는 이 여행이 아주 좋겠다. 왜냐하면 항상 가고 싶은 나라를 방문하고, 몇 년 만에 그의 친구를 보게 되니까.
나민 : 좋아. 뭐 마실래? 사 줄게.
다빗 : 너의 친절 고마워. 백포도주를 마실게.
나민 : 나도 같은 것을 마실게.

대화 2 | 집에서의 탈출

엄마 : 일어나라! 벌써 아침 11시다.
딸 : 제발! 나를 깨우지 마세요. 나는 아주 피곤해요.
엄마 : 어제 나에게 일찍 일어나겠다고 말했잖아. 좀 착한 애가 되어라.

딸 : 알았어요. 더 이상 말하지 마세요. 이제 일어나요. 소리치지 마세요.
엄마 : 지금 빵이 없으니 가서 사와라. 그리고 아스피린도 사와. 하지만 코너에 있는 약국은 가지 마라.
딸 : 아빠가 TV를 보고 계시니, 아빠에게 말씀하세요. 나를 좀 그냥 두세요.
엄마 : 네가 아빠에게 말해. 네가 원하면 같이 가라. 그리고 둘 다 집에 돌아오지 마!
딸 : 엄마, 그러지 마세요. 무슨 일이 있는지 내게 말해요. 아빠! 뭐든 말해요. 엄마가 기분이 안 좋으세요.
엄마 : 누구와도 이야기하고 싶지 않아. 집에서 다 나가. 혼자 있고 싶어.
아빠 : 딸아! 집에서 도망가자! 집에서 나가는 것이 좋겠어.
딸 : 알았어요, 아빠. 여기서 나가요. 아니면 엄마가 우리를 진짜로 내쫓을 거예요.
아빠 : 밖이 추우니, 이 외투를 입어라. 빨리 그것을 입어라!
딸 : 아빠, 목도리 챙기세요. 그래야 찬바람이 안 들어가요.
아빠 : 엄마에게 아무 말도 하지 마라. 화가 많이 나 있어.
딸 : 하지만 나중에는 엄마와 얘기를 할 거지요, 그렇지요?
아빠 : 당연하지.

제17과

대화 | 여행과 복권

카를로스 : 야! 얼마 동안 우리가 못 본 거야!
에스트레야 : (나는) 한국에 있었어.
카를로스 : 그런 말 마! 나 또한 대구에 있었어.
에스트레야 : 나는 서울에 있었어. 만약 우리가 그전에 말을 했었다면, 한국에서 만났었을 텐데. 아쉽네!
카를로스 : 당연하지! 만약 한국에서 만났었다면, 함께 많은 곳을 여행했었을 텐데.
에스트레야 : 만약 네가 다른 나라를 여행할 다른 기회가 있으면, 나에게 알려줘. 아마 우리 함께 갈 수도 있잖아.
카를로스 : 물론이지! 나는 정말 좋을 것 같아. 만약 돈과 시간이 있다면, 지금 당장 갈 거야. 제발 내가 복권이 당첨되기를 빌어.
에스트레야 : 만약 그것을 산다면, 혹시 당첨될 수도 있어. 왜 우리는 복권을 사지 않지?
카를로스 : 맞아. 아마도 당첨될 수도 있어. 만약 당첨된다면, 처음으로 무엇을 할 거니?
에스트레야 : 만약 당첨된다면, 수영장이 있는 집으로 이사를 할 거야. 너는 그 돈으로 무엇을 할 거니?
카를로스 : 모르겠어. 진지하게 생각해 본 적은 없어. 만약 많은 돈을 얻는다면, 우선 부모님에게 드릴거야. 부모님들이 그 돈으로 무엇을 하시든, 나는 만족할 거야.
에스트레야 : 아주 좋은 아들이네! 하지만 만약 진짜로 당첨된다면, 생각이 바뀔 수도 있을 거야.
카를로스 : 그건 아무도 모르지. 만약 배가 고프면, 말해. 나는 아주 좋은 식당을 알아.
에스트레야 : 그것을 말해 주기를 바라고 있었어. 왜냐면 한참 전부터 배가 고팠거든. 내가 좋아하는 디저트가 있다면, 환상적이겠지.
카를로스 : 무슨 디저트를 먹고 싶니? 여러 가지가 있어.
에스트레야 : 만약 식당의 전화번호가 있으면, 전화를 해서 그것을 물어 볼 수 있어.
카를로스 : 내 생각에는 내 핸드폰에 있어.
에스트레야 : 좋아! 네가 그것을 갖고 있지 않을까 걱정했었어.
카를로스 : 우리 서두르자. 만약 늦게 도착하면, 기다려야 해.
에스트레야 : 만약 차가 있었다면, 빨리 도착했었을 텐데.
카를로스 : 맞아. 만약 식당에 갈 줄 알았었다면, 형의 차를 가져왔었을 텐데.
에스트레야 : 좋아, 가자. 만약 빈 테이블이 없어도, 기다리는 것은 상관없어.
카를로스 : 괜찮아, 자리가 있을 거라 확신해.
에스트레야 : 너는 그것을 확신해? 마치 온 세상에 대해 확신하고 있는 것처럼 왜 그렇게 말을 하니?
카를로스 : 그것(그 가게) 우리 거야. 얼마 전에 문을 열었어.

정답

발음, 악센트 알아보기 [연습문제]

1. 다음의 단어의 음절을 분해하고, 악센트를 표기하시오.

1)	Barcelona	→	Bar-ce-lo-na	2)	alguien	→	al-guien
3)	vergüenza	→	ver-güen-za	4)	extranjero	→	ex-tran-je-ro
5)	deuda	→	deu-da	6)	flecha	→	fle-cha
7)	Austria	→	Aus-tria	8)	triunfo	→	triun-fo
9)	gloria	→	glo-ria	10)	inspirado	→	ins-pi-ra-do
11)	acción	→	ac-ción	12)	puerta	→	puer-ta
13)	aéreo	→	a-é-re-o	14)	lingüística	→	lin-güís-ti-ca
15)	origen	→	o-ri-gen	16)	constante	→	cons-tan-te
17)	calle	→	ca-lle	18)	planta	→	plan-ta
19)	ferrocarril	→	fe-rro-ca-rril	20)	hallazgo	→	ha-llaz-go

제1과 [연습문제]

1. 다음의 단어에 알맞은 정관사를 쓰시오.

1)	el	libro	2)	las	flores	3)	el	aula
4)	la	mano	5)	la	silla	6)	el	dinero
7)	el	problema	8)	el	cheque	9)	la	verdad
10)	el	camión	11)	la	ciudad	12)	la	especie
13)	la/las	tesis	14)	el	avión	15)	el/los	paraguas
16)	el	lápiz	17)	los	papeles	18)	el	examen
19)	la	fuerza	20)	las	llaves	21)	el	clima
22)	el	corazón	23)	la	luz	24)	las	noches

2. 다음 단어를 복수형으로 바꾸시오.

1)	casa	→	casas	2)	actor	→	actores
3)	joven	→	jóvenes	4)	muchacha	→	muchachas
5)	examen	→	exámenes	6)	paraguas	→	paraguas
7)	joya	→	joyas	8)	igual	→	iguales
9)	luz	→	luces	10)	rey	→	reyes
11)	puente	→	puentes	12)	vez	→	veces
13)	sábado	→	sábados	14)	atención	→	atenciones
15)	lápiz	→	lápices	16)	lunes	→	lunes

제2과 [연습문제]

1. 정관사와 형용사의 변화형을 빈칸에 알맞게 쓰시오.

1)	libro	nuevo	→	el libro nuevo
2)	casa	nuevo	→	la casa nueva
3)	mujeres	inteligente	→	las mujeres inteligentes

4)	sofá	cómodo	→	el sofá cómodo
5)	coche	alemán	→	el coche alemán
6)	chicas	hablador	→	las chicas habladoras
7)	danza	andaluz	→	la danza andaluza
8)	estudiante	español	→	el/la estudiante español/a
9)	calle	largo	→	la calle larga
10)	pizarras	verde	→	las pizarras verdes
11)	silla	caro	→	la silla cara
12)	flores	hermoso	→	las flores hermosas
13)	problemas	difícil	→	los problemas difíciles
14)	lenguas	extranjero	→	las lenguas extranjeras
15)	actores	famoso	→	los actores famosos

2. 빈칸에 형용사를 맞게 쓰시오.

1)	첫 날	primero	→	primer	día
2)	많은 소년들	mucho	→	muchos	chicos
3)	어떤 고양이	alguno	→	algún	gato
4)	세 번째 차	tercero	→	tercer	coche
5)	적은 학생들	poco	→	pocas	alumnas
6)	나쁜 남자	malo	→	mal	hombre

3. 아래의 형용사를 부사로 변환시키시오.

1) claro → claramente
2) alto → altamente
3) suave → suavemente
4) rápido → rápidamente
5) bueno → buenamente
6) feliz → felizmente
7) fácil → fácilmente
8) inteligente → inteligentemente
9) conciso → concisamente
10) nuevo → nuevamente

4. 다음의 숫자를 스페인어로 쓰시오.

1) 1 → uno
2) 21 → veintiuno
3) 14 → catorce
4) 24 → veinticuatro
5) 9 → nueve
6) 13 → trece
7) 36 → treinta y seis
8) 7 → siete
9) 60 → sesenta
10) 44 → cuarenta y cuatro
11) 88 → ochenta y ocho
12) 79 → setenta y nueve
13) 92 → noventa y dos
14) 4 → cuatro
15) 4° → cuarto
16) 12° → duodécimo
17) 7ª → séptima
18) 5ª → quinta
19) 10ª → décima
20) 2° → segundo

정답 제3과 [연습문제]

1. ser와 estar 동사를 아래 문장에 알맞게 쓰시오.

1) Tú __eres__ Juan.
2) ¿De dónde __son__ ustedes? Nosotros __somos__ de Corea.
3) Ella __está__ en Busan.
4) La boda de María __es__ hoy.
5) Nosotras __estamos__ muy cansadas.
6) Felipe __es__ rico.
7) Marta __está__ muy guapa con el vestido nuevo.
8) Las mesas __están__ sucias.
9) Ellos __son__ alemanes, pero __están__ en Francia.
10) El árbol __está__ muerto.
11) Alicia __es__ una chica lista.
12) La miel __es__ dulce.
13) Yo __estoy__ en la clase, y __soy__ estudiante.
14) Carlos y tú __sois__ simpáticos.
15) El concierto __es__ en el campus.
16) ¿De quién __es__ este coche?
17) El aula __está__ limpia.
18) Uds. __son__ médicos.
19) Luis __está__ aburrido en la clase.
20) Usted __es__ colombiana.

2. estar와 hay 동사를 아래 문장에 맞게 쓰시오.

1) ¿Cerca de aquí __hay__ una tienda de zapatos?
2) Sí, __hay__ una.
3) Yo __estoy__ en la universidad.
4) Miguel __está__ malo ahora.
5) En el aula __hay__ varios libros.
6) La comida __está__ muy caliente.
7) ¡Mira!, aquí __hay__ un café.
8) Pilar __está__ muy guapa con el sombrero blanco.
9) ¿__Hay__ cuadernos en la casa?
10) ¿Dónde __está__ el Hotel Margaret?

3. 아래 문장에 알맞은 의문사를 쓰시오.

1) ¿__Qué__ es esto?
2) ¿De __dónde__ es usted?
3) ¿__Por qué__ está enfadada Carmen?
4) ¿__Cuándo__ es el examen de español?
5) ¿__Cuántas__ sillas hay en la clase?

6) ¿ __Quién__ es la novia de Pedro?
7) ¿De __quién__ es este coche?
8) ¿ __Cuáles__ son tus apellidos?
9) ¿ __Dónde__ es la boda?
10) ¿ __Por qué__ hay un coche aquí?

4. 다음 문장을 스페인어로 작문하시오.

1) 나는 한국 출신이다.
Yo soy de Corea.
2) 그는 영리한 소년이다.
Él es un chico listo.
3) 카르멘은 아주 피곤하다.
Carmen está muy cansada.
4) 파티는 여기이다.
La fiesta es aquí.
5) 저기에 차들이 있다.
Ahí hay coches.
6) 커피는 누구의 것입니까?
¿De quién es el café?
7) 호세는 준비가 되었다.
José está listo.
8) 결혼식은 언제입니까?
¿Cuándo es la boda?
9) 너희들은 학교에 있다.
Vosotros estáis en la escuela.
10) 이사벨과 나는 친구이다.
Isabel y yo somos amigos.
11) 여기에 책들이 있다.
Aquí hay libros.
12) 너는 일본 사람이 아니다.
Tú no eres japonés.
13) 당신은 어느 나라 출신입니까?
¿De dónde es usted?
14) 열쇠는 후안의 것이다.
La llave es de Juan.
15) 시험은 내일이다.
El examen es mañana.
16) 너는 지금 어디에 있니?
¿Dónde estás (tú)?
17) 루이스는 양복을 입어서 더 멋있다.
Luis está guapo con el traje.
18) 커피가 뜨겁다.
El café está caliente.
19) 집에 몇 개의 방이 있나요?
¿Cuáantas habitaciones hay en la casa?
20) 페드로의 동생은 독일 사람이다.
El hermano de Pedro es alemán.
21) 우리는 스페인 여자들이고 한국에 있다.
Nosotras somos españolas y estamos en Corea.
22) 당신은 누구입니까?
¿Quién es usted?
23) 너희들은 멕시코 학생들이다.
Vosotros sois mexicanos.
24) 너는 왜 여기에 있니?
¿Por qué estás aquí?
25) 이 근처에 커피 전문점이 있나요?
¿Cerca de aquí hay una cafetería?
26) 마리아는 페루 사람이지, 그렇지?
María es peruana, ¿verdad?
27) 너는 거리에 있고 호세는 후안의 집에 있다.
Tú estás en la calle y Juan está en casa.
28) 페드로는 아르헨티나 출신이다.
Pedro es de Argentina.
29) 이것은 무엇입니까?
¿Qué es esto?
30) 의자 중에 루이스의 것은?
¿Cuál de las sillas es de Luis?

제4과 [연습문제]

1. 다음 단어들의 알맞은 지시형용사를 쓰시오.

1) 이 소설들 __estas novelas__
2) 그 책 __ese libro__
3) 저 나무들 __aquellos árboles__
4) 이 창문 __esta ventana__
5) 그 탁자 __esa mesa__
6) 저 영국인들 __aquellos ingleses__
7) 그 문 __esa puerta__
8) 이 꽃 __esta flor__
9) 저 교실들 __aquellas clases__
10) 이 의자들 __estas sillas__

정답

2. 빈칸에 알맞은 소유형용사와 소유대명사를 쓰시오.

1) Mi coche está en la calle.
El coche __mío__ está en la calle.
El __mío__ está en la calle.

2) La madre de Pedro es profesora.
__Su__ madre es profesora.
__La__ __suya__ es profesora.

3) Nuestra casa es bonita.
La casa __nuestra__ es bonita
La __nuestra__ es bonita.

4) Tus hijos están en España.
Los hijos __tuyos__ están en España.
__Los__ __tuyos__ están en España.

5) Las flores de Alicia son rosas.
Las flores __suyas__ son rosas.
__Las__ __suyas__ son rosas.

6) Vuestro jardín es grande.
El jardín __vuestro__ es grande.
El __vuestro__ es grande.

3. 괄호 안에 알맞은 소유형용사, 소유대명사, 지시형용사, 지시대명사를 넣으시오.

A: ¿Dónde están tus padres?
B: __Mis__ padres no están en la casa. Los padres __míos__ están en México.
A: ¿Y quiénes están en __tu__ casa.
B: Están mis hermanos, Isabel y Carlos. Este es estudiante y __aquella__ es maestra.
A: Y tu casa es muy grande. Pero __la__ mía es pequeña.
B: En cambio la __mía__ es muy bonita.
A: ¿De quién es este coche? Es tu coche, ¿verdad?
B: No. El __mío__ está allí. Este es de Isabel. El __suyo__ es nuevo.

4. 아래의 한국어에 해당하는 스페인어를 쓰시오.

1) 스페인 식으로 a la española
2) 5월에 en mayo
3) 보통 en general
4) 눈 때문에 por la nieve
5) 마드리드로 a Madrid
6) 밀크커피 café con leche
7) 그녀를 위해 para ella
8) 영어로 en inglés
9) 탁자 위에 sobre la mesa
10) 연필과 공책사이 entre lápiz y cuaderno

5. 다음 문장을 스페인어로 작문하시오.

1) 그녀의 셔츠는 흰색이다.
La camisa de ella es blanca.

2) 나의 친구들은 스페인 사람들이다.
Mis amigos son españoles.

3) 이 아이는 멕시코 출신이고, 저 아이는 칠레 출신이다.
Este es de México y aquel es de Chile.

4) 너의 집은 대구에 있고, 나의 것은 인천에 있다.
Tu casa está en Daegu y la mía está en Incheon.

5) 저 꽃들은 파란색이다.
Aquellas flores son azules.

6) 그 강아지는 마르타의 것이다.
Ese perro es de Marta.

7) 나는 그 아가씨와 함께 있다.
Estoy con esa señorita.

8) 그 소포는 당신을 위한 것이다.
Ese paquete es para usted.

9) 저 고양이는 나무 위에 있다.
Aquel gato está sobre el árbol.

10) 너희들의 것은 새것이다.
Los vuestros son nuevos.

11) 그 도시들은 깨끗하고, 저것들은 (도시들은) 더럽다.
Esas ciudades están limpias y aquellas están sucias.

12) 당신들의 가게는 세비야에 있고, 너의 것은 그라나다에 있다.
La tienda de ustedes está en Sevilla y la tuya está en Granada.

13) 페드로의 집은 크다. 하지만 그의 것은 예쁘지 않다.
La casa de Pedro es grande. Pero la suya no es bonita.

14) 저 가방들은 마르티네스 씨의 것이다.
Aquellos bolsos son del señor Martínez.

15) 호세의 책은 책상과 의자 사이에 있다.
El libro de José está entre la mesa y la silla.

16) 아나의 차는 크다. 그리고 그녀의 것은 흰색이다.
El coche de Ana es grande. Y el suyo es blanco.

17) 저 책상 위에는 3권의 책이 있다.
Hay 3 libros sobre aquella mesa.

18) 이 배낭은 너의 것이다.
Esta mochila es tuya.

19) 마리아의 볼펜은 이것이다.
El bolígrafo de María es este.

20) 이 모자는 페드로의 것이다.
Este sombrero es de Pedro.

제5과 [연습문제]

1. 빈칸에 알맞은 동사 변화형을 쓰시오.

1) Ellos (hablar) __hablan__ coreano y español.
2) Juan (tomar) __toma__ el almuerzo.
3) Los maestros (vivir) __viven__ en la residencia.
4) Ese cantante (tener) __tiene__ la voz magnífica.
5) Yo (temer) __temo__ a las mujeres.
6) Los alumnos (asistir) __asisten__ a la clase.
7) ¿Cuántos años (tener) __tienes__ tú?
8) Nosotros (ver) __vemos__ la televisión cada noche.
9) Daniel y tú (poder) __podéis__ tocar la guitarra.
10) ¿Qué (querer) __quieren__ tomar ustedes?
11) Ustedes tienen que (estudiar) __estudiar__ latín.
12) Mis amigas (tener) __tienen__ calor.
13) La madre (buscar) __busca__ la llave del coche.

정답

14) Yo (hacer) __hago__ estudiar a mis hijos.
15) Los oficinistas (llegar) __llegan__ a tiempo a la reunión.
16) El profesor (decidir) __decide__ la fecha del examen.
17) ¿Adónde (ir) __va__ Luis este verano?
18) Los chicos (aprender) __aprenden__ historia y matemáticas.
19) Los abogados (tener) __tienen__ que defender a sus clientes.
20) ¿Cuándo (ir) __van__ a ir los viajeros al Museo Nacional?

2. 아래의 문장을 감탄문으로 바꾸시오.

1) Aquella mujer es muy hermosa.
   ¡Qué hermosa es aquella mujer!
   ¡Qué mujer tan guapa!
2) Los estudiantes de intercambio hablan muy bien el español.
   ¡Qué bien hablan el español!
3) Este edificio es muy alto.
   ¡Qué alto es este edificio!
   ¡Qué edificio tan alto!
4) Hay mucha gente en la calle.
   ¡Cuánta gente hay en la calle!
5) Ana estudia mucho.
   ¡Cómo estudia Ana!
6) Pedro tiene muchas ropas en su casa.
   ¡Cuántas ropas tiene Pedro en su casa.
7) La casa de María es muy cara.
   ¡Qué cara es la casa de María !
8) Él es un muy inteligente.
   ¡Qué inteligente es él !
9) Usted baila muy bien.
   ¡Cómo baila usted !
10) Los alumnas compran muchos bolígrafos.
   ¡Cuántos bolígrafos compran las alumnas !

3. 다음 문장을 스페인어로 작문하시오.

1) 우리들은 스페인어로 노래를 잘 부른다.
   Nosotros cantamos muy bien canciones en español.
2) 저 학생들은 수업에 참여해야 한다.
   Aquellos estudiantes tienen que asistir a la clase.
3) 너희들은 학교에 일찍 가고 싶니?
   ¿Queréis ir a la escuela temprano?
4) 이 두 명의 여학생은 배가 고프다.
   Estas dos alumnas tienen hambre.
5) 아이들은 생일에 세 개의 선물을 받는다.
   Los niños reciben tres regalos en sus cumpleaños.
6) 내 친구 호세는 일요일마다 산에 오른다.
   Mi amigo José sube a la montaña cada domingo.

7) 그 웨이터는 아침마다 문을 연다.
Ese camarero abre la puerta cada mañana.

8) 너는 이번 주말에 무엇을 할 예정이니?
¿Qué vas a hacer este fin de semana?

9) 나는 조부모님 댁을 방문하기를 원해.
Quiero visitar la casa de mis abuelos.

10) 그들은 스페인어를 배울 수 있다.
Ellos pueden aprender español.

11) 오늘 밤 우리는 시내에 놀러 가기를 원한다.
Esta noche nosotros queremos ir de tapas en el centro.

12) 내 친구는 매일 밤 호세에게 공부하라고 시킨다.
Mi amigo hace estudiar a José todas las noches.

13) 교수님은 교실에서 노래하는 것을 금지한다.
El profesor prohíbe cantar en la clase.

14) 당신들은 스페인어를 배운다. 그리고 칠레에 가기를 원한다.
Ustedes aprenden español. Y quieren ir a Chile.

15) 나는 자주 창문을 열어야 한다. 그리고 혼자서 집을 청소해야 한다.
Yo tengo que las ventanas a menudo y debo limpiar la casa a solas.

16) 너희들은 역사를 잘 이해한다.
Vosotros comprendéis bien la historia.

17) 그들은 그녀가 매일 가게에서 일하는 것을 본다.
Ellos ven trabajar a ella en la tienda todos los días.

18) 저 학생들은 아침마다 침대를 정리한다.
Aquellos alumnos hacen la cama cada mañana.

19) 당신은 배가 고프다. 그리고 나는 춥다.
Usted tiene hambre. Y yo tengo frío.

20) 카를로스는 조금 바쁘다.
Carlos tiene un poco de prisa.

제6과 [연습문제]

1. 빈칸에 알맞은 전치격 인칭대명사 및 직·간접 목적격 대명사를 쓰시오.

1) A: ¿Quieres tomar un café con leche?
B: No, no gracias. No __lo__ quiero ahora.

2) A: ¿De quién hablan ellas? ¿De mí?
B: No. Ellas no hablan de __ti__ sino de Juan.

3) A: ¿Por qué no vas a invitarla a ella?
B: Creo que ella no me quiere a __mí__.

4) A: ¿Le dejas tu coche a tu hermano?
B: Sí, __se__ __lo__ dejo.

5) A: ¿Qué quieres; carne o pescado?
B: Quiero carne. yo __La__ como cada dos días.

6) A: ¿Les quieres comprar un sofá a tus padres?
B: Sí, la próxima semana voy a comprár__selo__.

7) A: ¿Cuándo me vas a decir la verdad?
B: No __te__ __la__ voy a decir.

정답

8) A: ¿Haces ejercicio?
B: __Lo__ hago todos los días.

9) A: ¿Cuál silla quieres? ¿Quieres esta?
B: Sí, __la__ quiero. La que está en tu lado.

10) A: ¿Me puede enseñar esta corbata?
B: En seguida __se / te__ __la__ enseño.

2. 다음 문장의 목적어에 해당하는 단어를 대명사로 바꾸어 문장을 다시 쓰시오.

1) El profesor López explica la tercera lección.
El profesor López la explica.

2) Mi mamá le regala una camisa a mi hermano.
Mi mamá se la regala.

3) El cartero me entrega un paquete.
El cartero me lo entrega.

4) Marta te quiere dar un perfume.
Marta te lo quiere dar. / Marta quiere dártelo.

5) Juan necesita un coche automático para viajar
Juan lo necesita para viajar.

6) El camarero le sirve una cerveza a un cliente.
El camarero se la sirve.

7) Quiero tomar agua.
La quiero tomar. / Quiero tomarla.

8) Tú le escribes un correo a tu mejor amigo.
Tú se lo escribes.

9) Ustedes quieren ver a Jorge esta noche.
Ustedes lo quieren ver esta noche. / Ustedes quieren verlo esta noche.

10) Ella le muestra el hacha a su marido.
Ella se la muestra.

3. 빈칸에 알맞은 부정어를 쓰시오.

1) ¿Quieres comer algo?
No, no quiero comer __nada__.

2) Isabel siempre sube a la montaña todos los domingos.
Pero yo no subo __nunca__ a la montaña.

3) Los alumnos no estudian español.
Y las alumnas no lo estudian __tampoco__.

4) ¿Cómo es el profesor?
No es simpático __ni__ alto __ni__ guapo.

5) ¿Estudias con música?
No. Estudio __sin__ ella.

4. 다음 문장을 스페인어로 작문하시오.

1) 나는 호세에게 한국어를 가르친다.
Yo enseño a José coreano.

2) 그들은 그들의 낡은 차를 사촌에게 팔기를 원한다.
Ellos le quieren vender su coche viejo a su primo.

3) 너의 여자 친구가 나의 여자 친구에게 가방을 빌려준다.
Tu amiga le presta un bolso a mi amiga.

4) 몇 명의 여학생들이 몇 명의 남학생들에게 꽃들을 선물한다.
Las alumnas les regalan las flores a los alumnos.

5) 우리 가족은 나 없이 아침 식사를 한다.
Mi familia desayuna sin mí.

6) 당신도 역시 그 산에 오를 수 없다.
Usted tampoco puede subir a esa montaña.

7) 나의 동료는 누군가에게 신문을 건넨다.
Mi compañero le entrega el periódico a alguien.

8) 카를로스는 절대 그것을 먹지 않는다.
Carlos nunca lo come. Carlos no lo come nunca.

9) 누가 나와 함께 중국으로 여행가기를 원합니까?
¿Quién quiere viajar a China conmigo?

10) 페드로는 손님들에게 와인을 팔아야 한다.
Pedro tiene que vender vino a los clientes.

11) 우리는 그녀에게 그것을 전달한다.
Nosotros se lo entregamos a ella.

12) 마리아는 너에 대해서 좋게 말한다. 그리고 너를 좋아한다.
María habla bien de ti. Y te quiere.

13) -카를로스는 언제 한국어를 공부하니?
-¿Cuándo estudia Carlos coreano?

14) -그는 일주일에 세 번 그것을 학교에서 공부한다.
-Él lo estudia tres veces a la semana en la escuela.

15) 루이스는 거의 역사를 배우지 않는다. 그래서 그것에 대해서 말을 할 수 없다.
Luis apenas aprende la historia. Por eso no puede hablar de ella.

제7과 [연습문제]

1. 다음 문장을 스페인어로 작문하시오.

1) 지금은 오후 4시 25분이다.
Ahora son las cuatro y veinticinco de la tarde.

2) 지금은 몇 시입니까?
¿Qué hora es ahora?

3) 11시 10분 전이다.
Son las once menos diez.

4) 오후 1시 15분이다.
Es la una y cuarto de la tarde.

5) 후안은 오후 3시에 도서관에 가려고 한다.
Juan va a ir a la biblioteca a las tres de la tarde.

6) 시험은 2시 반부터 3시 45분까지이다.
El examen es de dos y media a tres y cuarenta y cinco.

7) 오늘은 며칠입니까?
¿Qué fecha es hoy?

8) 오늘은 7월 17일이다.
Hoy es diecisiete de julio.

정답

9) 나의 칠레 친구는 수요일에 한국에 도착한다.
Mi amigo chileno llega a Corea el miércoles.
10) 우리는 목요일 아침마다 회의가 있다.
Tenemos reunión cada jueves por la mañana.
11) 여름에는 매우 덥지만, 밤에는 선선하다.
En verano hace mucho calor, pero por la noche hace fresco.
12) 오늘은 날씨가 어때요?
¿Qué tiempo hace hoy?
13) 날씨가 좋습니다. 그리고 맑습니다.
Hace buen tiempo y está despejado.
14) 겨울에는 기후가 매우 건조하다.
En invierno el clima es muy seco.
15) 우리 가족은 동유럽을 여행하려고 한다.
Mi familia va a viajar a Europa del Este.
16) 나는 오후 다섯 시쯤에 마리아를 볼 예정이다 (것이다).
Yo voy a ver a María a las cinco de la tarde.
17) 그들은 항상 오전 10시 30분에 교실에 도착한다.
Ellos siempre llegan a las diez y media a la clase.
18) 크리스마스는 12월 25일이다. 그리고 12월에는 날씨가 춥다.
La navidad es el veinticinco de diciembre. Y hace frío.
19) 당신들은 토요일마다 영화관에 가는 것을 좋아한다.
Ustedes quieren ir al cine los sábados.
20) 우리는 어느 계절에 스키를 탈 수 있나요?
¿En qué estación podemos esquiar?

2. 다음의 질문에 자유롭게 답변하시오.

1) ¿A qué hora tienes la primera clase en este semestre?
La tengo a las nueve de la mañana.
2) ¿Qué días vas a la clase de español?
Voy cada martes y jueves.
3) ¿En qué mes quieres celebrar tu boda y por qué?
Quiero celebrar mi boda en octubre porque hace fresco.
4) ¿Qué tiempo hace en invierno en Corea?
Hace frío y a veces nieva.
5) ¿Cuándo es tu cumpleaños?
Mi cumple es el veide de naienbre.

3. 아래의 스페인어 문장을 보기의 단어를 사용해서 문장을 완성하시오. (중복 사용 가능)

de, a, el día, la, a eso de, los, menos, en, por, de la semana

1) Ahora son las cuatro __en__ punto de la tarde.
2) Este mes los alumnos tienen que asistir a la clase __los__ sábados.
3) Mañana __por__ la mañana quiero ir a la playa.
4) Pedro y usted pueden quedar __a eso de__ las diez de la mañana.
5) Mi cumpleaños es __el día__ catorce de noviembre.

6) En __la__ primavera hace fresco.
7) ¿Qué día __de la semana__ es hoy?
8) Mi cumpleaños es el ocho __de__ septiembre.
9) Tengo que llegar a la escuela a las nueve __menos__ quince.
10) Marta quiere ver a José __a__ las doce en punto de la noche.

제8과 [연습문제]

1. 빈칸에 동사 변화형을 알맞게 쓰시오.

1) Yo (pensar) __pienso__ en ti.
2) Los chicos (sentir) __sienten__ miedo por el perro grande.
3) El fuego (calentar) __calienta__ la olla.
4) Los católicos (confesar) __confiesan__ sus pecados a los padres.
5) Marta (colgar) __cuelga__ el teléfono.
6) Vosotros (jugar) __jugáis__ al baloncesto los domingos.
7) El pueblo coreano (elegir) __elige__ a su presidente cada 5 años.
8) ¿Qué (poder) __puedes__ pedir tú a tu padre para tu cumpleaños?
9) En verano (llover) __llueve__ mucho en una temporada.
10) –¡Oye, Pedro! ¿A qué hora (almorzar) __almuerzas__ tú?
11) Yo (preferir) __prefiero__ el café al té.
12) El dueño de la casa (atender) __atiende__ a los invitados.
13) Los amigos de la universidad me (recordar) __recuerdan__.
14) Tú se lo (mostrar) __muestras__ a tu hermano.
15) Juan (reír) __ríe__ sin querer.
16) Ellos (encontrar) __encuentran__ un taxi libre por la noche.
17) -¿No me (oír) __oyes__ bien tú? -Sí, te (oír) __oigo__ bien.
18) ¿Qué (preferir) __prefieres__ tú: el café o el té?
19) Ella (seguir) __sigue__ el camino recto para llegar a su casa.
20) Las chicas (volver) __vuelven__ a bailar otra vez en la fiesta.

2. 아래의 〈보기〉 중에서 빈칸에 필요한 단어 혹은 동사를 골라 알맞게 쓰시오.

〈보기〉
gustar, encantar, doler, importar, faltar, apetecer, conocer, saber, ver, oír

1) A __mí__ me gusta leer libros.
2) A tu amigo __le__ gustan las frutas frescas.
3) A __nosotros__ nos encantan las canciones coreanas.
4) ¿Le __duele__ la cabeza a usted? ¿Por qué no va a ver al médico?
5) Yo __conozco__ al nuevo entrenador.
6) Les __importa__ mucho este proyecto a ellos.
7) Yo __sé__ cuándo va Pedro a casa mañana.
8) ¿Qué te __apetece__ tomar? Te invito.

정답

9) ¿ _Sabe_ Ud. cocinar la comida mexicana?
10) Sí, nosotros la _conocemos_ porque vivimos en esa ciudad.
11) Los padres _oyen / ven_ tocar el piano a su hija cada día.
12) Los niños _ven / oyen_ pelear a otros chicos.
13) Los extranjeros en Corea _saben_ cómo saludan los coreanos.
14) Esta sopa _sabe_ a champiñón.
15) A mis alumnos les _faltan_ tres días para el viaje a España

3. 다음 문장을 스페인어로 작문하시오.

1) 너는 의사가 몇 시에 도착하는지 알고 있니?
¿Sabes tú a qué hora llega el médico?
2) 나는 수영장에서 자는 것을 좋아한다(gustar).
Me gusta dormir en la piscina.
3) 엄마는 아이가 침대에서 내려오는 것을 본다.
La mamá ve a su niño bajar de la cama.
4) 의사는 차 한 대를 사려고 생각한다.
El médico piensa comprar un coche.
5) 잠시 후에 그들은 일을 시작한다.
Después de un rato ellos empiezan a trabajar.
6) 이사벨은 손이 아프다(doler).
A Isabel le duele la mano.
7) 너희들은 손님들을 모른다.
Vosotros no conocéis a los invitados.
8) 우리는 여름보다 겨울을 선호한다(preferir).
Nosotros preferimos el invierno al verano.
9) 여행객들은 여행 후에 집으로 돌아온다.
Los viajeros vuelven a casa después del viaje.
10) 당신들은 종종 영화를 본다.
Ustedes suelen ver películas.

제9과 [연습문제]

1. 한국어의 뜻을 고려하여 다음 빈칸에 알맞은 단어를 쓰시오.

1) 내 동생은 나보다 더 키가 크다.
Mi hermano menor es _más_ alto que yo.
2) 카를로스는 아나보다 채소를 덜 먹는다.
Carlos come menos verduras _que_ Ana.
3) 이 학생들은 저 학생들만큼 스페인어를 잘 말한다.
Estos alumnos hablan español tan bien _como_ aquellos alumnos.
4) 페르난도는 반에서 가장 뚱뚱한 학생이다.
Fernando es _el_ alumno más gordo de la clase.
5) 우리 가족은 당신의 가족만큼 채소를 먹는다.
Mi familia come _tantas_ verduras como su familia.

6) 당신의 디자인은 알리시아의 것보다 좋다.
Su diseño es _mejor_ que el de Alicia.

7) 너의 딸은 매우 상냥하다.
Tu hija es _simpatiquísima_.

8) 호세는 우리 형제 중에서 장남이다.
José es el _mayor_ de mis hermanos.

9) 나의 아버지는 누구보다도 더 일을 잘 하신다.
Mi padre trabaja mejor que _nadie_.

10) 그 영화는 세상에서 가장 유명한 영화중의 하나이다.
Esa película es _una_ de las películas más famosas del mundo.

2. 빈칸에 알맞은 동사변화형을 쓰시오.

1) Yo (poner) _pongo_ mi móvil en la mesa.
2) Los profesores de español (traducir) _traducen_ *Don Quijote* al coreano.
3) Nosotros (construir) _construimos_ un puente de arco.
4) Tú (venir) _vienes_ de la oficina.
5) Yo (oír) _oigo_ gritar a mi madre.
6) Ellos (enviar) le _envían_ la carta a su abogado.
7) Los romanos (establecer) _establecen_ varias ciudades en España.
8) Mariana (decir) _dice_ que su hijo llega a Madrid mañana.
9) Yo (elegir) _elijo_ mi estilo de la vida.
10) ¿A qué hora (salir) _salís_ vosotras?
11) Ellas (aparecer) _aparecen_ en el teatro.
12) Los barcos (huir) _huyen_ de la fuerte tormenta.
13) Yo (ejercer) _ejerzo_ mis cualidades en los estudios.
14) Usted (reconocer) _reconoce_ varias posibilidades.
15) Los chicos (actuar) _actúan_ como adultos.
16) Yo (decir) _digo_ la verdad de ese problema.
17) Marta y yo (venir) _venimos_ de la clase de inglés.
18) Hoy vosotros (concluir) _concluís_ el discurso sobre la historia.
19) Yo (dirigir) _dirijo_ la obra de una construcción.
20) Pedro (producir) _produce_ su influencia en redes sociales.

3. 다음 문장을 스페인어로 작문하시오.

1) 학생들은 교수님에게 메일을 보낸다.
Los alumnos le envían un correo a su profesor.

2) 왜 그들은 이 나라에서 나가고 싶을까?
¿Por qué ellos quieren salir de este país?

3) 우리는 우리의 잘못을 시정해야 한다.
Tenemos que corregir nuestros errores.

4) 그녀는 당신을 믿는다.
Ella confía en usted.

5) 적군들은 다리를 파괴한다.
Los enemigos destruye el puente.

6) 내 친구 페드로는 네가 생각하는 것보다 더 영리하다.
Mi amigo Pedro es más inteligente de los que piensas tú.

7) 아나는 기분 좋은 것처럼 꾸민다.
Ana finge estar contenta.

8) 너는 마리아만큼 연필을 갖고 있다.
Tú tienes tantos lápices como María.

9) 우리는 학교에 가기 위해 버스를 탄다(잡는다).
Nosotros cogemos el autobús para ir a la escuela.

10) 영어뿐만 아니라 스페인어도 어려운 언어이다.
Tanto inglés como español son lenguas difíciles.

제10과 [연습문제]

1. 주어진 문장에 알맞게 동사를 변형하시오.

1) Ayer por la tarde Juan (hablar) __habló__ con su novia por teléfono. Pero luego ella (enviar) __envió__ un mensaje a otro hombre.
2) ¿Dónde (estar) __estuvo__ usted la semana pasada?
3) Anoche (haber) __hubo__ una manifestación en el centro.
4) En el año 2012 nosotros (volver) __volvimos__ de EE. UU.
5) Cuando yo era niño, (ir) __iba__ a pescar al río con mi tío.
6) Ayer por la tarde Carlos (ver) __vio__ a Marta pasear por el parque.
7) Ellos (vivir) __vivieron__ trece años en Perú.
8) Antes Corea (importar) __importaba__ muchos electrodomésticos.
9) ¿Dónde (estar) __estabas__ tú cuando (comenzar) __comenzó__ el concierto?
10) El sábado pasado nosotros (querer) __queríamos__ hacer un viaje con unos primos, pero no (poder) __pudimos__ por la lluvia.
11) Ayer Pedro me dijo que (ir) __iba__ a ir al día siguiente.
12) – ¿Cómo (ser) __era__ el chico? – Era guapo. (tener) __Tenía__ el pelo rubio.
13) José me dijo que ya (pagar) _____ el alquiler mañana.
14) – Por favor, (desear) __deseaba__ tomar una taza de manzanilla. (정중한 표현)
15) – ¿La conocías antes? – No, la (conocer) __conocí__ ayer. En la fiesta de cumpleaños de Luis, él me la (presentar) __presentó__.

2. 다음 문장을 스페인어로 작문하시오.

1) 나는 어제 그 사실을 알았다.
Ayer supe esa verdad.

2) 페드로가 마리아의 집에 도착했을 때, 그녀는 책을 읽고 있었다.
Cuando Pedro llegó a la casa de María, ella leía un libro.

3) 교수님은 학생들의 제안을 거절했다.
El profesor rechazó la propuesta de los estudiantes.

4) 예전에는 우리는 매주 토요일에 영화를 봤지만, 지금은 매주 일요일에 본다.
Antes veíamos película los sábados, pero ahora la vemos los domingos.

5) 우리는 지난 주에 이 문제를 해결해야만 했다.
La semana pasada nosotros tuvimos que resolver estos problemas.

6) 그 당시에 그들은 이탈리아에 살았었다.
Entonces ellos vivían en Italia.

7) 나의 딸은 공부를 했다고 나에게 말했다.
Mi hija me dijo que había estudiado.

8) 우리는 대학생이었을 때, 맥주를 자주 마셨었다.
Cuando éramos universitarios bebíamos cerveza a menudo.

9) 작년 여름에 나는 소설책을 번역했다.
El verano pasado traduje una novela.

10) 너희들은 한 시간 동안 기차를 기다렸다.
Vosotros esperasteis el tren durante una hora.

11) 저 두 나라는 서로를 증오한다.
Aquellos dos países se odian entre sí.

12) 나는 돈을 지불하는 것을 깜빡 잊었다.
Se me olvidó pagar el dinero.

13) 그들은 밤새 한 발짝도 움직이지 않고 가만히 집에 머물렀다.
Ellos se quedaron en casa sin mover ni un paso.

14) 모든 사람들이 버스에서 도망쳤다.
Todas las personas se huyeron del autobús.

15) 루이스는 마르타와 많이 닮았다.
Luis se parece mucho a Marta.

제11과 [연습문제]

1. 빈칸에 알맞은 단어를 쓰시오.

1) Yo __me__ levanto a las siete de la mañana.
2) Las enfermeras __se__ lavan las manos antes de la operación.
3) Marta y yo queremos casar__nos__ el año que viene.
4) – Me acuerdo __de__ ti. Eres Manolo, ¿verdad?
5) __Te__ das cuenta de que ese hombre te mintió.
6) Después de tantos años, mi padre se __afeita__ la barba.
7) __Se__ vende piso.
8) Se __venden__ periódicos(신문이 팔린다).
9) Nos saludamos cada mañana cuando __nos__ vemos.
10) Aquel caballero __se__ pone el traje para la fiesta.

2. 다음 〈보기〉의 동사 중에서 각 문장에 가장 어울리는 동사를 찾아 쓰시오.

〈보기〉
ponerse, quejarse de, olvidrse de, encargarse de, divertirse, quedarse, llamarse, dedicarse a, parecerse a, alegrarse de, cansarse de, acordarse de, lavarse, irse, callarse, entregarse con

1) Juan __se parece__ a su padre. Es que son iguales.
2) Ayer Pedro __se puso__ la chaqueta gris.
3) – Oye, me __olvidé__ de tu nombre. ¿Cómo te __llamabas__?
4) Cuando éramos jóvenes, __nos divertíamos__ mucho en la playa
5) Él __se entregó__ con todo su esfuerzo y por fin llegó a ser abogado.
6) En aquella empresa yo __me encargaba__ de repartir los productos.

정답

7) Los niños no __se lavan__ las manos todas las noches antes de dormir.
8) – ¿Te __acuerdas__ de esa chica de ayer? Creo que se llamaba Susana.
9) La semana pasada le dije a mi jefe "adiós". Porque __me cansé__ de trabajar por la noche.
10) – ¿Por qué __te quejabas__ de tu trabajo antes? Era un trabajo bueno.
11) El año pasado __me dediqué__ a acabar la tesis. Ahora la tengo en mi mano.
12) Es que ellos __se fueron__ sin despedirme.
13) – Pedro me dijo que no quería salir, que quería quedar__se__ en casa.
14) Todo el mundo __se calló__ cuando entró el juez.
15) Nosotros __nos alegramos__ mucho de ver nuestro equipo.

3. 다음 문장을 스페인어로 작문하시오.

1) 카를로스는 방에서 나가 버렸다.
Carlos se salió de la habitación.
2) 그 소식들은 신문에 발표되었다.
Se publicaron esas noticias en el periódico.
3) 그는 집에 도착하자마자, 넥타이를 풀었다.
Al llegar a su casa él se quitó la corbata.
4) 우리는 스페인어를 배우는 것을 후회한다.
Nos arrepentimos de estudiar español.
5) 여기서 박물관이 보인다.
Se ve el museo desde aquí.
6) 나는 작년에 너와 함께 강가에서 재밌게 놀았다.
El año pasado me divertí contigo en el río.
7) 어젯밤 알리시아와 토마스는 서로 포옹하고 키스를 했다.
Anoche Alicia y Tomás se abrazaon y se besaron.
8) 저 여자 배우는 그 영화에서 감정 표현에 어려움이 있었다.
Aquella actriz tuvo dificultad de expresarse en esa película.
9) 페르난도는 그의 새 차를 으스댔다.
Fernando se jactó de su nuevo coche.
10) 후안은 스페인어 공부하는 것에 지쳤다.
Juan se cansó de estudiar español.

제12과 [연습문제]

1. 다음 동사의 현재분사와 과거분사의 불규칙 변화형을 쓰시오.

동사	현재분사	동사	과거분사
decir	diciendo	abrir	abierto
ir	yendo	cubrir	cubierto
leer	leyendo	hacer	hecho
dormir	durmiendo	escribir	escrito
sentir	sintiendo	volver	vuelto
poder	pudiendo	decir	dicho
creer	creyendo	ver	visto
oír	oyendo	poner	puesto
venir	viniendo	satisfacer	satisfecho
morir	muriendo	morir	muerto

2. 한국어 문장을 참고하여, 적절한 동사 변화형을 쓰시오.

1) 너는 지금 무엇을 하고 있는 중이니?
¿Qué __estás__ haciendo ahora?

2) 우리는 3개월 째 스페인어를 배우고 있다.
Llevamos 3 meses __estudiando__ español.

3) 저 책은 프랑스어로 쓰였다.
Aquel libro está __escrito__ en francés.

4) 모임이 끝나자마자, 모두들 카페테리아로 갔다.
__Acabada__ la reunión, todos fueron a la cafetería.

5) 그들은 계속 마리아의 문을 두드렸다.
Ellos siguieron __llamando__ a la puerta de María.

6) 점심은 엘레나에 의해 준비되었다.
El almuerzo fue __preparado__ por Elena.

7) 담배를 피우는 것은 건강에 위험하다.
__El fumar__ es peligroso para la salud.

8) 나는 후안과 싸우고 있는 너의 아들을 보았다.
Vi a tu hijo __peleando__ con Juan.

9) 스페인어를 공부하는 것은 어렵다
Es difícil __estudiar__ español.

10) 너희들은 2년 전부터 대구에서 살고 있다.
Vosotros vivís en Daegu __desde__ hace 2 años.

11) 우리는 한 학기 동안 스페인어를 공부했었다.
Nosotros __estudiábamos__ español desde hacía un semestre.

12) 당신은 한 달 전에 당신의 집을 팔았다.
Hace un mes que usted __vendió__ su casa.

13) 누가 루이스에게 벽에 페인트칠을 하라고 시켰니?
¿Quién le __hizo__ pintar la pared a Luis?

14) 너는 잃어버린 물병을 찾았다.
Tú encontraste la botella de agua __perdida__.

15) 사장은 화가 나서 사무실을 나갔다.
El jefe salió de la oficina __enfadado__.

3. 다음 문장을 스페인어로 작문하시오.

1) 우리는 뛰어서 길을 건너야 했다.
Nosotros tuvimos que cruzar la calle corriendo.

2) 팔린 건물은 정원을 갖고 있다.
El edificio vendido tiene un jardín.

3) 청중 앞에서 말을 잘하는 것은 어렵다.
Es difícil hablar bien ante el público.

4) 그녀는 계속 아파트를 찾고 있다.
Ella sigue buscando piso.

5) 우리는 4년 전에 아르헨티나에 갔다.
Fuimos a Argentina hace 4 años.

정답

6) 한국어로 번역하는 것이 필요하다.
Es necesario traducir al coreano.

7) 그들은 지금 TV에서 다큐멘터리를 보고 있다.
Ahora ellos están viendo un documental en la televisión.

8) 영화가 끝나자마자, 사람들은 영화에 대해 말하기 시작했다.
Terminada la película, la gente empezó a hablar de la película.

9) 방금 도착한 사람들은 페루 사람들이었다.
Los recién llegados son peruanos.

10) 어제 너는 이사벨과 내가 이야기하는 것을 보았어?
¿Ayer me viste hablar con Isabel?

제13과 [연습문제]

1. 아래 문장에 알맞은 동사의 변화형을 쓰시오.

1) Hoy me __he levantado__ muy temprano. (levantarse)
2) Esta semana nosotros __hemos ido__ tres veces a la biblioteca. (ir)
3) Este verano __ha hecho__ mucho calor en Daegu. (hacer)
4) Cuando María llegó a la escuela, sus compañeros ya __habían llegado__. (llegar)
5) – ¿Qué has hecho esta mañana? – __He leído__ un libro. (leer)
6) Todavía yo no __he probado__ esta marca de vino español. (probar)
7) ¿Alguna vez __has conducido__ tú un Ferrari? (conducir)
8) Antes de comenzar el partido, el estadio ya __estaba__ lleno. (estar)
9) Pepe me dijo que __había roto__ con Susana. (romper)
10) Hace un rato que usted __ha resuelto__ nuestro problema. (resolver)

2. 다음의 스페인어 문장을 해석하시오.

1) No puedo ni hablar de ese tema.
나는 그 주제에 대해서는 말조차 할 수 없다.

2) Él hablaba tan de prisa que nadie lo comprendió.
그는 말을 너무 빨리해서 아무도 그를 이해하지 못했다.

3) Juan no se parece a su padre, más bien se parece a su tío.
후안은 그의 아버지 닮지 않고, 오히려 그의 삼촌을 닮았다.

4) Apenas terminaste tus deberes, te fuiste a jugar al tenis.
너는 너의 숙제를 끝내자마자 테니스를 치러 갔다.

5) En tanto que estás estudiando, es mejor no escuchar la radio.
공부를 하는 동안에는 라디오를 안 듣는 것이 좋다.

6) Ya que no vamos a usarlo, podéis usarlo.
우리는 그것을 사용하기를 원하지 않으므로, 너희들이 그것을 사용할 수 있다.

7) Como Pedro no había llegado a tiempo, no pudo entrar en ese concierto.
페드로가 제 시간에 도착하지 않았기 때문에, 콘서트에 들어갈 수 없었다.

8) Luis no solo estudia mucho sino que también juega bien al fútbol.
루이스는 공부를 열심히 할 뿐만 아니라 축구도 잘 한다.

9) Tú tienes que resolver este problema, puesto que no hay más remedio.
다른 방법이 없으니까, 너는 이 문제를 해결해야 한다.

10) Ellos estaban tan cansados que no quisieron tomar la cena.
그들은 너무 피곤해서 저녁식사를 하기를 원치 않았다.

3. 밑줄 친 부분에 알맞은 관사(정관사, 부정관사, 중성관사)를 쓰시오.

1) __Los__ hombres tienen que trabajar hoy en día.
2) Los estudiantes aprenden __x__ español.
3) Luis es __uno__ de mis amigos.
4) No puedo creer __lo__ que ella me dijo.
5) Ayer bebimos __x__ vino.
6) – ¿Cómo está __el__ señor López?
7) Fernando es muy guapo. Tiene __los__ ojos grandísimos.
8) __Lo__ más difícil era entenderte.
9) A __los__ treinta y dos años, él se casó con una mujer italiana.
10) Tenemos que recordar __lo__ ocurrido en el pasado.

4. 다음 문장을 스페인어로 작문하시오.

1) 오늘 아침에 나는 늦게 일어났다.
Esta mañana me he levantado tarde.
2) 방금 전에 우리는 우리의 과제를 끝냈다.
Hace poco hemos terminado nuestra tarea.
3) 페드로는 나에게 책을 집에 두고 왔다고 말했다.
Pedro me dijo que había dejado su libro en casa.
4) 루이스는 아직 아르헨티나 소고기를 먹어 보질 못했다.
Luis todavía no ha probado la carne argentina.
5) 네가 스페인에 가기를 원하니까, 그것을 허락하겠다.
Ya que tú quieres ir a España, te lo permito.
6) 그들이 그저께 산 것은 고장난 시계였다.
Lo que compraron ellos anteayer fue un reloj roto.
7) 나는 지금 아주 바쁘다. 이번 주 내내 이렇게 바쁘다.
Ahora estoy muy ocupado. Lo estoy toda la semana.
8) 스페인어에서 가장 어려운 것은 동사이다.
Lo más difícil en español es el verbo.
9) 어제 너는 너무 화가 나서, 일찍 집으로 가버렸다.
Ayer estabas tan enfadado que te fuiste temprano a casa.
10) 당신들은 한마디 답변도 없이 밤새 의자에 앉아 있었다.
Ustedes se habían sentado en sus sillas toda la noche sin responder niuna palabra.

제14과 [연습문제]

1. 다음의 수 표현을 스페인어로 써 보시오.

1) 347 → trescientos cuarenta y siete
2) 101송이의 꽃들 → ciento una flores
3) 555 → quinientos cincuenta y cinco
4) 715유로 → setecientos quince euros
5) 974명의 여학생 → novecientas setenta y cuatro alumnas
6) 24,000원 → veinticuatro mil wones

정답

7)	408강의실	→	aula cuatrocientos ocho
8)	2015년	→	el año dos mil quince
9)	10,000	→	diez mil
10)	2,345,678	→	dos millones trescientos cuarenta y cinco mil seiscientos setenta y ocho
11)	5백7십만	→	cinco millones setecientos mil
12)	2천8백만	→	veintiocho millones
13)	4천5백만	→	cuarenta y cinco millones
14)	수천 명의 관객들	→	miles de espectadores
15)	수십 명의 의사들	→	docenas de médicos
16)	제24회	→	vigésima cuarta edición

2. 적절한 관계사를 이용하여 두 개의 문장을 하나의 문장으로 만드시오(앞의 문장을 중심으로 할 것).

1) Tengo un coche. El coche tiene dos puertas.
Tengo un coche que tiene dos puertas.

2) Aquel es Antonio. Tenemos que hablar con él.
Aquel es Antonio con quien tenemos que hablar.

3) Conozco a ese policía. Él me puso una multa ayer.
Conozco a ese policía que me puso una multa ayer.

4) El fiscal está en su oficina. Tienes que decirle la verdad a él.
El fiscal a quien tienes que decirle la verdad está en su oficina.

5) La muchacha se fue a su país. Fernando habló mal de ella.
La muchacha de quien habló mal Fernando se fue a su país.

6) El piso es grande. Vivimos en el piso.
El piso en donde vivimos es grande.

7) La pluma es antigua. El profesor escribe con esa pluma.
La pluma con la que escribe el profesor es antigua.

8) Anoche quedé con Alicia. Su padre vive en México.
Anoche quedé con Alicia cuyo padre vive en México.

9) La ciudad tiene muchos habitantes. Dentro de la ciudad hay dos lagos.
La ciudad dentro de la cual/que hay dos lagos tiene muchos habitantes.

10) El mes pasado vino un chico nuevo. Sus hermanas son mis amigas.
El mes pasado vino un chico nuevo, cuyas hermanas son mis amigas.

3. 빈칸에 알맞은 단어를 쓰시오.

1) Este camarero _que_ trabaja en mi restaurante tiene su clientela.
2) Visitaron Corea Julio y Teresa, _la_ _que_ era maestra en la escuela.
3) La puerta _por_ _la_ _que_ salió el ladrón estaba rota.
4) _El que / Quien_ habla mucho sabe poco.
5) Antonio pasó vacaciones en esa playa, _(en) donde_ conoció a su esposa.

6) Te quiero dar algo __que__ estudiar.
7) Visité Nueva York el mes pasado, en __cuya__ ciudad viven varias razas.
8) __Cien__ mil menos treinta mil son setenta mil.
9) Pedro vendió __cuantas__ manzanas había en su frutería.
10) Alicia, __quien__ compró una casa grande, es rica.

4. 다음 문장을 스페인어로 작문하시오.

1) 내가 공부했던 것은 나에게 좋은 기회를 제공했다.
Lo que estudié me ofreció buenas oportunidades.
2) 우리가 어제 시내에서 보았던 사람은 콜롬비아 사람이다.
La persona que vimos en el centro es colombiano.
3) 이 분이 네가 소포를 전달해야 하는 분이다.
Es este señor a quien le tienes que entregar el paquete.
4) 나는 한국의 역사책을 읽고 있고 있는데, 그 역사는 복잡하다.
Estoy leyendo un libro de Corea, cuya historia es complicada.
5) 지금이 우리가 새로운 삶을 시작해야 할 때이다.
Ahora es cuando tenemos que empezar una nueva vida.
6) 그가 말한 문제는 매우 심각하다.
El problema del que él habla es grave.
7) 아나는 함께 여행할 사람이 없습니다.
Ana no tiene nadie con quien viajar.
8) 호세는 그의 친구들 사이에서 많은 책을 읽는 사람이다.
José es quien lee muchos libros entre sus amigos.
9) 공부하기 싫어하는 사람들은 좋은 점수를 얻을 수 없다.
Los que no quieren estudiar no pueden sacar buenas notas.
10) 내가 네가 프라이드 치킨을 먹는 방법이 마음에 들었다.
Me gustó la manera como comiste pollo frito.

제15과 [연습문제]

1. 빈칸에 알맞은 동사의 변화형을 쓰시오.

1) Espero que tú (ir) __vayas__ a la biblioteca para estudiar.
2) Usted le aconseja a Pedro que (levantarse) __se levante__ un poco más temprano.
3) Mi hijo me dijo que (aprobar) __había aprobado__ el examen de conducir ayer.
4) Carmen se alegra mucho de que su novio (venir) __venga / haya venido__ a verla con un regalo sorpresa.
5) – ¿Por qué no le pides a Juan que te (ayudar) __ayude__ ?
6) Yo he comprado este libro como tú me (decir) __dijiste__ ayer.
7) Podemos volver el día que hemos decidido, a no ser que (haber) __haya__ algún retraso en el vuelo.
8) Es probable que (llover) __llueva__ mañana.
9) Ellos quieren tener un piso que (estar) __esté__ cerca de la playa.
10) – ¿Conoces a alguien que (tener) __tenga__ tres hijos?

정답

11) Te vamos a regalar un diccionario para que (aprender) __aprendas__ otro idioma para el futuro.
12) A lo mejor ella (salir) __sale__ esta noche con su familia.
13) Es cierto que el profesor (saber) __sabe__ lo ocurrido ayer.
14) Dudamos que Juan (ser) __sea__ un actor conocido.
15) Mi tío nos recomienda que (leer) __leamos__ los libros clásicos.
16) Usted les prohíbe a los chicos que (escoger) __escojan__ esa asignatura.
17) – ¿Crees que Carmen me (querer) __quiera__ de verdad?
18) Te dejo que te vayas a España, a condición de que (volver) __vuelvas__ dentro de cuatro meses.
19) Luis ha esperado a su amigo hasta que (terminar) __terminó__ la reunión de la compañía.
20) Por muy fácil que te (parecer) __parezca__ el examen, tienes que esforzarte más.

2. 다음 문장을 스페인어로 작문하시오.

1) 나는 네가 이것을 이해하기 바란다.
Espero que entiendas esto.
2) 그녀는 다른 사람들이 이 프로젝트에 참여하는 것을 거부한다.
Ella niega que otras personas participen en este proyecto.
3) 마르타는 그녀의 친구들과 여행할 목적으로 운전을 배운다.
Marta aprende a conducir a fin de viajar con sus amigos.
4) 네가 수영해서 강을 건널 가능성이 있다.
Es probable que tú puedas cruzar el río nadando.
5) 완벽한 여자 혹은 완벽한 남자가 존재할까?
¿Puede que haya una mujer perfecta o un hombre perfecto?
6) 그는 지금 돈이 없더라도 차를 살 것이다.
Él va a comprar un coche aunque no tenga dinero ahora.
7) 우리 가족은 수영장이 있는 집을 갖기를 원한다.
Mi familia quiere tener una casa que tenga una piscina.
8) 네가 무엇을 하든지 간에, 그녀는 너를 믿는다.
Hagas lo que hagas, ella cree en ti.
9) 당신은 그녀가 사랑을 모른다고 한탄한다.
Usted lamenta que ella no sepa el amor.
10) 네가 스페인어를 잘 말했으면 좋을 텐데!
¡Ojalá que tú hables bien el español!

제16과 [연습문제]

1. 다음 문장을 스페인어로 작문하시오.

1) 그들은 내년에 영국으로 여행 갈 것이다.
Ellos viajarán a Inglaterra el año que viene.
2) 일요일까지 그는 숙제를 끝낼 것이다.
Él habrá terminado las tareas para el domingo.
3) 당신은 나에게 다음날 이곳을 떠날 것이라고 말했었다.
Usted me dijo que marcharía de aquí al día siguiente.

4) 그때 후안은 집에 없었을 것이다. 왜냐하면 그의 차가 없었기 때문이다.
En aquel momento Juan no estaría en su casa porque no estaba su coche.

5) 너는 이미 예전에 이 노래를 들어 봤을 것이다.
Tú ya habrías oído esta canción antes.

6) 차 한 잔 마시고 싶습니다.
Me gustaría tomar un té.

7) 지금 열 시일 것이다. 네가 좋아하는 드라마가 막 시작했다.
Serán las diez. Acaba de empezar la teleserie que te gusta.

8) 나는 그 학생이 세비야에 도착했을 것이라고 생각한다.
Yo pienso que ese alumno ya habrá llegado a Sevilla.

9) 누구에게도 거짓말 하지 마라.
No mentirás a nadie.

10) 엘레나는 너에게 빌린 돈을 갚을 것이라고 나에게 약속했다.
Elena me prometió que te devolvería el dinero prestado.

2. 다음 동사들을 tú, usted, vosotros, ustedes에 해당하는 명령형으로 바꾸시오.

동사	명령형	동사	명령형
hablar	habla	poner ㅈ	pon
	hable		ponga
	hablad		poned
	hablen		pongan
pensar	piensa	salir	sal
	piense		salga
	pensad		salid
	piensen		salgan
venir	ven	ponerse	ponte
	venga		póngase
	venid		poneos
	vengan		pónganse
levantarse	levántate	hacer	haz
	levántese		haga
	levantaos		haced
	levántense		hagan
decir	di	ser	sé
	diga		sea
	decid		sed
	digan		sean
pedir	pide	lavarse	lávate
	pida		lávese
	pedid		lavaos
	pidan		lávense
tener	ten	irse	vete
	tenga		váyase
	tened		idos
	tengan		váyanse

정답

3. 〈보기〉와 같이 긍정 명령을 부정 명령으로 바꾸시오(단 목적어가 있다면 대명사로 바꿀 것).

〈보기〉
Estudia historia.
→ Estúdiala.
→ No la estudies.

1) Dime la verdad.
→ Dímela.
→ No me la digas.

2) Déle el regalo a su hija.
→ Déselo.
→ No se lo dé.

3) Lavaos la cara.
→ Laváosla.
→ No os la lavéis.

4) Ponle la chaqueta a tu hija.
→ Pónsela.
→ No se la pongas.

5) Hágalo.
→ Hágalo.
→ No lo haga.

6) Coma el almuerzo.
→ Cómalo.
→ No lo coma.

7) Aféitate la barba.
→ Aféitatela.
→ No te la afeites.

8) Sal de aquí.
→ Sal de aquí.
→ No salgas de aquí.

9) Vende tu casa.
→ Véndela.
→ No la vendas.

10) Bebed agua.
→ Bebedla.
→ No la bebáis.

제17과 [연습문제]

1. ( ) 안의 동사를 문장에 알맞게 바꾸어 쓰시오.

1) Yo esperaba que tú (ir) fueras a la biblioteca para estudiar.
2) Usted le aconsejó a Pedro que (levantarse) se levantara un poco más temprano.
3) Si usted me (pedir) pidiera ayuda, yo lo ayudaría.
4) Carmen se alegró mucho de que su novio (venir) viniera a verla con un regalo sorpresa.
5) – ¿Por qué no le suplicaste a Juan que te (recomendar) recomendara alguna asignatura cuando tuviste que elegirla?
6) Si yo (haber) hubiera tenido más dinero, habría comprado esa casa.
7) Podríamos volver el día que habíamos decidido, a no ser que (haber) hubiera algún inconveniente.
8) Era probable que (llover) lloviera al día siguiente.
9) Ellos querían tener un piso que (estar) estuviera cerca de la playa.
10) – ¿Conocías a alguien que (tener) tuviera tres hijos en aquel momento?
11) Te habíamos regalado un diccionario para que (aprender) aprendieras otro idioma en el futuro.
12) A lo mejor ella (salir) salió aquella noche con su familia.
13) ¡Ojalá que yo (poder) pudiera viajar a la luna contigo!
14) ¿No creíste que Juan (ser) fuera un actor conocido?
15) Mi tío nos recomendó que (leer) leyéramos los libros clásicos.
16) Usted prohibió a los chicos que (escoger) escogieran esa asignatura.

17) Si tú me (decir) __hubieras dicho__ que me querías, yo te habría dado a ti todo lo que tenía en mi mano.

18) Te dije que te fueras a España, a condición de que (volver) __volvieras__ dentro de cuatro meses.

19) Luis quería esperar a su amigo hasta que (terminar) __terminara__ la reunión de la compañía.

20) Por muy fácil que te (parecer) __pareciera__ el examen, deberías esforzarte más para no cometer los mismos errores otra vez.

2. 다음 문장을 스페인어로 작문하시오.

1) 나는 영어를 잘하는 사람을 찾았었다.
Yo buscaba una persona que hablara bien el inglés.

2) 그때 당신은 그 남자에게 거짓말을 할 필요가 있었다.
Entonces usted necesitaba mentirle a ese hombre.

3) 만약 우리가 좀 더 일찍 일어났다면, 비행기를 놓치지 않았을 텐데.
Si nos hubiéramos levantado un poco temprano, no habríamos perdido el avión.

4) 교수님은 나에게 더 크게 말하라고 말씀하실 텐데.
El profesor me diría que hablara más alto.

5) 그녀는 방이 4개인 아파트를 갖기를 원했었다.
Ella quería tener un piso que tuviera 4 habitaciones.

6) 카르멘이 아무리 예뻤었더라도 루이스는 마르타와 결혼을 했었을 것이다.
Por muy guapa que fuera Carmen, Luis se habría casado con Marta.

7) 너는 내가 집에서 나가기 전에 전화를 했었어야 했다.
Tú me deberías haber llamado antes de que yo saliera de casa.

8) 그때 우리가 그것을 이해했어야 하는 것이 중요했다.
Era importante que nosotros hubiéramos entendido eso.

9) 만약 어제 내가 아주 피곤했다 해도, 그녀와 영화를 보러 갔었을 것이다.
Si yo hubiera estado muy cansado ayer, habría ido a ver la película con ella.

10) 만약 그때 당신이 그 집을 샀었더라면, 돈을 많이 벌었을 텐데.
Si usted hubiera comprado esa casa, habría ganado mucho dinero.